魏奇锋　著

知识网络演化
及其主体行为适应研究

Research on the Evolution of the Knowledge Network and
Behavior Adaptation of the Knowledge Subjects

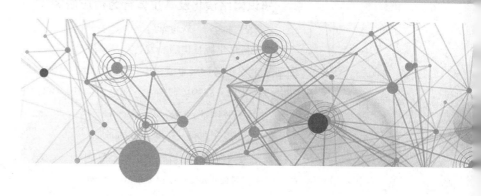

中国财经出版传媒集团

经济科学出版社
Economic Science Press

图书在版编目（CIP）数据

知识网络演化及其主体行为适应研究/魏奇锋著．—北京：
经济科学出版社，2018.7
ISBN 978 - 7 - 5141 - 9627 - 6

Ⅰ. ①知… Ⅱ. ①魏… Ⅲ. ①企业管理 - 知识管理 -
研究 Ⅳ. ①F272. 4

中国版本图书馆 CIP 数据核字（2018）第 186192 号

责任编辑：王　娟　张立莉
责任校对：王肖楠
责任印制：邱　天

知识网络演化及其主体行为适应研究

魏奇锋　著

经济科学出版社出版、发行　新华书店经销
社址：北京市海淀区阜成路甲 28 号　邮编：100142
总编部电话：010 - 88191217　发行部电话：010 - 88191522
网址：www. esp. com. cn
电子邮件：esp@ esp. com. cn
天猫网店：经济科学出版社旗舰店
网址：http://jjkxcbs. tmall. com
北京季蜂印刷有限公司印装
710 × 1000　16 开　15.75 印张　230000 字
2018 年 10 月第 1 版　2018 年 10 月第 1 次印刷
ISBN 978 - 7 - 5141 - 9627 - 6　定价：49.00 元
（图书出现印装问题，本社负责调换。电话：010 - 88191510）
（版权所有　侵权必究　打击盗版　举报热线：010 - 88191661
QQ：2242791300　营销中心电话：010 - 88191537
电子邮箱：dbts@ esp. com. cn）

前　言

当前经济增长已经由传统的物质资本驱动，转向知识资本驱动，知识资本的战略核心地位得到了普遍认可，通过发挥知识杠杆的作用激发经济新一轮增长与财富创造。伴随合作创新的相关理论研究及实践工作的不断深入，创新行为模式呈现出鲜明的"网络化"特征。我国一些创新型企业、研究型大学、科研院所、中介机构等知识主体已自觉或不自觉地通过构建或加入知识网络，以实现更好发展。此外，随着知识网络的拓扑结构、运行机制、网络功能等内容与形式的演化发展，知识主体赖以生存与成长的基础环境正不断发生改变，致使知识主体的网络位置、可支配资源、权力关系等与其利益紧密相关的一系列属性也发生着动态变化。为应对新变化与新情况，出于理性角度，知识主体通过形成惯例或惯例异变，实施"适应行为"来契合知识网络的演化需要，以获得更好发展。从现有研究来看，目前对于知识网络的理论及实践研究仍处于前期阶段，理论界及实践者对知识网络的演化基本规律仍无统一结论。现有研究过分关注知识网络"动态演化"的整体趋势，忽视了对知识主体微观行为规律的考察。由于环境判断与行为适应是企业等知识主体在知识网络演化中表现出的最为核心的运行状态，也正是主体适应行为与网络化的交互影响推动了知识网络的发展。因此，我们迫切需要思考并解决以下问题：第一，知识网络如何演化？第二，知识网络演化中知识主体的适应行为具有怎样的特点与规律？

本书基于演化理论、创新理论及复杂网络理论等，从知识链耦合视角探讨知识网络的形成及其演化，构建了知识网络演化的内涵框架，并从不

1

同演化层面分析了网络中知识主体适应行为的表现规律。主要研究内容及结论包括以下几个方面。

（1）知识网络基于"知识节点—知识链—知识网络"的耦合逻辑形成，由此提出知识网络的耦合结构框架。知识节点之间通过交互学习、相互信任及合作博弈等关系耦合形成知识链，知识链之间依据知识相似性主导原则在知识势差作用下形成知识网络，知识链间耦合关系具有多元性及类型多样化等特点。不同知识链中知识节点之间耦合的条件为耦合平均成本最小的路径搜寻和匹配。

（2）基于系统视角，本书认为知识网络演化内涵包含知识网络结构演化、机制演化与功能演化三部分。知识网络结构演化主要表现为知识网络拓扑结构变化，根据顶点度分布、平均最短路径长度、平均集聚系数等参数曲线变化进行表征；机制演化遵循自组织规律，根据知识网络跨组织合作特点可分为信任机制、冲突机制与风险机制三方面的演化发展；基于跨组织知识流动过程及各知识主体行为的协同程度，将知识网络功能演化分成知识共享、知识创造与知识优势形成三个递进演化阶段。

（3）通过计算机仿真，在知识网络结构演化中，知识主体之间平均最短路径长度始终保持一个较短水平，且在演化期间稍有缩短并稳定到一个特定水平，均衡态时知识主体之间的知识流动效率较高。在集聚系数变化方面，知识网络的块状结构趋势没有产生较大变化并稍有下降，整体仍处于具有较短平均路径长度与较高集聚系数特征的小世界网络结构状态。网络连接度水平得到了较大提升，即知识主体之间建立知识合作关系的数量显著增加，表明均衡态时知识网络的主体间协同程度较高。从整体情况来看，知识网络的结构演化是一个鲁棒过程，与初始状态相比，知识网络整体的知识存量及主体平均知识存量得到了显著提升。在网络均衡机制的影响下，知识主体自身价值得到显著增长，主体之间的知识交互行为也逐渐趋于适应性稳定。通过比较四类典型网络结构演化中的主体知识水平变化，发现网络环境对知识主体价值水平存在重要的外生影响。知识资源分配公平并不利于知识水平的增长，只有在保证网络结构具有较大集聚系数及较小最短路径长度时，公平性才与知识水平构成正向联系。在四类典型网络演化中，小世界网络结构是相对理想的网络环境，有利于维持一定竞争性及较高知识扩散水平。

（4）在知识网络机制演化中，知识主体之间相互信任关系沿着"尝试性信任""维持性信任""延续性信任"和"敏捷性信任"的逻辑演化。知识主体交互学习行为贯穿着知识网络的演化过程，与相互信任呈现出"共演效应"，通过共生共演，提升知识网络中的知识转移与扩散水平，从而提升网络绩效。知识网络的风险形态沿着潜在冲突、知觉冲突、意向冲突、行为冲突与结果冲突的路径发展变化。知识主体之间的合作与冲突问题，包括机会主义行为控制与利益协调、价值创造两个机制。在知识网络冲突机制的演化中，知识主体适应行为采取契约、自实施与第三方冲突协调方案，实现合作与冲突关系协调，并最终达到知识协同。知识网络的风险来自外部环境的不确定性、主体之间合作特性以及知识本身特性等方面，主要呈现出包括政治环境风险、市场环境风险、利益分配风险、核心知识外溢风险、文化差异风险、知识编码性风险、知识传递性风险与知识接收性风险八类重要风险。基于调研数据，利用风险矩阵及 Borda 排序法对各类风险进行排序，发现对于知识网络而言，面临最严峻的风险类型：第一是核心知识外溢风险，第二是政治环境风险和市场风险，第三是利益分配风险与编码性风险，相对风险等级较低的风险是文化差异风险和知识接收性风险，知识传递性风险是知识网络面临的风险等级最低的风险类型。知识主体对于知识网络风险的防范，分为内生体系与外生体系两部分，具体适应行为凝结在两类体系风险的防范策略中。

（5）知识网络的功能基于"知识共享—知识创造—知识优势形成"跨组织知识流动过程进行演化，促成并维持这一过程的因素主要涉及知识流动前提、维系纽带、协同目标与制度保障等。知识主体适应行为呈现出协同竞争性、系统复杂性、互利共生性、信任制约性以及地域联结性等特性。基于演化理论将知识主体适应行为分为惯例行为、模仿行为与创新行为三类，三类适应行为的实施对其自身知识能力的提升存在不同影响。知识主体实施惯例行为对其知识能力提升负向影响显著，而实施模仿行为及创新行为则对知识能力提升存在显著的正向影响。知识流动三个阶段对主效应的影响存在差别，在知识主体惯例行为对其知识能力的影响方面，知识创造对其知识能力的负向影响显著，而知识优势形成对其知识能力的正向影响显著；在知识主体模仿行为对其知识能力的影响方面，知识共享与知识优势形成对其知识能力的负向影响作用，知识创造则对其知识能力产生显著的正向影响；在知识主体创新行为对其知识能力的影响方面，知识流动对主效应存在普遍的显著正向影响。可见，在知识网络功能的演化过程中，根据不同的功能阶段，知识主体不同的适应行为表现，对知识能力产生着促进或制约作用。基于知识能力的成长预期，知识主体可以采取不同的行为策略以实现动态环境适应。

目　录 CONTENTS

——————————— 第 1 章 ———————————

绪　　论

1.1　研究背景

当前，经济增长已经由传统的物质资本驱动转向知识资本驱动，知识资本的核心地位得到了普遍认可，通过发挥知识杠杆作用激发经济新一轮的增长与财富创造。伴随着合作创新相关理论研究及实践工作的不断深入，创新行为模式呈现出鲜明的"网络化"特征。如罗斯韦尔（1992）提出[①]，创新是在一个由诸多因素构成并相互作用的复杂网络下实现的。网络化合作形式表征某种特别的协调规则，不仅提升了构成组织自身的能力，其规则本身也代表了一种能力，两者皆为网络中的组织共同所有（赵晓庆和许庆瑞，2002）[②]，其中，前者来源于对网络外围技术与市场的靠近（approaching）[③]，后者源于成员之间彼此关系协调自身形成的能力，激发组织之间合作意图以提升各自收益。可见，作为介于市场与科层制度间的协调规则，网络发展模式不仅具有单一组织的发展优势，亦兼具开放性，更利于激发创新。根据贝谢贺等（2006）的统计研究发现，网络对

<hr />

① Rothwell R. Successful In Industrial Innovation: Critical Success Factors for the 1990s [J]. *R&D Management*, 1992, 22 (3): 221 – 239.

② 赵晓庆，许庆瑞. 知识网络与企业竞争能力 [J]. 科学学研究，2002，20 (3): 281 – 285.

③ Coleman J S, Coleman J S. Foundations of Social Theory [M]. Harvard University Press, 1994.

于创新的影响绝大部分都是正面的，即企业与相关创新主体的互动与创新绩效呈现正相关[①]。通过依靠网络对企业外部知识及其他资源进行整合已成为创新形成、发展与成功的关键。

此外，由于时间、资源成本的经济性考虑，理性知识主体正在逐渐摆脱以往"单打独斗"的惯性思维，创新活动更具有开放性特征，纳梅克和罗马诺等（2001）认为[②]，知识管理对象不能只局限在组织内部的知识资源范畴，而应该将眼光投放到组织外部，吸收来自其他组织、群体、集团、政府部门等的为自身需要的知识资源，构建知识网络，进行跨组织合作，进行协同创新。施琴芬（2003）认为[③]，网络代表着知识资源的延伸，隶属表资源，是组织共享知识、获得知识的必然发展渠道。显然，知识网络的构建，能够为网络成员提供丰富的知识获得机会与直接的知识来源，通过知识交互活动，实现来自不同组织的知识跨越空间和时间的整合（万君和顾新，2013）[④]，有效弥补组织自身知识的不足，实现知识网络中组织之间的知识共享与知识创造，提高组织知识管理的运作成效。以创新型企业为主要构成主体，研究型大学、科研院所、金融、科技服务中介组织为参与主体的知识网络形成，有利于组织之间的知识整合，形成组织自身及网络整体的知识优势。

知识网络这一跨组织合作创新模式由多条知识链耦合形成，是集知识共享与知识创造功能于一体的复杂网络系统。知识网络的形成是主体知识内容变化、联结关系生成与网络拓扑结构演化的一个复杂互动过程。多个知识主体通过耦合形成知识链，多条知识链通过耦合形成知识网络（Wei

① Becheikh N, Landry R, Amara N. Lessons From Innovation Empirical Studies in the Manufacturing Sector: A Systematic Review of the Literature from 1993 – 2003 [J]. *Technovation*, 2006, 26 (5 – 6): 644 – 664.

② Nunamaker Jr J F, Romano N C, Briggs R O. A Framework for Collaboration and Knowledge Management [C]. System Sciences, 2001. Proceedings of the 34th Annual Hawaii International Conference on. IEEE, 2001: pp. 12.

③ 施琴芬，郭强. 隐性知识主体风险态度的经济学分析 [J]. 科学学研究，2003，21 (1)：80 – 82.

④ 万君，顾新. 构建知识网络的必要性及其特性探析 [J]. 经济研究导刊，2013 (24)：223 – 226.

and Gu，2013）①，此时，知识链之间形成了一种非线性的结构联系，包括协同、冲突等联结关系。在该结构中，知识是网络中的核心资源，对知识的概念界定与从知识链视角进行的研究一致，即知识是一种可转移的生产要素，是企业等经营主体获得持续竞争优势的源泉。知识网络的核心活动包括知识的获取、传递、交换、学习、创造与应用等。在生产实践中，知识网络的表现形式多样，如产学研协同创新正是依托网络合作实现（魏奇锋和顾新，2013）②，以创新型企业、研究型大学、科研院所、政府机构、科技服务中介、金融机构、咨询机构等多元知识主体互动协同为基础，企业与学研机构等基本知识主体之间不断共享知识与技术，从而促进知识创造，通过契约及股权关系缔结成优势互补、风险共担的知识网络，其本质在于由跨组织的知识流动形成了知识网络（顾新，2008）③。

　　近年来，复杂科学的兴起为知识网络演化的研究开辟了全新的路径。如阿宾诺和卡波纳拉等（2006）指出④，单个知识节点的行为由于受到许多随机因素的影响而难以精确预测，但网络整体演化所呈现出来的涌现、共演等正是典型的复杂性特征。随着知识网络的拓扑结构、运行机制、网络功能等内容与形式的演化发展，知识主体赖以生存与成长的基础环境正不断发生着改变，致使知识主体的网络位置、可支配资源、权力关系等与其利益紧密相关的一系列属性也发生着变化。为应对新变化与新情况，出于理性的角度出发，知识主体通过形成惯例或惯例异变，实施"适应行为"来契合知识网络演化需要，以获得更好的发展。从现有研究来看，目前，对于知识网络演化下的主体适应行为规律鲜有涉及。正如吴结兵和郭斌（2010）⑤ 指

---

　　① Wei Q，Gu X. Knowledge Networks Formation and Interchain Coupling of Knowledge Chains ［J］. *Journal of Applied Sciences*，2013，13（20）：4181 – 4187.

　　② 魏奇锋，顾新. 基于知识流动的产学研协同创新过程研究 ［J］. 科技进步与对策，2013，30（15）：133 – 137.

　　③ 顾新. 知识链管理：基于生命周期的组织之间知识链管理框架模型研究 ［M］. 成都：四川大学出版社，2008.

　　④ Albino V，Carbonara N，Giannoccaro I. Innovation in Industrial Districts：An Agent-based Simulation Model ［J］. *International Journal of production Economics*，2006，104（1）：30 – 45.

　　⑤ 吴结兵，郭斌. 企业适应性行为，网络化与产业集群的共同演化——绍兴县纺织业集群发展的纵向案例研究 ［J］. 管理世界，2010（2）：141 – 155.

出的那样，相关文献更多地关注知识网络整体演化自下而上的涌现过程，而忽略了知识网络演化的背景效应，即宏观层面上知识网络发展对于微观知识主体适应行为的影响。

构成知识网络的微观知识主体，同样具有一定知识网络环境的适应能力以及适应性的一般行为规律，从而使其能更好地在网络环境中实现"生存"与"成长"并保持其相对平衡的网络"位置"。知识网络的演化对知识主体行为策略的影响以及主体适应行为的反馈作用是知识网络呈现出不同生命周期阶段的动因（万君和顾新，2012）[①]。此外，知识网络演化与知识主体适应行为的交互影响也是产业集群、知识联盟等跨组织联合体发展的内在动因，特定知识主体适应行为与网络体系结构的相互匹配也导致了跨组织联合体的演化呈现出不同阶段（李文博和张永胜等，2010）[②]。李文博（2013）[③] 通过实证研究发现，在微观层面，影响知识网络演化的因素包括微观企业适应行为与企业网络化能力的两个方面。企业适应性行为，包括嵌入学习、界面渗透、知识治理、路径跃迁等，对企业知识网络的演化存在正向影响。目前，在知识网络的演化研究中，一个重要趋势正是从知识网络宏观整体现象向微观知识主体的适应行为迁移，即关注知识网络演化中的知识主体的适应行为。显然，将宏观网络演化发展的整体现象转向微观适应行为，有助于为知识网络演化提供一个整体、多层次的分析思路，也为从微观知识主体层面展开网络演化研究奠定了基础。

1.2　问题的提出与研究意义

由于知识网络相关的理论研究及实践仍处于前期阶段，在该主题下虽

---

① 万君，顾新. 知识网络的生命周期及其阶段判定模型研究 [J]. 管理学报，2012，9 (6)：880－883，899.

② 李文博，张永胜，李纪明. 集群背景下的知识网络演化研究现状评介与未来展望 [J]. 外国经济与管理，2010，32 (10)：10－19.

③ 李文博. 集群情境下的企业知识网络结构与演化研究 [M]. 北京：中国社会科学出版社，2013：153.

然已经涌现出部分的有益探索，但从目前成果来看，理论界及实践者对知识网络的演化发展的基本规律仍无统一结论，更是缺乏对知识网络演化的系统而深入的研究。此外，在实践中，知识网络演化的复杂性也使得某些现象无法得到一致认同，因此，必须超越它们分离和间断的局限性，采用新的思维方式和新的研究视角来研究知识网络的相关问题。当前，我国一些创新型企业、大学、科研院所、科技中介机构等知识主体已自觉或不自觉地构建了知识网络，组织之间信任关系管理、冲突管理以及风险防范等问题已成为知识网络形成与演化过程中的关键问题。理论研究的缺乏不利于知识网络组织之间合作关系的构建与维护以及知识网络合作协同效应的实现。因此，有必要研究基于知识链耦合的知识网络形成和演变过程，认识知识网络演化的基本问题，制定科学有效的知识管理策略，加强知识网络中组织之间的合作，从而提高知识网络的运行效率。

近期，格里·乔治（2015）在题为"适应性创新组织"（the adaptive innovation organisation）的公开课中讲到，"实施创新的理由是为了适应"；"在如今信息丰富且文化多元的社会里，我们的企业组织总是太专注创新，而忘了适应"①。同样，学界与实践者在知识网络研究中对其"动态演化"的整体趋势过分关注，而忽视了对知识主体微观行为规律的考察，使相关研究同样进入了一种盲区。然而，环境判断与行为适应是企业等知识主体在知识网络演化中表现出的最为核心的运行状态，正是主体适应行为与网络化的交互影响推动了知识网络的发展（吴结兵和郭斌，2010）②，而特定适应行为与网络体系的匹配及交互也形成了知识网络的不同生命周期阶段。由此，我们迫切需要思考并解决如下问题：知识网络是如何演化发展的？知识网络演化中知识主体的适应行为是怎样的？笔者认为，演化理论为解答上述问题提供了合适的研究视角及方法，知识不仅是知识网络演化的决定因素，而且，知识网络的进阶演化又影响着知识主体知识的不断积

---

① Gerry George. The（Adaptive）Innovation Organisation［Z］. A Public Lecture, Melbourne University, 2015 - 7 - 9.

② 吴结兵，郭斌. 企业适应性行为，网络化与产业集群的共同演化——绍兴县纺织业集群发展的纵向案例研究［J］. 管理世界，2010（2）：141 - 155.

累与其发展成长。

本书从知识链耦合视角探讨知识网络的形成与演化，并基于此研究知识网络中知识主体适应行为的一般规律。本书所具有的科学意义和学术价值，主要表现在：

（1）迄今为止，国内外关于知识网络演化的研究尚处于起步阶段，有关理论还很不成熟。因此，本书通过构建知识网络的演化框架，探讨知识网络演化机理，有助于丰富和发展知识网络理论，具有一定的理论价值。

（2）目前，基于知识链耦合视角的知识网络相关研究非常少见，而知识链是知识网络的重要构成成分，有关知识链的理论及实践研究成果已比较丰富。本书从"点—链—网"的知识网络构成逻辑及知识链耦合视角，研究知识网络的形成和演化以及微观知识主体的适应行为一般规律，具有一定新颖性。

（3）本书基于知识网络演化背景的微观知识主体适应行为表现，对于我国企业等创新主体构建、加入知识网络，优化创新主体之间的知识链管理以及知识网络管理具有积极的实践指导意义。

1.3　研究内容及研究目标

本书的主要内容共分为 7 章，具体内容安排及其相应研究目标如下。

第 1 章为绪论。本章共分为 4 个部分，分别为研究背景、问题的提出与研究意义、研究内容及研究目标、研究方法与技术路线。

第 2 章为研究视角与综述回顾。本章共分为 4 部分，分别为演化理论（包括演化经济学及演化博弈理论两部分）、知识管理理论、知识网络演化、适应行为。

第 3 章为知识网络及其构成要素与结构特征。本章共分为 2 部分：（1）从微观及系统两个视角探讨知识网络的构成要素；（2）从知识节点及网络整体两个维度探讨知识网络的结构特征及相关指标的测度方式。

第 4 章为知识网络的结构演化及其知识主体行为分析。本章共分为 4 部分：（1）构建小世界知识网络模型，提出知识网络模型演化的动力机制；（2）从网络价值计算、节点耦合成本、关系边权重计算等方面设计仿真过程；（3）分析与讨论仿真结果，对比网络结构演化及主要参数与指标变化，观察网络节点度的大小及概率分布，探讨网络节点知识水平演化及演化速度的异变；（4）比较研究四类典型网络结构下的节点知识水平变化。

第 5 章为知识网络的机制演化及其知识主体行为分析。本章共分为 4 部分：（1）提出知识网络自组织机制演化的框架；（2）探讨知识网络信任机制与知识主体交互学习行为；（3）探讨知识网络冲突机制与知识主体冲突协调行为及知识协同；（4）探讨知识网络风险机制与知识主体风险防范行为。

第 6 章为知识网络的功能演化及其知识主体行为分析。本章共分为 3 部分：（1）构建基于知识流动的知识网络功能演化模型，探讨功能演化的影响因素；（2）分析知识网络功能演化各阶段运行及知识主体行为特征；（3）探讨功能演化下的知识主体行为对主体知识能力提升的影响及知识网络功能演化在其中的调节效应。

第 7 章为总结与展望。本章共分为 3 部分：（1）本书主要研究结论；（2）本书创新点介绍；（3）本书存在的不足及对未来的展望。

1.4　研究方法与技术路线

本书针对主要研究内容所基于的理论及使用方法的安排如下。

（1）知识网络中的节点在决策时不仅要考虑自身的因素，还受其他节点行为的制约。因此，可以将知识网络视作由多个节点按一定联系而形成的复杂系统。运用复杂系统理论，研究知识网络的要素、构成和结构。

（2）基于交易费用经济学的相关理论，分析知识网络的形成机制。基于知识链间耦合平均成本最小的路径搜寻和匹配以及合作前提下的预期收益函数影响节点行为选择，研究知识网络的形成，探讨知识网络的"点—链—网"的形成逻辑。

（3）运用复杂网络理论，构建基于小世界网络的知识网络结构演化模型。演化模型解析计算节点的增长动态性和节点的度分布，给出节点的集聚系数与度的关系表达式，解析计算网络平均路径长度的增长趋势，并使用 MATLAB 软件对网络演化过程进行数值模拟，并探讨仿真结果及其理论与实践意义。

（4）运用社会网络理论，分析知识网络知识主体之间的相互信任机制及知识主体的交互学习行为。社会网络理论提供了将知识活动纳入到社会网络中进行考察的理论依据，社会网络成为企业（等知识主体）进行知识搜寻的路径和平台。因此，运用社会网络视角来分析知识网络演化及其知识主体行为，在理论上既有其合理性，在实践上也具有有效性。

（5）基于代理理论等相关的理论方法，主要利用文献研究法探讨知识网络的冲突机制及知识主体冲突协调过程中的契约机制、自实施机制及第三方管理机制。基于协同学理论与复杂网络理论的相关理论知识，来解释知识主体之间的知识协同现象。

（6）运用风险矩阵法，探讨知识网络的风险机制，建立知识网络风险评价指标及评价方法。具体步骤如下：第一，归纳知识网络各种可能的风险，分析各种风险的来源；第二，根据知识网络的实际情况，筛掉一些不具威胁的风险；第三，利用 Delphi 法，估计每个风险出现的概率以及每个风险造成的可能损失；第四，利用 Borda 序值法对知识网络风险根据重要程度进行绝对排序，排在最前面的风险均为知识主体需要重点防范和处理的风险。

（7）运用创新扩散理论，分析知识网络的功能演化，探讨知识主体之间知识流动的类型、特征、方式和过程；基于组织学习的相关理论，探讨知识网络功能演化的影响因素；在探讨知识主体行为对知识能力的影响及知识网络功能演化的调节效应时，首先在访谈、调研和问卷调查的基础上，对各类数据进行相应的归纳和分析处理。运用探索性因子分析和验证性因子分析方法，探索并验证本书提出的知识主体行为对知识能力的影响，之后进行回归分析，探讨知识网络功能演化对其的调节作用，主要使用了 SPSS 软件与 AMOS 软件。

本书技术路线如图 1.1 所示。

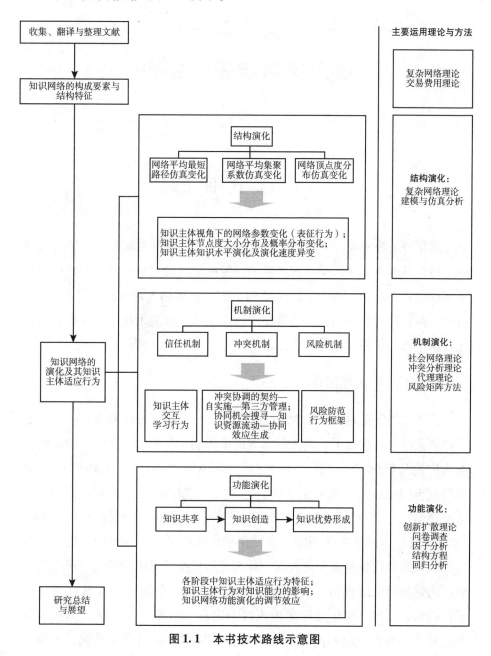

图 1.1　本书技术路线示意图

—————————— 第 2 章 ——————————

研究视角与综述回顾

2.1 演 化 理 论

演化理论为研究知识网络演化及知识主体适应行为问题提供了合适的研究视角及方法，知识是知识网络演化的决定因素与本质内容，知识网络整体的结构、机制、功能演化又影响着知识主体的发展成长与知识积累。可见，演化理论为本书提供了重要的理论基础，对演化理论的分析分为演化经济学与演化博弈论两个方面。

2.1.1 演化经济学

演化经济学是目前流行的经济学理论之一，其理论体系非常庞杂，包括经典流派、现代流派、其他流派等诸多派别。早期的演化经济学思想代表人物是凡勃伦（Vablen）、马歇尔（Marshall）、阿尔钦（Alchian）、熊彼特（Schumpeter）、哈耶克（Hayek）等。早期的演化经济理论批评了主流经济学的"最大化"与"均衡"思想，指出经济演化是渐进的（Marshall，1921）。阿尔钦（1950）将演化思想运用于经济分析中，使用自然选择的概念取代显性最大化概念，认为经济系统具有由利润压力形成的探索行为选择的适应机制。熊彼特（1941）认为，创新是经济活动中最活跃的因素，在经济演化过程中表现最为突出。哈耶克（1978）则在其著作《作为一种发现过程的竞争》中将竞争视作知识的发现过程，竞争之所以有价值在于结果的不可预测性。纳尔逊和温特（Nelson and Winter, 1982）《经济变迁的演化理论》一书的出版，标志着现代演化经济学的形成。该著作批判了古典经济学的完全理性假设，提出了"惯例"概念，指出惯例可以看作是企业知识与经验的载体，惯例的差异构成了企业间区别的特征①。

黄凯南（2009）指出②，从理论范式的多样性来看，演化经济学仍处于"范式竞争"阶段，不同范式之间的调和与集成是现代演化经济学发展的一个重要趋势。宋胜洲（2008）③对演化经济学各类流派进行过一个比较研究，如表 2.1 所示，各流派之间存在理论与方法上的差异，同时也存在整合的共同思想传统与理论基础。

表 2.1　　　　　　　　　　演化经济学各大流派的比较

流派分类	具体流派	演化传统	共同基础
经典流派	制度学派	生物类比 累积因果 有限理性 制度演化	知识 （创新与惯例） （技术与制度） 适应行为 差异结构 合作秩序 总体过程
经典流派	熊彼特学派	创新与惯例 动态竞争 协同互动	知识 （创新与惯例） （技术与制度） 适应行为 差异结构 合作秩序 总体过程
经典流派	奥地利学派	知识分散 市场过程 自发秩序	知识 （创新与惯例） （技术与制度） 适应行为 差异结构 合作秩序 总体过程
现代流派	演化博弈学派	生物进化 博弈论 有限理性 群体分析 动态分析	循环因果 协同互动

① 陶海青. 知识、认知网络与企业组织结构演化——基于企业组织和企业家个体的分析 [M]. 北京：中国社会科学出版社，2010.

② 黄凯南. 演化博弈与演化经济学 [J]. 经济研究，2009（2）：132 – 145.

③ 宋胜洲. 基于知识的演化经济学——对基于理性的主流经济学的挑战 [M]. 上海：上海人民出版社，2008：104.

续表

流派分类	具体流派	演化传统	共同基础
现代流派	复杂性经济学派	总体结构 非均衡 自组织 适应过程 协同作用	知识 （创新与惯例） （技术与制度）
	新兴古典经济学	分工结构 发展过程	
其他流派	后凯恩斯学派	不确定性 社会结构 历史过程	适应行为 差异结构 合作秩序 总体过程 循环因果 协同互动
	法国调节学派	宏观制度 社会结构 历史过程	
	瑞典学派	不确定性 非均衡 总体分析 动态分析 累积因果	

资料来源：宋胜洲．基于知识的演化经济学——对基于理性的主流经济学的挑战［M］．上海：上海人民出版社，2008：144．

与新古典经济学的静态存在论相比，演化经济学的科学基础是动态演化的，主张采用复杂系统的观点看待经济体系及其发展过程。与主流经济学相比，演化经济学用适应行为代替理性行为，以有序结构代替均衡结构，以动态渐变代替静态不变。演化经济学是生物进化论在经济领域的应用，如目前一种新的表述方式是（黄凯南，2009）①：将达尔文主义的"变异—选择—遗传"机制转述为"创新—选择—扩散"机制，于是形成了一个针对企业创新行为与规律的演化分析框架。在认识论上，演化经济学采用的是有限理性假设，对此，西蒙（1957）认为，"简化选择过程的关键，在于用令人满意的目标代替最大化目标，从而找到一种良好的行为

---

① 黄凯南．演化博弈与演化经济学［J］．经济研究，2009（2）：132－145．

路线"。也正因为此,由于受到"有限理性"的制约,行动者通过试错行为促成了学习行为的发生。从研究内容看,演化经济学主要关注经济系统的演化,涉及选择机制、变异产生的动态过程等(Nelson and Winter,1982)①。在企业创新方面,熊彼特(1942)指出,创新已不再只是企业家个人的行为,而经常出现在研发活动中,并呈现为惯例化行为。即创新主体已经由个体转向团队或组织,创新已经成为一种集体式合作创新。纳尔逊和温特(1982)继承了熊彼特后期的观点,结合组织行为学,认为创新活动是一种组织的学习行为惯例,表现为一种新技术搜寻的惯例,体现在研发活动当中。

目前,对演化经济学的理论及应用研究,已经拓展到了技术创新、制度变迁、产业演变、企业演化、企业战略的制定等诸多领域。

2.1.2 演化博弈理论

演化博弈学派被认为是演化经济学的现代流派之一,与其同属现代流派的还有复杂经济学派(非线性经济学、混沌经济学等)以及新兴古典经济学派等(如表 2.1 所示)。同时,演化博弈论也被认为是演化经济学的最新理论进展(陶海青,2010)②,因此,演化博弈理论持有与演化经济学一致的认识论。

与经典的博弈理论强调"超理性"相比,演化博弈理论却将注意力转移到主体有限的决策能力上,认为决策主体的信息与计算能力是有限的,有时会犯一些低级错误或实施令人费解的行为,只能依靠不断模仿、试错、总结过程不断调整优化行为。历经足够久的动态调整过程后,这种简单适应行为,却可以产生类似于理性的行为结果,类似于弗里德曼所述的"似然理性"(宋胜洲,2008)③。演化博弈理论以有限理性的群体为研究

---

① Nelson R R, Winter S G. *An Evolutionary Theory of Economic Change* [M]. Cambridge:Harvard University Press, 1982.

② 陶海青. 知识、认知网络与企业组织结构演化——基于企业组织和企业家个体的分析 [M]. 北京:中国社会科学出版社, 2010.

③ 宋胜洲. 基于知识的演化经济学——对基于理性的主流经济学的挑战 [M]. 上海:上海人民出版社, 2008.

对象，核心是从群体到个体的局部动态方法来分析主体决策行为与均衡实现。演化过程包括变异机制与选择机制两个方面（Ritzberger and Weibull，1995）①。根据黄凯南（2009）的描述②，演化博弈的变异机制主要意味着在既定策略集中的个体决策随机变化，而不涉及新策略的产生。其变异机制主要为了检验演化均衡稳定性（Smith，1982）③。因而，演化博弈中的演化过程建模主要依赖基于特定规则下的选择机制。

演化博弈理论的理念内容包含三个方面，分别是有限理性假定、群体行为分析与局部动态方法④。青木昌彦和奥野正宽（2005）认为⑤，有限理性可以从以下三个概念进行描述：一是惯性（inertia），主体不以最优决策行事，而是根据博弈的历史经验行事；二是近视（myopia），主体只能立足当下现实，无法预测复杂未来；三是试错与试验（trial and errors or experiments），主体行为决策开始并非最优，而是通过不断试错过程逐步实现优化。因此，主体行为规则是比贝叶斯法则更为简单，是一种局部最优，而非全局最优，是一种通过不断试错、调整后形成的一种动态适应性演化。对于群体行为分析而言，演化博弈论以群体代替个体，以群体中个体选择不同策略的比重代替经典博弈论中的混合策略。因而，有限理性主体除了可以根据自身经验与行为调整外，还可以观察、模仿周围其他合作主体的行为来获得决策信息。可见，演化博弈论关注行为主体的社会性，顺利将个体行为与集体行为进行了衔接。演化博弈的模型，通常以参与群体为研究对象，分析其动态演化，并对群体为何能达到、如何达到目前状态的过程进行阐述；除了行为的选择过程，也包含行为的突变过程；群体选择的行为存在着一定惯性。对于局部动态方法而言，路径依赖是该理论强调的观点，认为均衡是均衡过程的函数，达到均衡是渐进、长期的过

① Ritzberger K，Weibull J W. Evolutionary Selection in Normal-form Games［J］. *Econometrica：Journal of the Econometric Society*，1995：1371－1399.

② 黄凯南. 演化博弈与演化经济学［J］. 经济研究，2009，2：132－145.

③ Smith J M. Evolution and the Theory of Games［M］. Cambridge university press，1982.

④ 宋胜洲. 基于知识的演化经济学——对基于理性的主流经济学的挑战［M］. 上海：上海人民出版社，2008.

⑤ 青木昌彦，奥野正宽. 魏加宁译. 经济体制的比较制度分析［M］. 北京：中国发展出版社，2005.

程。演化博弈论通过引入突变因素与路径依赖，解决了均衡选择问题，所谓均衡，即是"一旦进入到某一均衡的吸引域内，就对其他突变策略存在一定程度的抵抗力，以防止（经济）滑向其他不稳定均衡"。由此可知，演化博弈理论包括两个重要内容，首先，是演化稳定策略，探讨演化动态过程趋于稳定的条件；其次，是动态方法，揭示了演化系统趋于稳定的动态过程。

2.2 知识管理理论

知识管理的对象是知识，柏拉图（Plato，427–347 BC）认为，一个陈述若能被称为知识，则必须满足三个标准：被证明、真实、被相信（Justified、true、belief）[1]。知识常与信息概念具有紧密联系，其区别在于信息（information）意味着客观的知识（knowledge）内容，如 who、when、where、what、how much 等，而知识的概念更为一般化，除了表达客观知识的信息内容外，还涉及那些经过理性的分析、研究与思考后的具有一定主观性质的加工处理后的信息，如 why、how 等内容。不过，在日常生活中，"信息"这一词汇使用得更为广泛。宋胜洲（2008）[2] 针对秦海（2004）[3] 和柯林斯（Collins，1993）[4] 的知识划分方案进行了集成考虑并重新划分，认为在经济演化中的知识有四种类型（如表 2.2 所示）。另外，顾新（2008）[5] 提出，知识具有共享性与非竞争性、部分非排他性、累积性、非磨损性和时效性等特点，也正因为这些特点，使知识区别于企业其他生产要素而成为其特殊的战略性资本。

---

① 维基百科：knowledge ［EB/OL］. http：//en. wikipedia. org/wiki/Knowledge. 2014 – 4 – 24.

② 宋胜洲. 基于知识的演化经济学——对基于理性的主流经济学的挑战 ［M］. 上海：上海人民出版社，2008：119.

③ 秦海. 制度、演化与路径依赖——制度分析综合的理论常识 ［M］. 北京：中国财政经济出版社，2004.

④ Collins H M. The Structure of Knowledge ［J］. *Social Research*，1993：95 – 116.

⑤ 顾新. 知识链管理：基于生命周期的组织之间知识链管理框架模型研究 ［M］. 成都：四川大学出版社，2008.

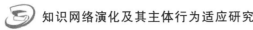

表 2.2　　　　　　　　　　　　　　知识的类型

类型	个体知识	群体知识
隐性知识	技巧或技能	非正式制度
显性知识	技术	正式制度

　　知识经济的发展，建立于对知识的生产、分配与使用上。在企业管理领域，知识被广泛认为已经取代传统的生产技术与工艺，成为驱动企业获得利润并培育竞争力的核心资源。知识在某种程度上直接决定着企业的核心能力，如知识能力（knowledge capabilities）（Dawson，2000）[①] 等概念的提出。哈默尔和普拉哈拉德（Hamel and Prahalad，1990）[②] 认为，企业核心能力的本质就是知识，指的是"企业的积累性学识，特别是关于如何协调不同生产技能并有机结合多种技术流派的学识"，而提升核心能力的主要途径就是加强组织的知识管理。知识管理，是企业等组织面对新形势、新环境作出的战略反应。简单而言，知识管理是对企业知识资源进行管理的过程。从定义来看，目前存在许多不同的阐释，如达文波特和普鲁萨克（1998）[③] 从信息系统与人力资源集成的观点认为，知识管理"借鉴自对组织现存其他资源的管理，如信息系统管理、组织变革管理及人力资源管理实践"；斯万等（1999）[④] 认为，知识管理是"包括知识创造、探索、获取、共享与应用等的一切实践过程，其存在的目的是为了增强组织的交互学习及绩效"；默廷斯等（2000）[⑤] 从信息系统视角认为，知识管理是"综合运用各类工具、设备、方法，以提升核心知识的过程"；贝蒂

　　① Dawson R. Knowledge Capabilities As the Focus of Organisational Development and Strategy [J]. *Journal of Knowledge Management*，2000，4（4）：320-327.

　　② Hamel G，Prahalad C K. The Core Competence of the Corporation [J]. *Harvard Business Review*，1990，68（3）：79-91.

　　③ Davenport T H，Prusak L. *Working Knowledge：How Organizations Manage What They Know* [M]. Harvard Business Press，1998.

　　④ Swan J，Newell S，Scarbrough H，et al. Knowledge Management and Innovation：Networks and Networking [J]. *Journal of Knowledge Management*，1999，3（4）：262-275.

　　⑤ Mertins K，Heisig P，Vorbeck J. *Knowledge Management：Concepts and Best Practices* [M]. Springer Science & Business Media，2003.

贺斯（2000）① 从战略视角认为知识管理是"促进要素知识的生产，以保证组织目标的实现"；纽厄尔等（2009）② 则认为知识管理是"改善企业在面临动荡环境时利用知识资产的方式，以保证持续创新"。可见，知识管理是一项多维度、综合集成的管理（Jashapara，2004）③，如图 2.1 所示。

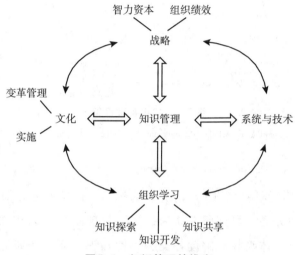

图 2.1　知识管理的维度

资料来源：Jashapara A. *Knowledge Management*：*An Integrated Approach* ［M］. Pearson Education，2004：12.

知识管理理论体系有很多种方案，根据贾夏帕拉（2004）在《知识管理：一个集成的方法》一书中的描述，知识管理理论可以分为五个内容，知识发现（discovering knowledge）、知识创造（generating knowledge）、知识评价（evaluating knowledge）、知识共享（sharing knowledge）、知识杠杆（leveraging knowledge），如图 2.2 所示。

---

① Uit Beijerse R P. Knowledge Management in Small and Medium-sized Companies：Knowledge Management for Entrepreneurs ［J］. *Journal of Knowledge Management*，2000，4（2）：162–179.

② Newell S，Robertson M，Scarbrough H，et al. *Managing Knowledge Work and Innovation* ［M］. Palgrave Macmillan，2009.

③ Jashapara A. *Knowledge Management*：*An Integrated Approach* ［M］. Pearson Education，2004.

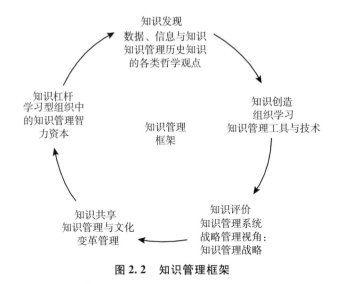

图 2.2　知识管理框架

资料来源：Jashapara A. Knowledge Management：An Integrated Approach ［M］. Pearson Education，2004：5. ①

　　阿拉维和莱德纳（2001）研究认为②，一个有效区分知识的框架是显性与隐性的分类。早期研究认为，知识管理需要将内在知识转化为外在知识，以便个体吸收或解读各类编码性知识，而后的研究则更强调内在与外在的知识存在显著差异。野中郁次郎等（1998）③ 提出了 SECI 知识转化模型（如图 2.3 所示），获得学界与实践者的广泛认同，以螺旋上升的逻辑表达组织内部知识与外部知识间的互动，由此也将知识管理的实践操作重点转向针对个体及组织拥有的显性知识与隐性知识的确认、共享、传播、掌握、创造、应用及对其的有效管理，所涵盖的应用领域包括学习型组织构建、组织文化建设、资讯科技运用、人力资源管理等。

---

① Jashapara A. *Knowledge Management*：*An Integrated Approach* ［M］. Pearson Education，2004.

② Alavi M，Leidner D E. Review：Knowledge Management and Knowledge Management Systems：Conceptual Foundations and Research Issues ［J］. *MIS Quarterly*，2001：107 – 136.

③ Nonaka I，Konno N，Toyama R. Leading Knowledge Creation：A New Framework for Dynamic Knowledge Management ［C］. Second Annual Knowledge Management Conference，Haas School of Business，University of California，Berkeley，CA. 1998.

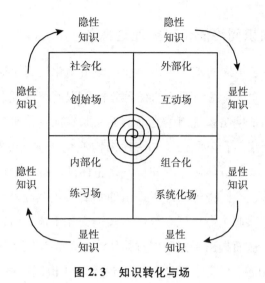

图 2.3　知识转化与场

资料来源：Nonaka I，Konno N，Toyama R. Leading Knowledge Creation：A New Framework for Dynamic Knowledge Management ［C］. Second Annual Knowledge Management Conference，Haas School of Business，University of California，Berkeley，CA. 1998.

2.3　知识网络演化

知识网络研究始于 20 世纪 90 年代中期（贝克曼，1995①；小林，1995②），早期知识网络相关研究主要关注知识网络的构成要素、形成机理、组织边界与合作机制等内容（黄训江，2011）③。随着研究的不断深入，知识网络演化的相关研究成果日渐增多，研究视角、研究方法等也呈现多元化，知识网络演化研究业已成为知识网络研究的重点内容。此外，与知识网络相近的概念如创新网络、联盟网络等，相关研究成果为探索知识网络演化机理提供了有益借鉴。

---

①　Beckmann M J. *Economic Models of Knowledge Networks*，*in Networks in Action* ［M］. Springer - Verlag，1995：159 - 174.

②　Kobayashi K. *Knowledge Network and Market Structure：An Analytical Perspective*，*in Networks in Action* ［M］. Springer - Verlag，1995：159 - 174.

③　黄训江. 集群知识网络结构演化特征 ［J］. 系统工程，2011，29（12）：77 - 83.

2.3.1 知识网络演化研究理论视角

许多学者基于不同的理论视角对知识网络演化进行了研究，如肖冬平和顾新（2009）[1]从自组织理论的视角分析知识网络的耗散结构机理，认为知识网络结构从网络系统组建之前的无序状态向网络组建之后的静态有序结构，再向网络运行阶段的动态有序结构演化。姚红霞等（2009）[2]在分析了互联网上参与群体协作的知识网络主体的特征、剖析了主体之间的知识交互实质后，在野中郁次郎等提出的知识转化螺旋模型的基础上，以主动性知识主体和非生命代理系统作为知识交互主体，对知识转化螺旋模型进行了改进，从而提出了互联网群体协作下的知识网络演化模型。郝云宏和李文博（2009）[3]基于耗散结构理论，对知识网络进行了类似诠释，并在此基础上，提出了知识网络的演化机制，包括动力机制与反馈调节机制。万君和顾新（2010）[4]基于超循环理论的视角，认为知识网络的形成和演化是超循环的结果。李贞和张体勤（2010）[5]从企业技术创新的视角出发，分析技术创新各阶段的企业外部知识网络特征，从企业实践的角度探索知识网络的演化机理。

2.3.2 知识网络演化模型构建

在考察知识网络演化的过程中，许多学者运用复杂网络、系统动力学、系统理论等构建了一系列知识网络的演化模型。阿吉雷（2001）[6]构

① 肖冬平，顾新. 基于自组织理论的知识网络结构演化研究 [J]. 科技进步与对策，2009，26（19）：168－172.

② 姚红霞，傅荣，吴莎. 互联网群体协作的知识网络演化：基于 SECI 模型的扩展 [J]. 情报杂志，2009（1）：59－62.

③ 郝云宏，李文博. 基于耗散结构理论视角的企业知识网络演化机制探析 [J]. 商业经济与管理，2009，210（4）：23－28.

④ 万君，顾新. 基于超循环理论的知识网络演化机理研究 [J]. 情报科学，2010，28（6）：1229－1232，1257.

⑤ 李贞，张体勤. 基于技术创新的企业外部知识网络演化研究 [J]. 山东社会科学，2010（6）：140－143.

⑥ Aguirre J L, Brena R, Cantu F J. Multiagent-based Knowledge Networks [J]. *Expert Systems with Applications*, 2001, 20（1）：65－75.

建了一个基于多代理系统（multi-agent system）的知识网络模型，认为企业主体在网络演化中发挥着知识存储和知识服务功能。姜照华和隆连堂等（2004）[①] 建立了集群知识网络演化的动力学模型，认为知识网络与网络外部以及参与者之间的知识流量是知识网络演化的重要变量。席运江和党延忠等（2009）[②] 提出了一个组织知识系统的知识超网络模型，从知识组织、知识表示、知识结构分析、知识定位搜索、分析组织知识管理活动等内容解释了组织知识系统的网络演化发展。杨雪和顾新等（2014）[③] 利用耗散结构、自组织及产业集群生命周期理论，构造出集群知识网络的创新演化模型，验证了知识网络结构对集群创新的影响。王斌（2014）[④] 构建了基于集群的知识网络共生演化模型，指出受网络密度、平均最短路径长度、加权集聚度与知识互动频率影响，知识主体的共生关系不断地发生变化。

由于知识网络具有较强的社会网络嵌入特征，一些研究指出知识网络具有"小世界"特性（Hansen，2002[⑤]；Kim and Park，2009[⑥]；张兵和王文平，2011[⑦]）。此外，目前许多研究都采用"小世界模型"来分析知识网络的结构特性及其演化发展。如王文平（2009）[⑧] 研究认为，小世界网络类型有利于知识转移，由于网络平均路径长度下降对网络集聚系数的滞后效应，小世界网络更可能在（集群）网络知识特性稳定后出现。黄玮

---

① 姜照华，隆连堂，张米尔．产业集群条件下知识供应链与知识网络的动力学模型探讨 [J]．科学学与科学技术管理，2004（7）：55 – 60．

② 席运江，党延忠，廖开际．组织知识系统的知识超网络模型及应用 [J]．管理科学学报，2009（3）：12 – 21．

③ 杨雪，顾新，张省．基于知识网络的集群创新演化研究——以成都高新技术产业开发区为例 [J]．软科学，2014，28（4）：83 – 87．

④ 王斌．基于网络结构的集群知识网络共生演化模型的实证研究 [J]．管理评论，2014，26（9）：128 – 138．

⑤ Hansen M T. Knowledge Networks：Explaining Effective Knowledge Sharing in Multiunit Companies [J]. *Organization Science*，2002，13（3）：232 – 248．

⑥ Kim H，Park Y. Structural Effects of R&D Collaboration Network on Knowledge Diffusion Performance [J]. *Expert Systems with Applications*，2009，36（5）：8986 – 8992．

⑦ 张兵，王文平．非正式知识网络关系强度分布与知识流动小世界 [J]．中国管理科学，2011，19（4）：159 – 166．

⑧ 王文平．产业集群中的知识型企业社会网络：结构演化与复杂性分析 [M]．北京：科学出版社，2009：3．

强和庄新田等（2009）① 的研究结果支持了该观点，认为企业创新网络的稳定状态就是小世界网络，这类特定网络类型具有较高的集聚系数和较短的平均路径长度。从优化知识流动效率（知识流动成本与流量优化）角度来看，申宗实和朴永泰（2010）② 指出，由于自组织知识网络远离最优态，需要管理者进行干预以优化潜在利益获取。

2.3.3　知识网络演化过程

导致知识网络形成与演化的动机各不相同，不同的驱动力影响着知识网络的不同演化方式与表现。拉克西曼南和奥村（1995）③ 通过跟踪十年间日本的制造业集群知识网络演化，揭示出企业通过网络演化获得知识的逻辑。张昆和汪涛（2010）④ 指出，知识网络演化的驱动力主要表现在交易费用、资源互补、知识创造与"临近"等方面，如肖冬平和顾新（2009）认为，知识网络形成与发展的动力包括知识资源共享、组织利益最大化、核心能力培养及发挥核心能力的溢出效应等方面⑤。尼科特拉和罗曼诺（2014）⑥ 通过研究集群知识网络发现，网络成员的知识吸收能力对知识网络演化起到了决定性作用。布罗克尔（2015）⑦ 则认为，网络结构与网络节点存在共演现象，节点组织之间内部结构的临近性正是导致特定网络演化现象形成的动力机制。

———————

① 黄玮强，庄新田，姚爽. 企业创新网络的自组织演化模型［J］. 科学学研究，2009，27（5）：793 – 800.

② Shin J, Park Y. Evolutionary Optimization of A Technological Knowledge Network［J］. *Technovation*，2010，30（11 – 12）：612 – 626.

③ Lakshmanan T R, Okumura M. The Nature and Evolution of Knowledge Networks in Japanese Manufacturing［J］. *Regional Science*，1995，74（1）：63 – 86.

④ 张昆，汪涛. 知识网络演化的驱动力研究评述［J］. 中国科技论坛，2010（12）：87 – 92.

⑤ 肖冬平，顾新. 知识网络的形成动因及多视角分析［J］. 科学学与科学技术管理，2009，30（1）：84 – 91.

⑥ Nicotra M, Romano M, Del Giudice M. The Evolution Dynamic of A Cluster Knowledge Network：the Role of Firms' Absorptive Capacity［J］. *Journal of the Knowledge Economy*，2014，5（2）：240 – 264.

⑦ Broekel T. The Co-evolution of Proximities-a Network Level Study［J］. *Regional Studies*，2015，49（6）：921 – 935.

在知识网络演化过程及进展的判断方面，现有研究多采用结构性指标来实施测量。如李文博和郑文哲等（2007）[①] 基于产业集群背景，从企业个体层面、企业间层面以及网络层面来评价知识网络的结构，并选择中心度、联结强度以及网络密度等三个指标来对网络结构的变化进行测量。朱海燕和魏江（2009）[②] 运用社会网络分析方法和案例动态演绎方法，以浙江大唐袜业产业集群为例，实证了 5 年时间跨度中知识密集型服务机构的嵌入过程，及其对集群整体网络密度、网络中介性与网络凝聚性三个网络结构指标的作用。

知识网络演化表现为网络拓扑结构与知识内容等的变化，演化过程嵌入在网络结构与知识主体行为互动之中。如莱恩朱莉和奥尔德里奇等（2000）指出[③]，知识网络演化内嵌于构成主体的知识行为。知识网络演化与网络主体适应行为的交互构成了网络成长的动力，从而使网络演化呈现出不同的特征。查希尔和贝尔（2005）[④] 所构建的网络中心度与结构洞测量的模型，获得广泛认同。傅荣和裘丽等（2006）[⑤] 利用 Blanch 软件仿真分析了集群知识主体不同参与偏好下的知识网络演化过程，该仿真研究表明，知识网络演化过程中会出现一个结构中心化过程，一些网络主体对知识的认同较高而逐渐形成小型的子网中心，任务导向的网络出现中心化的时间较短。周浩元等（2009）[⑥] 研究了复杂产业知识网络的结构特征与知识学习的动态交互影响，建立了一个基于多主体的计算试验模型，用于模拟复杂产业知识网络的演化。研究表明，复杂产业知识网络演化涌现出

---

① 李文博，郑文哲，刘爽. 产业集群中知识网络结构的测量研究 ［J］. 科学学研究，2008，26（4）：787－792.

② 朱海燕，魏江. 集群网络结构演化分析——基于知识密集型服务机构嵌入的视角 ［J］. 中国工业经济，2009（10）：58－66.

③ Renzulli L A, Aldrich H, Moody J. Family Matters: Gender, Networks, and Nntrepreneurial Outcomes ［J］. *Social Forces*, 2000, 79（2）：523－546.

④ Zaheer A, Bell G G. Benefiting from Network Position: Firm Capabilities, Structural Holes, and Performance ［J］. *Strategic Management Journal*, 2005, 26（9）：809－825.

⑤ 傅荣，裘丽，张喜征等. 产业集群参与者交互偏好与知识网络演化：模型与仿真 ［J］. 中国管理科学，2006，14（4）：128－133.

⑥ 周浩元，陈晓荣，路琳. 复杂产业知识网络演化 ［J］. 上海交通大学学报，2009，43（4）：596－601.

了复杂社会网络的一些典型结构特征，同时，位于网络中心位置的知识主体在知识竞争中可以获得领先地位。邓卫华和易明等（2009）[①] 认为，产业集群知识网络的演化过程主要包含知识聚合和知识扩散过程，集群知识的演化机制则体现为知识学习和知识转化的两种机制形态。张薇和徐迪（2014）[②] 通过构建相应网络和知识积累模型，分析了动态异质性知识网络中的知识积累过程，发现知识关联度较高的知识在网络增长机制下的流速要高于关联度低的知识。此外，汉森（2002）[③] 及金韩俊和朴永泰（2009）[④] 等认为，知识网络具有较强的社会网络嵌入特征，在知识网络演化的过程中，知识主体之间的信任关系也发生着变动，由此影响知识主体的社会资本水平。如斯莱戈和梅西（2007）[⑤] 直接选择从社会资本知识网络（SSKNs）视角研究个体及组织学习行为、信任、风险与社会网络变迁。周密和赵西萍等（2009）[⑥] 认为，网络信任在网络中心性影响网络知识转移成效过程中起着中介作用。菲尔普斯和海德（2012）则认为[⑦]，知识主体之间的社会关系影响着知识网络中的知识创造、扩散、吸收与应用过程。

知识网络演化过程中面临着多种风险甚至组织间激烈的冲突。如达斯和滕炳生（2000）[⑧] 从联盟合作视角，提出了关系风险与绩效风险两大关键风险，关系风险属于交互合作的核心风险，由成员互动形成；绩效风险

---

① 邓卫华，易明，蔡根女. 基于知识网络的集群知识演化研究［J］. 情报杂志，2009，28（6）：106 – 113.

② 张薇，徐迪. 动态知识网络上的知识积累过程模型［J］. 管理科学学报，2014，17（11）：122 – 128.

③ Hansen M T. Knowledge Networks: Explaining Effective Knowledge Sharing in Multiunit Companies ［J］. *Organization Science*，2002，13（3）：232 – 248.

④ Kim H，Park Y. Structural Effects of R&D Collaboration Network on Knowledge Diffusion Performance ［J］. *Expert Systems with Applications*，2009，36（5）：8986 – 8992.

⑤ Sligo F X，Massey C. Risk，Trust and Knowledge Networks in Farmers' Learning ［J］. *Journal of Rural Studies*，2007，23（2）：170 – 182.

⑥ 周密，赵西萍，司训练. 团队成员网络中心性，网络信任对知识转移成效的影响研究［J］. 科学学研究，2009，27（9）：1384 – 1392.

⑦ Phelps C，Heidl R，Wadhwa A. Knowledge，Networks，and Knowledge Networks a Review and Research Agenda ［J］. *Journal of Management*，2012，38（4）：1115 – 1166.

⑧ Das T K，Teng B S. Instabilities of Strategic Alliances: An Internal Tensions Perspective ［J］. *Organization Science*，2000，11（1）：77 – 101.

则源于成员与环境的交互。彭双和余维新等（2013）[①] 指出，知识网络面临着合作成果价值的不确定、主体间关系的复杂性及网络资源分配不平衡等特点，以及网络外部环境复杂性等问题，可能导致知识网络合作的失败。查克曼和迪苏沙（2012）[②] 从组织之间的合作特性、网络自身属性、临近、行为类型、风险作用范围 5 个方面研究网络风险的作用机制。吴绍波和顾新（2011）[③] 指出，由于知识的异质性，如主体之间知识水平、知识结构、组织惯例、价值观等方面的差异，知识网络中存在基于知识的冲突。对冲突进行有效管理，发挥其建设性制约其破坏性，是保证知识网络有效运行的必要条件。

2.3.4　知识网络演化的影响因素

知识网络演化受到多方面因素的影响，包括网络拓扑结构变化、网络主体行为导向影响以及知识流动动力学（周浩元，2009）[④]、网络外部环境（陈金丹等，2013）[⑤] 等。小林（1995）[⑥] 发现，知识溢出是影响知识网络均衡的重要因素。奥兹曼（2006）[⑦] 运用多代理仿真方法，探讨产品关联对知识网络结构存在的影响，指出当产品关联度增加时，网络密度降低，集聚系数逐渐增加，网络平均最短路径也会变大。考恩和乔纳德等（2004）[⑧] 研究了产业网络的知识演化动态过程，比较主体

---

① 彭双，余维新，顾新等．知识网络风险及其防范机制研究——基于社会网络视角 [J]．科技进步与对策，2013，30（20）：124 – 127.

② Trkman P，Desouza K C. Knowledge Risks in Organizational Networks：An Exploratory Framework [J]．*The Journal of Strategic Information Systems*，2012，21（1）：1 – 17.

③ 吴绍波，顾新．知识网络节点组织之间的知识冲突研究 [J]．情报杂志，2011，30（12）：125 – 128.

④ 周浩元，陈晓荣，路琳．复杂产业知识网络演化 [J]．上海交通大学学报，2009，43（4）：596 – 601.

⑤ 陈金丹，胡汉辉，吉敏．动态外部环境下的集群企业知识网络演化研究 [J]．中国科技论坛，2013，1（2）：95 – 102.

⑥ Kobayashi K. *Knowledge Network and Market Structure：An Analytical Perspective，in Networks in Action* [M]．Springer – Verlag，1995：159 – 174.

⑦ Ozman M. Knowledge Integration and Network Formation [J]．*Technological Forecasting &Social Change*，2006，73（9）：1121 – 1143.

⑧ Cowan R，Jonard N，Ozman M. Knowledge Dynamics in A Network Industry [J]．*Technological Forecasting & Social Change*，2004，71（5）：469 – 484.

随机交互知识转移与正式体系下交互知识转移两种方式对知识网络演化存在的影响。傅荣和裴丽等（2006）[①] 研究发现，任务导向型的知识网络与知识导向型的知识网络演化存在不同的过程与稳定性特征，可见，参与主体的行为导向是影响知识网络演化的重要因素。朱海燕和魏江（2009）[②] 揭示了知识密集型服务机构对集群网络结构存在显著影响。纪慧生等（2010）[③] 探讨了知识网络的渐变与重构两种模式，并从知识活动、知识节点、组织学习、研发人才四个方面分析了影响企业知识网络演化的因素。李文博和林云等（2011）[④] 应用扎根理论，提炼了知识网络演化的关键影响因素模型，发现网络共享性资源、企业适应性行为、企业网络化能力和集群政策性情景四个主范畴的影响路径并不一致，并结合杭州软件产业集群进一步阐释了模型的核心范畴和主范畴。黄训江（2011）[⑤] 以知识获取最大化为准则构建集群知识网络形成与演化的过程模型，利用仿真技术研究集群知识网络结构的演化特征及其影响要素，指出随着集群成长，组织间知识流动关系日趋紧密，网络中块状结构出现概率不断增大，组织间的合作程度不断加深，但当其达到一定程度之后，组织间的协作程度下降并开始注重协作质量的提升；此外，集群规模、知识相异性、知识更新速度、知识内生增长速度、学习成本等要素对集群网络结构演化的影响各不相同。王春雷和罗丹等（2014）[⑥] 通过研究美国芯片产业知识网络发现，结构洞、度中心性等结构要素是影响知识网络发展的重要因素。

① 傅荣，裴丽，张喜征等. 产业集群参与者交互偏好与知识网络演化：模型与仿真［J］. 中国管理科学，2006，14（4）：128－133.

② 朱海燕，魏江. 集群网络结构演化分析——基于知识密集型服务机构嵌入的视角［J］. 中国工业经济，2009（10）：58－66.

③ 纪慧生，陆强，杨健康. 基于知识网络演化的企业知识网络建设策略［J］. 华中农业大学学报（社会科学版），2010（5）：94－98.

④ 李文博，林云，张永胜. 集群情景下企业知识网络演化的关键影响因素——基于扎根理论的一项探索性研究［J］. 研究与发展管理，2011，23（6）：17－24.

⑤ 黄训江. 集群知识网络结构演化特征［J］. 系统工程，2011，29（12）：77－83.

⑥ Wang C，Rodan S，Fruin M，et al. Knowledge Networks，Collaboration Networks，and Exploratory Innovation［J］. *Academy of Management Journal*，2014，57（2）：484－514.

2.3.5　知识网络演化中的微观主体行为表现

尽管目前鲜有学者针对知识网络演化中的知识主体行为进行专门研究，但相关研究已经表明，知识网络层面演化行为模式由主体适应行为涌现形成，同时，微观主体的行为又对知识网络演化产生反馈影响。基于特定的集群背景，知识网络是由各类蕴含丰富知识资源的知识主体或网络节点构建起来的各种相对稳定并能促进知识转移的正式和非正式关系的总和，具备知识溢出、柔性聚集、集群拓展和信任增强等基本功能（Cappellin and Wink，2009）[①]，由此，知识网络演化与知识主体的行为变化及主体间知识转移活动存在高度嵌入关系。如李文博和郑文哲等（2007）指出[②]，知识网络具有动态演化特征，网络中的局部互动关联涌现出网络的动态演化行为模式，这种行为模式导致了网络结构的不断变化发展。之后，李文博等（2010）[③] 指出，集群知识网络演化与企业适应性行为的交互影响是产业集群发展的内在动力，特定的企业适应性行为与网络体系结构的相互匹配导致集群演化呈现不同的阶段。赫兰德（1977）[④] 指出，适应性造就复杂性，复杂性适应系统观点将集群网络演化的研究焦点，从集群网络发展的整体涌现向微观层面的企业适应性行为进行了转移（李文博，2013：149）[⑤]。在网络演化的过程中，常见的企业适应性行为主要包括惯例变异、知识链跃迁、信任修复与网络重构等。如陈学光和徐金发（2006）[⑥] 认为，惯例是网络行为的基本表现，维持与协调网络运行，

---

① Cappellin R，Wink R. International Knowledge and Innovation Networks ［A］. New Horizons in Regional Science ［M］. Edward Elgar，Cheltenham，UK，2009.

② 李文博，郑文哲，刘爽. 产业集群中知识网络结构的测量研究 ［J］. 科学学研究，2008，26（4）：787－792.

③ 李文博，张永胜，李纪明. 集群背景下的知识网络演化研究现状评介与未来展望 ［J］. 外国经济与管理，2010，32（10）：10－19.

④ Holland P W，Leinhardt S. A Dynamic Model for Social Networks ［J］. *Journal of Mathematical Sociology*，1977，5（1）：5－20.

⑤ 李文博. 集群情景下的企业知识网络结构与演化研究 ［M］. 北京：中国社会科学出版社，2013.

⑥ 陈学光，徐金发. 网络组织及其惯例的形成——基于演化论的视角 ［J］. 中国工业经济，2006，4：52－58.

一方面，能够创造以及维持组织间的关系（Miller and Pentland et al.，2012）①；另一方面，则有助于维持网络的稳定以及改进联盟的治理方式（Zollo and Reuer et al.，2002）②。

随着知识网络的结构变化，网络中知识主体之间的知识流动效率也会随之改变，有时会形成局部集聚或块状化发现现象。如德龙安（2002）③认为，创新相关的知识流动与扩散受网络结构、网络关系的影响显著。黄训江（2012）④通过仿真研究发现，随着网络演化的发展，网络主体之间知识流动关系逐渐紧密，网络出现块状结构概率增加，主体之间的合作也达到更高水平，不过在达到某个阈值后，组织之间的协作程度开始下降并开始关注协作质量。赵健宇和袭希等（2015）⑤通过研究知识流动网络演化中的小世界效应，发现随着网络的演化，知识流动总量及小世界效应参数趋于稳定，网络中出现了核心节点，并形成知识主体与知识的局部聚集。

在知识网络演化的过程中，影响知识主体之间合作与否的因素有多个方面，如成本、收益判断及自身行为偏好等。柯尼希和巴蒂斯顿（2011）等⑥指出，在知识网络演化的过程中，决定成员之间合作或不合作、构建或终止合作关系的因素是成员的边际成本与收益水平，而这同时也取决于他们在网络中所占据的位置。魏奇锋和顾新（2013）⑦则认为，知识主体

①　Miller K D, Pentland B T, Choi S. Dynamics of Performing and Remembering Organizational Routines [J]. *Journal of Management Studies*, 2012, 49 (8): 1536 – 1558.

②　Zollo M, Reuer J J, Singh H. Interorganizational Routines and Performance in Strategic Alliances [J]. *Organization Science*, 2002, 13 (6): 701 – 713.

③　Deroïan F. Formation of Social Networks and Diffusion of Innovations [J]. *Research Policy*, 2002, 31 (5): 835 – 846.

④　黄训江. 集群知识网络结构演化特征 [J]. 系统工程, 2012, 29 (12): 77 – 83.

⑤　赵健宇, 袭希, 苏屹. 知识流动网络演化中小世界效应的仿真研究 [J]. 管理评论, 2015, 27 (5): 70 – 81.

⑥　König M D, Battiston S, Napoletano M, et al. Recombinant Knowledge and the Evolution of Innovation Networks [J]. *Journal of Economic Behavior & Organization*, 2011, 79 (3): 145 – 164.

⑦　Wei Q, Gu X. Knowledge Networks Formation and Interchain Coupling of Knowledge Chains [J]. *Journal of Applied Sciences*, 2013, 13 (20): 4181 – 4187.

主要通过判断耦合成本大小来决定是否展开合作与进行连接。单海燕等
(2011)① 研究了一类基于知识相关度的局部偏好连接机制和偏好删除机
制的知识网络演化模型。仿真结果表明，基于知识的局部偏好连接机制和
基于度的偏好删除机制比随机局部偏好连接机制和随机偏好删除机制更易
于引起网络异质性及提高网络绩效。傅荣和裘丽等 (2006)② 使用 Blanch
软件对集群主体不同参与偏好下的知识网络演化过程进行了仿真研究，结
果表明，知识网络演化过程中会出现一个中心化的过程，一些参与者对知
识的认同较高而形成小型的子网中心，任务导向的网络出现中心化的时间
较短。

知识网络演化下的知识主体行为具有较强的环境适应性，即从某个程
度上说，适应网络动态环境是知识主体调整行为的目的。田钢和张永安
(2010)③ 基于复杂自适应理论构建了网络环境—主体行为模型，发现网
络中创新主体为适应动态环境变化不断进行自身的行为调整，直接导致
创新网络涌现，使网络表现出小世界与集聚等特性。周浩元等
(2009)④ 研究了复杂产业知识网络的结构特征与知识学习的动态相互
影响，建立了一个基于多主体的计算试验模型，用于模拟复杂产业知识
网络的演化，研究表明，复杂产业知识网络演化涌现出了复杂社会网络
的一些典型结构特征；同时，位于网络中心的主体在知识竞争中可以获
得领先地位。

经过上述分析，可见，近年来知识网络演化相关研究主要集中在以下
几个方面，如表2.3所示。

---

① 单海燕，王文平，王娇俐. 知识网络演化模型的仿真研究 [J]. 系统仿真学报，2011，
23（1）：80 – 84.
② 傅荣，裘丽，张喜征等. 产业集群参与者交互偏好与知识网络演化：模型与仿真 [J].
中国管理科学，2006，14（4）：128 – 133.
③ 田钢，张永安. 集群创新网络演化的动力模型及其仿真研究 [J]. 科研管理，2010，31
（1）：104 – 115.
④ 周浩元，陈晓荣，路琳. 复杂产业知识网络演化 [J]. 上海交通大学学报，2009，43
（4）：596 – 601.

表 2.3 　　　　　　　　　　　　知识网络演化相关研究内容

研究内容	学者及其主要研究视角或观点
理论视角	肖冬平和顾新（2009）：自组织理论 姚红霞等（2009）：改进的知识转化螺旋模型 万君和顾新（2010）：超循环理论 郝云宏和李文博（2009）：耗散结构理论 李贞和张体勤（2010）：企业技术创新的视角
演化模型	阿基尔（2001）：多代理系统模型 姜照华等（2004）：动力学模型，网络内外及知识流作为变量 席运江等（2009）：知识超网络模型 黄玮强和庄新田等（2009）、张兵和王文平（2011）：小世界模型 杨雪和顾新等（2014）：创新演化模型 王斌（2014）：共生演化模型
驱动因素	拉克西曼南和奥村（1995）：知识获取 张昆和汪涛（2010）：交易费用、资源互补、知识创造、临近效应 尼科特拉和罗曼诺（2014）：知识吸收能力增长
演化过程	傅荣和裴丽等（2006）：网络中心化过程，形成子网 周浩元等（2009）：多主体之间知识学习，竞争领先地位 邓卫华等（2009）：知识聚合和知识扩散过程 朱海燕和魏江（2009）：知识密集型服务机构的嵌入过程 张薇和徐迪（2014）：知识积累与知识流动过程
影响因素	考恩等（2004）：知识交互的随机性与正式性 奥兹曼（2006）：产品相关性 朱海燕和魏江（2009）：知识密集型服务机构 纪慧生等（2010）：知识活动、知识节点、组织学习、研发人才 李文博等（2011）：网络共享性资源、企业适应性行为、企业网络化能力和集群政策性情景 黄训江（2011）：集群规模、知识相异性、知识更新速度、知识内生增长速度、学习成本等要素
主体行为	陈学光和徐金发（2006）：网络惯例的形成与发展 德龙安（Deroïan，2002）、赵健宇和裘希等（2015）：知识流动效率变化 周浩元和陈晓荣等（2009）：基于特定策略选择合作主体以促进知识增长 田钢和张永安（2010）：适应环境的动态行为调整 柯尼希和巴蒂斯顿（König and Battiston，2011）：基于边际成本与收益的合作变化 单海燕等（2011）：关系边连接与删除

2.4 适 应 行 为

适应行为主要是对人而言的，原意是："概念性、社会性以及实践性技能的集合，这些技能的习得使人们能够有效地处理和顺应日常生活中的各种要求。"在心理学研究中，人类认知过程首先表现为通过"感知秩序"进行学习活动，形成分散的非同质的知识，"感知秩序"指人的理解力、知识及人类活动之间的关系。然后是组织对个体行为的整合，形成多层次的"理性结构"，即个体理性会在一个累积性的组织或制度环境中得到塑造和提高并发挥作用。在这个过程中，个体学习行为总会受到组织、习惯与文化等制度性的限制与影响。不过，本书并非采用行为心理学理论来解释知识网络中的知识主体适应行为，而是说，心理学中的群体秩序与个体行为之间的联系，为本书的研究对象提供了某种有益的心理学隐喻。

2.4.1 演化理论中的适应行为

不同的行为假定决定了不同的行为模式。主流经济学基于完全理性假定，认为经济主体应对外部环境变化将做出最优反应。与之相比，演化经济学认为，经济主体表现为有限理性，根据是否适应环境变化采取惯例或者创新策略，如果能适应就使用惯例策略，否则就采取创新策略（宋胜洲，2008：109）①。个体普遍选择惯例策略，导致演化中呈现"路径依赖"（path dependence），相反，主体若因寻求更优目标而改变策略，将导致演化路径跃迁，也即不同的策略导致了不同的演化路径。

理性是学习的产物，是知识的函数，知识数量决定了理性程度。在演化经济学的指导下（宋胜洲，2008：126）②，本书认为，在知识理性与有限知识条件下，知识网络演化中知识主体的行为模式是适应（adapting），即在更优目标与知识稀缺的条件下，知识主体具体行为策略的选择，大致

①② 宋胜洲. 基于知识的演化经济学——对基于理性的主流经济学的挑战 [M]. 上海：上海人民出版社，2008.

呈现为惯例、模仿与创新三类。其中，惯例策略在个体独立行为中的预期为"至少可以和现在一样好"，模仿策略预期既可以实现"可以比现在好"，也可以实现"至少可以和别人一样好"，创新策略的预期则可以实现"比现在好"，也可以实现"比别人好"。参考宋胜洲（2008）的研究，对演化理论中的三类适应行为分析如下。

（1）惯例（routine），是在习惯（habit）的概念基础之上，增加了"方式"的部分内涵，包括决策规则、技术、技巧、标准操作程序、管理实践、政策、战略、信息系统、信息结构、程序、规则与组织形式等。惯例类似于运动员在长期训练中形成的个人技巧：无法说出动作过程的细节，但却可以不假思索地自动完成。企业便是依靠这些惯例，使得日常运转能自动完成（Nelson and Winter，1997）[1]。显然，这些技巧包含着组织内部个人成员的技巧，以及彼此的隐性知识，对组织所有个体及组织整体运行都产生着潜移默化的影响。当既有惯例无法满足新情况时，组织就会通过 R&D 活动、运营分析、模仿等搜寻机制来实现更好的惯例。一般情况下，企业等主体在运行过程中更愿意采取惯例行为，却非最优行为。原因在于，首先，面对复杂不确定的环境，最优决策客观上无法实现，从信息成本与决策成本角度来考虑也不划算，因而往往采取相对简单的行为规则，"以不变应万变"。这是在不确定条件下主体节省成本的理性行为方式。由于惯例非一日所成，而是积累于长期经营与管理实践，通过不断试错与学习的逐渐形成。且惯例一旦形成，往往具有一定稳定性与一致性，像"基因"一样，可以在组织内部遗传与扩散。宋胜洲（2008）指出[2]，惯例的稳定性与差异性以及隐性构成了管理学强调的组织核心竞争力及组织文化的主要内容。当组织在环境中处于不利地位时，更优目标无法达成，收益水平不断下降，此时，组织就会寻求策略改变与调整。

（2）模仿（imitation），是一种横向搜寻与群体的学习方式，即模仿

① Nelson R，Winter S G. An Evolutionary Theory of Economic Change ［A］. in：Nicolai J. Foss. Resources，Firms，and Strategies. A Reader in the Resource – Based Perspective. Oxford University Press，1997：82 – 99.

② 宋胜洲. 基于知识的演化经济学——对基于理性的主流经济学的挑战 ［M］. 上海：上海人民出版社，2008：127.

他人先进、收益更高的行为惯例。模仿可以包括技术模仿，也可以是管理经营方式模仿。纳尔逊和温特（1997）将企业组织有意识地调整原有惯例或发现新惯例称为"搜寻"（search），这一行为类似于达尔文生物进化论中的"变异"。熊彼特将这种行为成为创新（innovation）的一部分。不过考虑到模仿这一概念本身可能含有的"模仿—改进—创新"的外延含义，为了区别"创新"，此处认为模仿就是纯粹的狭义模仿，并无模仿后创新的内涵递进。

（3）创新（innovation），相对于惯例而言，是产生出了一种全新的惯例。纳尔逊和温特（1982）[1] 认为，创新是一种多主体参与的、具有路径依赖及累积性特征的活动过程。从局部看，只要相对于主体而言，产生了新的惯例或策略，便是创新，无论是通过学习其他组织获得还是通过自主探索方式获得；从全局看，只有产生了前所未有的策略或知识，才是创新。创新方式有两种，一是前文所述的模仿创新，即在模仿、消化、吸收的基础上通过重组、改进与完善等方式实现创新；二是自主创新，是一个行为主体通过自身学习、研究、探索与试验等方式形成的一种全新的惯例或策略。在动态的复杂环境下，追求更优目标的组织主体，创新是其必然选择。惯例策略的结果是报酬递减的，模仿策略则导致利润（利益）的平均化，唯有创新策略才可以获得超过平均收益的报酬。从创新的角度看，有限理性假定也需要扩展至知识理性，因此，以上三种行为都可以看作知识行为的表现形式。对于一个个体组织来说，惯例是既有知识的行为方式，模仿与创新都有新的知识产生。从整体而言，惯例与模仿都是既有知识的行为方式，只有创新才能真正产生新的知识。

2.4.2　知识网络演化中的适应行为

在知识网络合作及其演化发展的情景下，已有部分学者关注网络主体的适应行为，并对适应行为的类型、表现形式及其与网络的交互影响展开

---

① Nelson R R，Winter S G. *An Evolutionary Theory of Economic Change*［M］. Cambridge：Harvard University Press，1982.

讨论。李文博和张永胜等（2010）认为①，由于知识网络系统具有动态演化性，构成知识网络的微观知识主体彼此互动逐渐表现为网络层面的演化行为模式，同时又反馈影响着知识网络结构变化。吴结兵和郭斌（2010）② 研究指出，企业适应行为与网络化的交互影响，是集群发展的推动力量，特定适应行为与网络体系的相互匹配与交互作用形成了集群发展的不同阶段。其中，创业行为、创新行为和知识行为是企业适应行为中的三种主要表现形式，从实践来看，这些适应行为具体则表现为创业、成本领先及产品创新等。同样基于集群知识网络情景，李文博（2013）指出③，伴随着知识网络的演化发展，构成网络的知识主体（企业）应采取动态适应行为，加强与外部知识主体间的协同合作④。这类适应行为主要包括：（1）战略共识（strategy consensus）。多企业之间形成战略共识有利于改善企业知识网络绩效，作为一个多维概念⑤，伍尔德里奇和弗洛伊德（1989）认为，企业应重点关注内容、程度、范围与核心等内容。（2）组织宽裕（organization slack）。丹内尔斯（2008）认为⑥，组织宽裕来源于网络节点企业之间的交互作用，是企业相应外部环境变化，利用嵌入与联结关系获取潜在知识资源的缓冲行为。（3）惯例变异（change of routine）。鲍姆和梅兹亚斯（1992）认为，知识网络演化意味着企业的惯例选择、适应与分布过程⑦。（4）联盟缔结（alliance construction）。联盟缔结指的是应对知识网络动态演化的一种战略行为，企业从战略角度思考联

① 李文博，张永胜，李纪明. 集群背景下的知识网络演化研究现状评介与未来展望 [J]. 外国经济与管理，2010，32（10）：10 - 19.

② 吴结兵，郭斌. 企业适应性行为，网络化与产业集群的共同演化——绍兴县纺织业集群发展的纵向案例研究 [J]. 管理世界，2010（2）：141 - 155.

③ 李文博. 集群情景下的企业知识网络结构与演化研究 [M]. 北京：中国社会科学出版社：2013：60.

④ Rowley T J, Baum J A C. Introduction: Evolving Webs in Network Economics [J]. *Advances in Strategic Management*, 2008, 25: 1 - 20.

⑤ Wooldridge B, Floyd S W. Research Note and Communications Strategic Process Effect on Consensus [J]. *Strategic Management Journal*, 1989, 10（3）: 295 - 302.

⑥ Danneels E. Organizational Antecedents of Second-order Competences [J]. *Strategic Management Journal*, 2008, 29（5）: 519 - 543.

⑦ Baum J M C, Mezias S J. Localized Competition and Organizational Failure in the Manhattan Hotel Industry: 1898 - 1990 [J]. *Administrative Science Quarterly*, 1992, 37（4）: 580 - 604.

盟构建、运行与管理过程，李文博认为，企业成长不仅依赖于企业内部资源与能力，也依赖于与联盟伙伴之间的知识交互。

适应行为的关键是实现动态环境适应。李文博（2013）[1] 提出，适应行为反映了管理权变思维，即（企业）主体竞争行为要与外部情景匹配，从而具有柔性与动态性，当外部情景变量发生变化时，知识主体行为要保持适应性。嵌入学习、界面渗透、知识治理与路径跃迁是构成企业适应行为的四个方面，对企业知识网络演化存在正向影响。也有学者认为，知识网络中知识主体的适应行为的主要目的是实现知识增长，如张宝生和张庆普等（2012）研究认为[2]，知识网络主体为实现知识的存量增长，将时间、资金、人力等要素投入到知识共享与创新等行为中并进行合理分配，目的在于获得最大知识增量。知识主体将行为策略选择看作一种投资，策略选择时对创新风险与收益进行了综合考虑。

由此可见，知识网络演化中适应行为的表现呈现出多样、复杂与权变特征，难以用一套简单、固定的模式或模型将其固化，从某种程度上来说，知识主体适应行为的复杂表现与其特有的动态环境"适应性"是一致的，因此，也不应该将适应行为硬塞到某个静态框架下进行分析。不过，演化理论中三类适应行为的认知为研究知识网络演化中知识主体的适应行为的规律提供了启示。

2.5　本　章　小　结

从目前所收集的国内外文献资料来看，知识网络演化研究尚处于起步阶段，知识网络演化的相关研究主要停留在概念内涵、动因、拓扑结构变化、理论模型构建等方面，缺乏对知识网络结构演化以外的其他方面内容

---

[1]　李文博. 集群情景下的企业知识网络结构与演化研究［M］. 北京：中国社会科学出版社，2013：149－151.

[2]　张宝生，张庆普，王晓红. 知识网络成员合作行为策略选择研究［J］. 科研管理，2012，33（11）：144－151.

及其知识主体适应行为规律的研究。而知识网络要实现持续稳定的发展，离不开知识主体良好的行为适应及相互之间关系结构的建立，目前对于知识网络演化中的知识主体适应行为方面的研究，仍处于萌芽阶段。具体表现在以下几方面。

一是关于知识网络还缺乏公认的理论体系。目前，有关研究只是针对知识网络中的某个局部问题。国外关于知识网络的研究多集中于知识网络的实际构建意义，同时分析和研究了知识网络的经济、市场结构模型，基本都将知识网络作为"工具"或"渠道"来进行研究，如马丁（1994）、西蒙（2000）、小林（1995）、贝克曼（1995）等；而国内研究大多基于特定领域、特定产业类型来分析知识网络的发展模式与构建作用，如李丹等（2002）、王铮等（2001）学者。

二是缺乏对知识网络的系统研究。知识网络的形成、演化等理论问题并没有得到完全解决。目前，知识网络演化的研究几乎都集中在拓扑结构的变化方面，对知识网络的演化过程中相互信任机制的构建、冲突管理以及风险防范等重要问题以及知识网络的功能运行变化等，还缺乏比较有说服力的研究成果，只将知识网络演化仅仅定义为知识网络的结构演化是片面的。

三是现有研究偏重于定性研究。当前有关研究大多以概念性、描述性、框架性的定性研究为主，所提出的基于超循环理论、自组织理论、系统动力学等理论构建的知识网络演化模型也多属概念模型，尚缺乏一些必要的定量分析方法。

四是迄今为止，国内外从知识链耦合角度对知识网络领域的理论研究较为少见，但在知识经济时代下企业等知识创新主体通过构建、加入知识链，实现知识资源合理配置与优势互补，从而更好地获得市场竞争优势发展的新趋势。理论研究的不足难以为企业构建、加入知识链，从而实施有效知识链和知识网络管理提供理论指导与决策依据。

五是目前国内外对知识网络演化过程中知识主体适应行为的研究，未能形成体系，且多数适应行为的研究都只是着眼于知识主体静态的行为策略选择，如嵌入学习、界面渗透、知识治理、路径跃迁、知识链跃迁、惯例变异、信任修复与网络重构等适应行为概念的提出。并未基于知识网络动态演化背景展开动态适应行为的研究，因而，对于知识主体在知识网络演化过程中的行为规律无法真正识别、干预以及预测，不利于知识网络管理工作的实施。

第3章

知识网络及其构成要素与结构特征

知识网络最早由瑞典工业界提出，当时这一概念主要用于描述从事科学知识生产与传播的机构和活动。之后许多研究机构与学者对其进行了定义，包括认为知识网络是一个由学术专家、信息、知识聚集而成的社会网络（Sharda and Frankwick et al.，1999）[1]；是由行为主体、行为主体之间的关系、行为主体在关系中运用的资源与制度构成的一个动态框架（Seufert and Von et al.，1999）[2]；是由知识主体及构建而成的相对稳定且能促进知识转移的正式与非正式关系之和（Cappellin and Wink，2009）[3]；以及是由多条知识链构成，集知识共享与知识创造等功能于一体的网络体系（顾新和郭耀煌等，2003）[4]。在企业管理领域，普遍认为知识网络是由共同解决技术问题、提供技术支持与开发的企业之间、企业与大学以及科研机构等组织之间合作形成的网络结构，它是一个转移与创新相关知识的网络（魏奇锋和顾新等，2013）[5]。

---

[1] Sharda R，Frankwick G L，Turetken O. Group Knowledge Networks：A Framework and an Implementation [J]. *Information Systems Frontiers*，1999，1（3）：221－239.

[2] Seufert A，Von Krogh G，Bach A. Towards Knowledge Networking [J]. *Journal of Knowledge Management*，1999，3（3）：180－190.

[3] Cappellin R，Wink R. International Knowledge and Innovation Networks [A]. New Horizons in Regional Science [M]. Edward Elgar，Cheltenham，UK，2009.

[4] 顾新，郭耀煌，李久平. 社会资本及其在知识链中的作用 [J]. 科研管理，2003，24（5）：44－48.

[5] 魏奇锋，顾新，张宁静. 知识网络形成的耦合分析 [J]. 情报理论与实践，2013，36（12）：39－43.

3.1　知识网络的构成要素

基于系统观，知识网络的构成要素，可以从微观与系统两个视角入手进行考察。

3.1.1　微观视角

微观视角下，知识网络的构成，首先，由若干知识主体联结形成知识链，继而由多条知识链耦合形成知识网络。

3.1.1.1　知识主体联结形成知识链

从微观层面看，知识网络是由若干个知识节点以及节点间知识联系所构成。这些知识节点是具有独立职能与组织结构的拥有不同知识资源的若干个知识主体，主要包括创新型企业、研究型大学、科研院所、供应商、经销商、客户、政府机构、金融机构、咨询机构等，甚至包括竞争对手，这些主体根据一定的合作动机产生知识联系，各主体之间的跨组织知识流动形成了知识链（如图 3.1 所示）（顾新等，2006）[①]，知识链以企业作为创新核心主体，以实现知识共享与知识创造为目的，知识流动的规模与效率直接影响着知识链的结构与运行效率。知识链具有不确定、复杂、动态与价值增值等特性，通过参与或建构知识链，可以有效弥补知识主体的知识缺口，获得互补性的知识资源。

3.1.1.2　知识链耦合形成知识网络

由于知识链往往由多个不同类型的知识主体构成，某个主体同时又可能是其他知识链的成员，通过众多知识链相互交错从而形成具有一定空间结构的知识网络，因而，知识链是知识网络的基本构成单元（如图 3.2 所示）。异质知识之间的复杂相关性是知识链形成纵横交错的知识网络的直

---

① 顾新，李久平，王维成. 知识流动，知识链与知识链管理 [J]. 软科学，2006，20（2）：10 - 12.

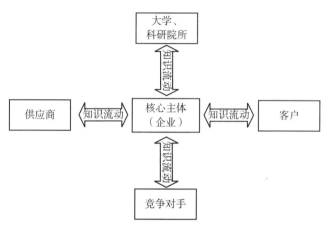

图3.1　知识链的构成

资料来源：顾新，李久平，王维成. 知识流动，知识链与知识链管理［J］. 软科学，2006，20（2）：10－12.

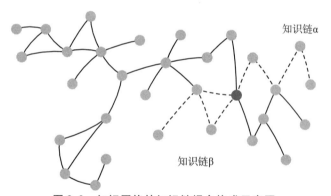

图3.2　知识网络的知识链耦合构成示意图

接原因，与此同时，知识网络的复杂系统特征涌现也来源于各条知识链所属的不同知识主体之间的分布式复杂知识关联①。作为一个多知识主体耦合形成的复杂系统，知识链的链间知识势差是知识链之间发生耦合的主要原因。知识链之间的耦合则是知识网络形成的直接原因（Wei and

　① 魏奇锋，顾新，张宁静. 知识网络形成的耦合分析［J］. 情报理论与实践，2013，36（12）：39－43.

Gu，2013）①。在知识链之间的整体知识势差作用下，分属于不同知识链的知识主体形成主体之间的知识连接，从而产生链间耦合。知识链耦合关系具有多元性，原因在于知识主体所具有的知识类型及知识能力分属于不同的行动领域，导致了知识链耦合方式的多样变化。

3.1.2　系统视角

作为一种复杂系统，知识网络由相互影响、相互制约的若干个子系统构成。系统视角下的知识网络结构，包括知识网络组织系统诸要素在系统中的秩序，包括子系统本身及其相互之间的关联。知识网络组织主要由创新型企业、研究型大学、科研院所、中介服务机构等（金融、劳务、产权等服务）独立组织为知识主体，以知识链的组织重构为运作基础，是具有动态、长期发展特征的跨组织联合体，目的在于通过促进知识共享、知识创造，实现知识优势（李丹，2003）②。作为一种组织边界模糊的超组织模式，知识网络是为了一定的合作目标由相应知识创新组织构成的超越节点的组织模式，网络成员的构成与关联形式会伴随合作进程进行不断调整。组织边界超越了传统组织的有形边界，凌驾在个体组织之上，构成跨组织网络构架。雷志柱（2012）认为③，知识网络组织系统是在社会、经济、文化、科技等环境的背景下，以知识创新为运作目标，通过各成员组织的知识资源在系统内相互传递、转化及相互耦合的开放系统，由若干相互作用的子系统及要素构成，具有特定边界与功能，包括知识创新、信息沟通与协调控制三个子系统以及一个技术支撑子系统（如图3.3所示）。根据雷志柱、肖冬平④等的相关研究，从系统视角对知识网络的构成要素分析如下。

---

① Wei Q, Gu X. Knowledge Networks Formation and Interchain Coupling of Knowledge Chains ［J］. *Journal of Applied Sciences*，2013，13（20）：4181－4187.

② 李丹. 知识型网络组织的构建问题研究 ［D］. 沈阳：东北大学，2003.

③ 雷志柱. 知识网络组织构建与管理研究 ［M］. 北京：北京理工大学出版社，2012.

④ 肖冬平. 知识网络导论 ［M］. 北京：人民出版社，2013：144.

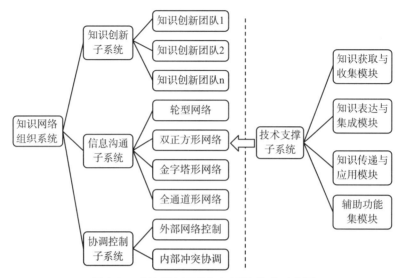

图 3.3　系统视角下的知识网络构成示意图

资料来源：雷志柱．知识网络组织构建与管理研究［M］．北京：北京理工大学出版社，2012：104．肖冬平．知识网络导论［M］．北京：人民出版社，2013：144．

3.1.2.1　知识创新子系统

知识创新子系统以知识网络中的知识共享与知识创新作为主要执行职能的系统。网络成员以知识链参与的角色，因知识势差与其他知识链及其构成成员建立知识合作联系，促成知识共享与知识创造。知识网络的知识创新子系统的结构，基于知识链的运行，通过链与链之间的接触点产生知识关联，根据组织成员的知识缺口与知识提供及知识吸收能力，构建知识创新的实施团队，实现知识网络的合作目标。一般将知识网络的合作总目标，分成若干个分别实施的子目标，网络成员组织在签订总的合作协议的基础上，再根据总目标内容，划分成若干个任务执行单元（雷志柱，2012），也即若干知识创新团队，从而构成层次化的知识创新子系统。

3.1.2.2　信息沟通子系统

信息沟通子系统是网络成员之间进行信息沟通与知识交互，开展实施知识共享活动，以及跨组织关系协调与控制的保障。知识网络中跨组织沟通的渠道如果呈现为阻滞、不畅的状态，那么知识共享便无法正常实施，导致知识合作效率低下，知识网络合作呈现为无效合作。信息沟通子系统的作用形式为：为知识网络中的知识创新团队选择与构建信息沟通网络，保证知识共享双方获得信息的可能性及对信息一致的理解。表征组织之间信息沟通的结构形式与知识流动渠道的沟通网络建设好坏，直接影响着组织之间的信息传递质量，进而影响知识合作水平。知识创新团队之间的沟通网络选择与构建，可以从可能选择的沟通渠道数目、信息垄断难易程度、团队成员信息获得的满意度、团队成员心理的满足感、对异质信息适应性等方面进行衡量。沟通网络的类型（如图 3.4 所示），主要有轮形与全通道形，以及经过结构优化之后的双正方形与金字塔形沟通网络，根据知识创新团队信息沟通的需求，合理选择网络类型进行匹配使用。

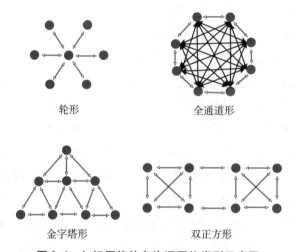

轮形　　　　　　　　　　全通道形

金字塔形　　　　　　　　双正方形

图 3.4　知识网络信息沟通网络类型示意图

资料来源：雷志柱．知识网络组织构建与管理研究［M］．北京：北京理工大学出版社，2012：129.

3.1.2.3　协调控制子系统

由于知识网络成员之间存在信息不对称，加上理性知识主体之间存在一定的潜在利益冲突的可能性，将可能造成知识网络较高的风险水平，甚至产生激烈冲突，从而威胁知识网络的顺利运行。因此，需要协调、控制合作组织之间的合作活动，以维持组织之间较高的信任水平，保证知识网络合作目标的最终实现。在知识网络运行过程中，首先，协调控制的目的在于协调、配合知识创新子系统的高效运行；其次，在于通过激励机制等方式协调成员之间的合作关系，支持知识共享活动，构建共享的网络文化氛围①。此外，根据承担任务与职能执行的范围，将协调控制子系统分为外部整体网络控制分系统与内部冲突协调分系统。前者是将知识网络看成整体，关注与外部环境的关系，关注知识网络整体对成员的有效控制，设计有效的运作模式，来保障知识网络整体运行效果的最优；后者则主要关注知识网络内部组织之间的关系治理、风险规避与冲突管理。

3.1.2.4 技术支撑子系统

知识网络是一种跨组织的合作模式，实现多个利益主体之间共同一致高效合作，需要一定的技术与设备设施保障，技术支撑子系统主要表现为网络通信系统，建立于一定基础的设施基础，有效利用信息通信技术手段，融合现代技术与方法，实现知识在组织之间的高效传递与扩散。通过在知识网络整体范围内构建完整的网络通信系统，保障组织之间知识传递的效率，有效促进显性知识快速、及时的共享，以及专家隐性知识的转化与共享，提供各类时空分离的通信技术工具和手段，破除知识交互时空障碍，以促进更优的知识合作模式。为维护、促进知识网络的知识创新子系统、信息沟通子系统及协调控制子系统的顺畅运行，提供技术基础与设备设施。技术支撑功能的正常发挥，需要依靠各类知识管理技术与工具支持，以及对知识库的高效管理，其功能构成主要包括知识获取与收集模块、知识表达与集成模块、知识传递与应用模块以及辅助功能集模块。

知识网络的四个子系统之间相互作用，彼此影响，共同保障知识网络组织系统的有效运作与总体目标的实现②。知识创新子系统是知识共享与知识创造的主要功能执行系统；信息沟通子系统与协调控制子系统则是其实现知识共享与知识创造的保障与支持系统；技术支撑子系统则是知识网络正常运行的物理技术及工具手段，为三个主要子系统功能的实现提供技术支持，培养合作氛围。只有四个子系统通力合作，和谐一致，高效运行，才能实现知识网络系统整体的目标实现。子系统包含知识网络组织涉

及的所有要素（肖冬平，2013：147）①，如目标要素、人员要素、资源要素与文化要素等，这些要素同时也是每个子系统的构成要素，在子系统层次上共同作用，涌现出知识网络系统的整体特性。

3.2　知识网络的结构特征及其计算

知识网络的结构，即组成知识网络整体的各微观部分的搭配与安排。可以从构成知识网络的微观与整体两个维度来对其结构特征进行考察。本节除了对网络相关结构特征的指标进行定性解释之外，还列出了相关特征值的计算方式。

3.2.1　知识节点维度

知识节点维度下的相关结构特征指标，主要包括节点度与度分布、关系边、结构洞等。

3.2.1.1　节点度与度分布

对于知识网络中不同的知识节点，与其形成知识联系的节点数量不尽相同，这些联系的富集程度就是度的形象表达，又称为"节点中心性"。具体而言，节点度即是与某个节点相关联的关系边的数量，也是指与该节点相关联的其他节点的数量。节点度又可细分为出度与入度，节点的出度（out-degree）是特定节点指向其他节点的边的数量，入度（in-degree）是其他节点指向该节点的边的数量，节点度是出度与入度之和。度分布（degree distribution），是指知识网络中各个节点的度的分布情况，在随机一致条件下挑选出的节点的度值为 k 的概率，一般记为 p(k)，它给出了一个任意选择的节点恰好有 k 条边的概率，也意味着网络中度数为 k 的节点的个数占据网络节点总数的比例。

知识网络平均度描述了知识网络中主体间的协作程度，网络平均度越

---

① 肖冬平. 知识网络导论［M］. 北京：人民出版社，2013.

大，表明组织主体与其他单元建立知识流动关系的数量越多，则知识网络的协作程度就越高。

3.2.1.2 关系边

关系边意味着节点之间的知识关联（knowledge linkage），是指使各知识节点之间形成意义系统的联系（肖冬平，2013）[1]，表现为一种以拓扑结构形式存在的网络结构。关系边的网络性是指知识自身因存在某种因果关系或其他形式逻辑关系而相互聚集形成网络。如在某种特定产业背景下因生产关系而集聚成网络合作联系，在该网络结构中，任何一个节点都代表了某种专业知识集合，这类网络关系边是在知识转移与生产中形成的，具有继承性和稳定性。关系边的存在具有一定生命周期，随着节点之间的互动而不断产生、发展及消亡，知识节点也因为构建关系边，而产生的知识转移与传递，引起自身知识存量的变化。

一些研究也将关系边维度作为主维度探讨知识网络的演化发展，从联系强度与联系直接性的两个方面来评价网络关系特征，其中，联系强度包括联系类型、持续时间及地理距离等指标，联系直接性则从直接联系与间接联系两方面来测度。

3.2.1.3 结构洞

知识网络具有较强的社会网络嵌入特征（Hansen，2002[2]；Kim and Park，2009[3]）。结构洞（structural holes）是社会网络中个别节点与某些节点产生直接关联，但与其他节点不产生直接关联或关系间断的现象（肖冬平，2013）[4]。伯特（1992）指出，结构洞是社会网络中主体之间的非冗余关系[5]，可以据此获得关键知识的机会，原因在于通过与分散的、非重复的联结点产生联系而占据中心位置的知识节点，将拥有更多知识资源控制

[1][4]　肖冬平. 知识网络导论 [M]. 北京：人民出版社，2013.

[2]　Hansen M T. Knowledge Networks: Explaining Effective Knowledge Sharing in Multiunit Companies [J]. *Organization Science*，2002，13（3）：232–248.

[3]　Kim H，Park Y. Structural Effects of R&D Collaboration Network on Knowledge Diffusion Performance [J]. *Expert Systems with Applications*，2009，36（5）：8986–8992.

[5]　Burt，R S. *Structural Holes: The Social Structure of Competition* [M]. Cambridge，MA：Harvard University Press，1992.

权，由此控制其他联结点之间的资源流动，社会资本基于结构洞产生，结构洞是主体之间非重复地带，能有效避免"认知锁定"，保持网络动态性，如图 3.5 所示。衡量结构洞的指标通常包括网络有效规模（effective size）、效率（efficiency）、限制度（constraint）及等级度（hierarchy）等。

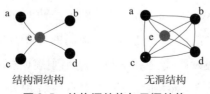

结构洞结构　　　　　　无洞结构

图 3.5　结构洞结构与无洞结构

3.2.2　网络整体维度

在刻画网络结构的整体维度特征方面，学者们已提出了多个统计指标，主要包括网络密度、网络中心性、集聚系数与平均最短路径长度等（汪小帆和李翔等，2006）[1]。

3.2.2.1　网络密度

网络密度（network density）表征了网络中节点之间联结的紧密程度[2]。联结程度越高，就表明网络密度越大。网络密度大小对知识流动性存在较大影响。一般而言，节点之间联结程度越高，网络内信息与知识传递速度就越快；高密度的区域网络中的节点之间容易产生出更高水平的信任关系；高密度区域网络中节点之间的作用影响途径更多，比如，高密度的网络具有制裁效果的"放大性"，也即如果节点有违规行为时更易受到其他节点及网络整体的制裁[3]。在无向网络中，网络密度 D 指节点关系边数量与最大可能边数的比值，其计算方式为：

$$D = \frac{2R}{N(N-1)} \tag{3.1}$$

---

① 汪小帆，李翔，陈关荣. 复杂网络理论及其应用［M］. 北京：清华大学出版社，2006.

② 肖冬平. 知识网络导论［M］. 北京：人民出版社，2013：153.

③ Granovetter M. Economic Action and Social Structure：the Problem of Embeddedness［J］. *American Journal of Sociology*，1985：481－510.

在式（3.1）中，R 指当前网络中边数，N 为节点数，D 取值范围介于 0~1，越靠近 1 表明该网络越稠密；相反，则表明网络越稀疏。

3.2.2.2 网络中心性

网络中心性（network centrality）的度量也是社会网络研究的重点，包括三类：度中心性（degree centrality）、接近中心性（closeness centrality）与中介中心性（betweeness centrality）。度中心性即前文所述的节点度，接近中心性衡量网络中的节点不受其他点控制的程度，接近中心性等于节点与网络中其他节点最短距离之和，和值越小则表明接近中心性水平越高。即接近中心性与最短距离之和成反比，其计算方式为：

$$C_{cl}(N_i) = \frac{1}{\sum_j dist(i, j)} \tag{3.2}$$

中介中心性测量的是节点对整个网络控制的程度，即当一个点处于众多节点的联系路径中，则意味着该节点处于重要位置，具有对其他节点联系的控制能力，若节点能控制的节点联系越多，则表明网络的中介中心性越大。其计算方式为：

$$C_{be}(N_i) = \frac{\sum_{j<k} r_{jk}(i)}{r_{jk}} \tag{3.3}$$

在式（3.3）中，r_{jk} 表示网络节点 N_j 和 N_k 之间最短路径的数目，$r_{jk}(i)$ 表示最短路径中经过节点 N_i 的数目。

3.2.2.3 集聚系数

集聚系数（clustering coefficient），又称聚类系数，刻画网络的群落特性与块状发展的特性，如产业簇群的"扎堆"发展现象。是所有节点集聚系数的平均值，而具体节点的集聚系数指的是此节点及其相邻节点形成的三角形的数量与三元组的数量的比值。网络整体的集聚系数可以用以下公式来表达：

$$C = \frac{1}{N} \sum_{i=1}^{N} C_i \tag{3.4}$$

在式（3.4）中，C_i 为节点 i 的局部集聚系数，i = 1, 2, …, N，其计算公式为：

$$C_i = \frac{2E_i}{k_i(k_i - 1)} \qquad (3.5)$$

对式（3.5）的解释为，考虑网络节点 i，通过 k_i 条边与其他 k_i 个网络节点相连接，如果这 k_i 个邻近节点是群的一部分，则在它们之间有 $k_i(k_i - 1)/2$ 条边，k_i 个邻近节点之间实际拥有的边数 E_i 与总的边数 $k_i(k_i - 1)/2$ 的比值，就给出了节点 i 的局部集聚系数。可见，知识网络的集聚系数描述了网络中出现块状结构趋势的强弱，集聚系数越大，表示网络中越可能产生块状结构，局部知识节点之间的知识合作水平就越高。

3.2.2.4 平均最短路径长度

知识网络的平均最短路径长度（average path length），又称特征路径长度或平均最短路径，该指标对网络的连通性及网络的紧密程度做了恰当的描述，指网络任意两个节点之间最短路径的平均值，用以衡量节点之间的距离。在无向网络中的任意两个节点 i 与 j 之间的距离为 $dist_{ij}$，表示连接这两个节点的最短路径上的边数。网络平均最短路径长度 L 的计算方式为：

$$L = \frac{1}{\frac{1}{2}N(N-1)} \sum_{i>j} dist_{ij} \qquad (3.6)$$

式（3.6）定义为任意两点之间的最短路径平均值，即 N 是假定的网络节点总数。不过，该平均数中包含了每个节点到自身的 0 距离，对于包含多个节点的网络而言，该定义式存在一定问题。在该情况下，存在没有路径连接的节点配对。一般可以令节点对之间的最短距离为无穷大，但此时 L 的值也变为无穷大，为避免这一问题，可以定义 L 为所有节点配对之间的"调和平均"的最短距离，即倒数平均值的倒数：

$$L^{-1} = \frac{1}{\frac{1}{2}N(N-1)} \sum_{i>j} dist_{ij}^{-1} \qquad (3.7)$$

一些研究认为，网络的平均最短路径长度与知识流动效率存在密切联系（Cowan and Jonard，2004）[①]。一般而言，平均最短路径长度越短，则

---

① Cowan R，Jonard N. Network Structure and the Diffusion of Knowledge ［J］. *Journal of Economic Dynamics and Control*，2004，28（8）：1557 – 1575.

知识转移的知识耗损越小，知识扩散成本越低，跨组织知识流动的效率就会越高。

3.3 本章小结

本章从微观与系统的两个视角分析了知识网络的构成要素，从微观视角来看，知识网络的构成要素包括知识主体及其知识联系，首先，多个知识主体联结构成知识链，继而由知识链耦合构成知识网络。这些知识主体具有独立职能与组织结构，拥有不同的知识资源，主要包括创新型企业、研究型大学、科研院所、供应商、经销商、客户、政府机构、金融机构、咨询机构等，甚至包括其竞争对手，这些主体根据一定的合作动机产生知识联系，各主体之间的跨组织知识流动形成了知识链。通过众多知识链相互交错形成了具有一定空间结构的知识网络，知识主体与知识链是知识网络的基本构成单元。从系统视角来看，知识网络由相互影响、相互制约的若干个子系统构成，包括知识创新子系统、信息沟通子系统与协调控制子系统以及一个技术支撑子系统，各子系统之间相互影响、相互制约，发挥着不同的职能。在知识网络结构特征的衡量方面，知识节点维度的衡量指标包括节点度与度分布、关系边及结构洞，网络整体维度的衡量指标包括网络密度、网络中心性、集聚系数与平均最短路径长度等，本章给出了相关指标的计算方式。

第 4 章
知识网络的结构演化及其
知识主体行为分析

利用复杂网络及其相关理论来研究知识网络的演化发展规律，是目前流行的研究方式。学者们普遍认为，知识网络演化是一个复杂的系统演化过程，呈现出非线性自组织特征[①②]。周浩元和陈晓荣等（2009）认为[③]，知识网络的复杂性体现在构成主体众多、主体异质性、网络结构的动态变化性以及网络节点间关系的多元性等方面。同时指出，知识网络的演化模型涉及网络演化机制、合作建立机制、知识学习机制三个方面，不过该研究中的知识主体的行为模式并不具有适应性，网络主体在网络演化过程中始终坚持一种选择合作对象策略。肖冬平（2013）[④] 总结得出"随机网络—SED 网络—无标度网络"过程的知识网络结构特征的演变规律，如表4.1 所示，其中，SED 网络指介于随机网络与无标度网络之间的具有小世界特征的网络，小世界特征主要表现为特征路径长度较短与高集聚系数，随机网络的度分布呈现为泊松分布，无标度网络的度分布则具有幂定律递减特征。目前，在复杂系统的演化研究的方法选择上，主要有两种（胡晓

① 傅荣，裘丽，张喜征等. 产业集群参与者交互偏好与知识网络演化：模型与仿真 [J]. 中国管理科学，2006，14（4）：128 –133.

② Anderson P. Perspective：Complexity Theory and Organization Science [J]. *Organization Science*，1999，10（3）：216 –232.

③ 周浩元，陈晓荣，路琳. 复杂产业知识网络演化 [J]. 上海交通大学学报，2009，43（4）：596 –601.

④ 肖冬平. 知识网络导论 [M]. 北京：人民出版社，2013.

峰等，2005）①，一种是自顶向下，试图从复杂系统宏观表现层面构建复杂系统的整体行为模型，第二种是自底向上，试图从复杂系统的个体行为层面构建个体的同构微观模型，典型如基于复杂适应系统理论及 Agent 技术对经济系统的研究，显然，后者的方法选择与本书的研究主题更为匹配。刘向和马费城等（2011）② 认为，在网络结构方面，如果不考虑节点之间的连接边方向性，则是无向网络；如果每条边都赋予一定权值，那么该网络就是加权网络；如果节点包含状态属性，并且节点状态与网络都呈现动态演化，则形成动态网络。目前，针对知识网络的研究更多基于无向网络模型，较少考虑方向性及加权特性，也几乎不用动态网络模型来研究知识网络。本书也基于这一学术范式来研究知识网络的结构演化及其微观主体的行为规律。

表4.1　　　　　　知识网络的"随机—SED—无标度"结构演变

过程特点	随机网络	SED 网络	无标度网络
网络成长且出现核心节点	随机→SED→无标度	SED→无标度→SED	无标度→SED
成长但未出现核心节点	演化过程网络结构形态基本不变	演化过程网络结构形态基本不变	演化过程网络结构形态基本不变
衰退	随机→网络解体	SED→随机→网络解体	无标度→SED→随机→网络解体

资料来源：肖冬平. 知识网络导论［M］. 北京：人民出版社，2013：360. 李金华. 创新网络的结构及其与知识流动的关系［M］. 北京：经济科学出版社，2009：138.

从各类复杂网络的结构特征看，在无标度网络中，大部分节点只和极少数节点相连，而极少数节点却与大量节点相连；在小世界网络中，大部分节点彼此无连接，但大部分节点之间却可通过少数几步就可以互相产生

① 胡晓峰，罗批，司光亚等. 战争复杂系统建模与仿真［M］. 北京：国防大学出版社，2005：121–122.

② 刘向，马费成，陈潇俊等. 知识网络的结构与演化——概念与理论进展［J］. 情报科学，2011，29（6）：801–809.

联系，即所谓的网络平均距离较短。在实践中，网络节点邻边数取值的概率分布函数是幂律函数，对于规则网络而言，该函数是 δ 函数，而随机网络则是正态分布。通过比较各类网络的度分布，如表 4.2 所示，其中，度数即节点的邻边数，用 k 表示；平均度 $\langle k \rangle = \frac{1}{N} \sum_i k_i$；度分布 $p(k)$ 是任选其中一个节点其度数恰好为 k 的概率。

表 4.2　　　　　　　　各类复杂网络的度分布比较

网络类别	度分布	备注
规则网络	$p(k) = \begin{cases} 1, & 若 k = m \\ 0, & 若 k \neq m \end{cases}$ 与节点数无关	度分布为 δ 函数
ER 随机网络	$p(k) = C_{N-1}^k p^k (1-p)^{N-1-k} \cong e^{-\langle k \rangle} \frac{\langle k \rangle^k}{k!}$，$N \to \infty$ 其中，$\langle k \rangle = p(N-1) \cong pN$，$\langle k \rangle \propto N$	度分布为 Poisson 函数
WS 小世界网络	$p(k) = \sum_{n=0}^{f(k,K)} C_{\frac{K}{2}}^n (1-p)^n p^{\frac{K}{2}-n} \frac{(pK/2)^{k-\frac{K}{2}-n}}{(k-\frac{K}{2}-n)!} e^{-\frac{pK}{2}}$， $N \to \infty$，其中，K 为小世界网络对应规则网络中每个节点的常数度 $f(k, K) = \min(k - K/2, K/2)$	$p = 0$ 时，度分布为 δ 函数；$p > 0$ 时，度分布近似为 Poisson 函数
BA 无标度网络	$p(k) = \frac{2m^2 t}{m_0 + t} \cdot \frac{1}{k^3}$ $p(k) \cong k^{-3}$，与 N 无关	度分布为指数函数，幂指数为常数，呈现无标度

资料来源：雷宁. 动态小世界网络模型及稳定性分析［D］. 长春：吉林大学，2014：10.

　　在现实生活中，网络大部分都是复杂网络，尤其是偏好选择机制的普遍性（Frenken，2006）[①]，包括知识网络在内的，具有主观能动性、注重主体之间交互形成的网络，普遍呈现出小世界特征或无标度特性。基于不同的视角，目前，已有部分学者试图对知识网络演化中的主体行为进行研

---

　　① Frenken K. Technological Innovation and Complexity Theory［J］. *Economics of Innovation and New Technology*，2006，15（2）：137 –155.

究。瓦茨和斯托加茨（1998）① 研究了规则网络、小世界网络与随机网络三种网络结构对知识扩散的影响。在规则网络中，节点互动的集聚水平较高，但网络知识扩散水平较低，在随机网络中，节点互动的集聚水平较低，但网络知识扩散水平较高，相比而言，小世界网络是一种理想的互动模式，既具有较高的集聚水平，也具有较高的知识扩散水平。周浩元（2009）② 认为，复杂自适应系统的核心思想就是适应性造就了复杂性，知识网络由许多异质性的知识主体构成，在知识网络演化过程的每个相对静态时期，网络结构特征会影响微观行为主体的适应行为模式，每类主体通过适应性学习，其行为及决策方式会不断进化，从而在宏观层次上呈现出系统结构特征不断动态演化的特征。王文平（2009）③ 研究了个体驱动的社会网络的结构演化，并构建出一个基于连续时间 Markov 链的统计模型，认为网络主体的行为取决于中心度、结构自治程度、结构对等程度以及网络稠密度四个指标，其中，网络稠密度对前三个指标均有影响，即：不同中心度、结构自治程度及结构对等程度就意味着不同的网络稠密度。与此内容类似但持有相反研究视角的部分研究，从主体行为的视角探讨对知识网络整体或结构演化的影响，如姜照华等（2004）④ 将知识网络与网络外部以及参与者之间的知识流量作为知识网络演化的重要变量。张兵和王文平（2010）⑤ 研究知识主体的行为策略对知识网络的知识流动效率的影响，发现随着主体的偏好选择策略模糊度与群体交互水平的变化时，网络知识流动的效率呈现 S 型演化。黄训江（2011）⑥ 研究了网络规模、知识异质性、知识流动速度、知识内生增长速度、组织间学习成本及知识领

① Watts D J, Strogatz S H. Collective Dynamics of 'Small-world' Networks [J]. *Nature*, 1998, 393 (6684)：440 – 442.

② 周浩元. 基于多主体的复杂产业知识网络动态演化研究 [D]. 上海交通大学，2009：31.

③ 王文平. 产业集群中的知识型企业社会网络：结构演化与复杂性分析 [M]. 北京：科学出版社，2009：18 – 21.

④ 姜照华，隆连堂，张米尔. 产业集群条件下知识供应链与知识网络的动力学模型探讨 [J]. 科学学与科学技术管理，2004，25 (7)：55 – 60.

⑤ 张兵，王文平. 基于策略的非正式知识网络知识流动效率仿真研究 [J]. 管理学报，2010，7 (5)：706 – 713.

⑥ 黄训江. 集群知识网络结构演化特征 [J]. 系统工程，2012，29 (12)：77 – 83.

域等因素对知识网络结构演化的影响，及知识网络结构演化的涌现特性。从以上研究来看，目前，网络演化与个体行为的研究存在两种不同的视角，一类是考察网络演化中的个体行为规律，另一类是考察个体行为驱动的网络演化特征，由于这类现象涉及"先有鸡还是先有蛋"的悖论，而且从一个相对静态的阶段或非全域视角出发，两类研究都不缺乏理论与实践意义，因而，本书无意于分析不同研究范式的优劣，而是假设知识网络结构已经形成，来探讨结构演化过程中，基于一定决策原则下知识主体的行为变化与适应特点。

本书认为，从复杂系统演化的角度可以从微观行为主体的行为模式着手，探索小世界特性、节点度相关性等复杂网络结构特征的产生；而在每个相对静态的时期，可以探索这种复杂网络结构特征对微观行为主体的适应行为模式的影响。知识网络的结构不是天然形成的，而是一个从无到有、从疏到密的演化过程，也是基于知识主体微观行为的动态演化的涌现结果。本章参考杨波和陈忠等（2004）的理论模型①，基于小世界网络模型对知识网络的结构演化及演化过程中的主体适应行为进行了研究，以考察知识网络拓扑结构与网络中知识主体的动力学过程间的相互影响。具体来说，主要研究知识网络结构演化下的微观知识主体行为模式，探索知识网络的小世界特性、节点度相关性等复杂网络特性的产生机理，并在演化过程中的每个相对静态时期，探索网络结构特征对微观知识主体适应行为的影响。

4.1 小世界知识网络模型的建立

本节主要基于小世界网络模型，界定知识网络演化的动力机制，并介绍小世界网络的构造算法，以构建知识网络结构演化的初始模型。

---

① 杨波，陈忠，段文奇 . 基于个体选择的小世界网络结构演化 ［J］. 系统工程，2005，22
（12）：1 – 5.

4.1.1 小世界网络

小世界网络（the small-world model）由瓦茨和斯托加茨（1998）提出，以"WS小世界"模型闻名于世。小世界网络模型源于对规则网络（regular lattice）和随机网络（random graph）的研究，该模型是具有一定随机性的一维规则网络，可以通过参数调节从规则网络向随机网络转化，如图4.1所示。

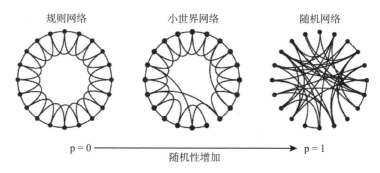

图4.1 规则网络—WS小世界网络—随机网络的过渡

资料来源：Watts D J，Strogatz S H. Collective Dynamics of 'Small-world' Networks ［J］. *Nature*，1998，393（4）：440 – 442.

在图4.1中，小世界网络是介于具有高集聚系数但平均路径交叉的规则网络和具有低集聚系数但平均路径较短的随机网络之间的一种网络，同时，具有高集聚系数和较短路径特征，符合现实网络的共同属性特征。知识网络是在社会网络的知识领域内基于知识活动而构建的网络类型（Monge and Contractor，2003）①，在知识经济时代下，实际知识网络都内嵌于一定社会网络中，为更好地适应瞬息万变的市场环境，获得更高的收益，组建动态知识联盟等知识网络成为企业等知识主体应对环境的理性选

---

① Monge P R，Contractor N S. *Theories of Communication Networks* ［M］. Oxford University Press，2003.

择（Freeman，1991）[1]，以动态知识分工及知识共享为特征的社会网络成为经济组织发展的重要渠道（徐升华和杨波，2010）[2]。大量统计数据表明，社会网络模型具有"小世界"效应（汪小帆和李翔等，2006）[3]。目前，网络中知识主体之间的知识转移研究，大多建立在静态基础上，或只分析网络主体的微观决策行为，或只分析宏观网络的整体行为模式，由于知识资源获取行为在网络结构中的嵌入性（Granovetter，1985）[4]，使得难以判断哪种网络结构模式在网络组织中发挥着积极作用。知识网络中各主体之间的知识联系可以提升主体的知识水平，因而，网络的集聚系数、平均路径等指标可作为衡量网络知识主体间合作程度的重要指标（徐升华和杨波，2010）。

复杂网络的统计量有很多，包括度分布、网络直径、网络密度、网络规模、介数之间的关系、平均最短路径长度、核数、集聚系数等。考虑到复杂程度与统计值的代表性，度与度分布 p(k)、平均最短路径长度 L、集聚系数 C 等指标为当前许多研究所实际使用（Newman，2003[5]；杨波和陈忠等，2004[6]；汪小帆，2006；Jiang and Ma et al.，2014[7]），本书同样选择这三个特征量来作为知识网络结构演化的判断依据，从这三个特征的改变来判断网络结构的演化。

4.1.2 知识网络演化的动力机制

本书基于博弈论中的价值函数表述体系，从个体微观决策角度，以网

---

① Freeman C. Networks of Innovators：A Synthesis of Research Issues ［J］. *Research Policy*，1991，20（5）：499 – 514.

② 徐升华，杨波. 基于小世界网络模型的知识转移网络特性分析 ［J］. 情报学报，2010（5）：915 – 919.

③ 汪小帆，李翔，陈关荣. 复杂网络理论及其应用 ［M］. 北京：清华大学出版社，2006.

④ Granovetter M. Economic Action and Social Structure：The Problem of Embeddedness ［J］. *American Journal of Sociology*，1985：481 – 510.

⑤ Newman M E J. The Structure and Function of Complex Networks ［J］. *SIAM Review*，2003，45（2）：167 – 256.

⑥ 杨波，陈忠，段文奇. 基于个体选择的小世界网络结构演化 ［J］. 系统工程，2005，22（12）：1 – 5.

⑦ Jiang G，Ma F，Shang J，et al. Evolution of Knowledge Sharing Behavior in Social Commerce：An Agent-based Computational Approach ［J］. *Information Sciences*，2014，278：250 – 266.

络节点价值优化作为网络结构演化的动力机制。具体而言，t时刻网络节点 i 的价值量为 $v_i(t)$，在 t+1 时刻除非不行动，否则其行动必定是遵循 $v_i(t+1) > v_i(t)$ 的原则而制定行为决策。其中，节点 i 的行动指 i 重新考虑自身与最近邻近节点及知识网络中其他节点的关联状态，做出保持连接、断开连接或增加关联边的三种决策之一。在实际知识网络中，由于主体之间的差异，并非所有个体都保持着一致的行动，因此，引入作为个体选择动机的阈值 v^* 概念，当网络中的知识主体价值量低于该阈值时，个体将重新选择既有关联对象，根据优化自身价值的原则采取行动。即当 t 时刻出现 $v_i < v^*$ 时，知识主体将进行断键重连。在本书中，根据知识网络的耦合形成原理，阈值等于知识网络所有个体价值之和的平均值。

4.1.3　小世界知识网络的构造算法与网络生成

传统最近邻耦合规则网络具有高聚类特性，却无小世界特性，而 ER 随机网络却只有小世界特性而无高聚类特性。利用 WS 小世界网络模型的构造算法，构造出如图 4.2 所示的知识网络。

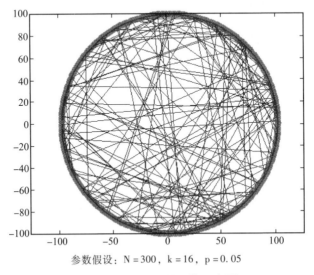

参数假设：N = 300，k = 16，p = 0.05

图 4.2　WS 小世界网络示意图

4.1.3.1 网络构造算法

WS 小世界网络模型的构造规则为（冯锋和王凯，2007）[①]：（1）从具有 N 个节点的规则网络开始，每个节点向与它最近的 k 个节点连出 k 条边，并满足 N≫k≫ln(N)≫1，以保证网络的稀疏性。（2）随机重新断键重连的概率为 p，即对每条边而言，都有 p 的概率改变它的目的连接点而重新连接，同时保证没有自连接与重复连接，由此产生 pNk/2 条长距边把一个节点与远端节点相连接。因此，可以通过改变 p 参数，实现从规则网络（p = 0）向随机网络（p = 1）的转变，如图 4.3 所示。

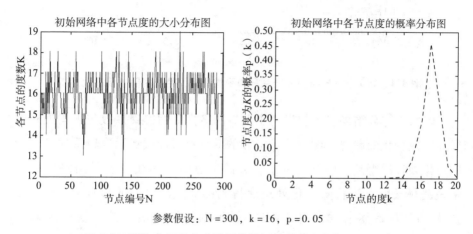

参数假设：N = 300，k = 16，p = 0.05

图 4.3　所构建 WS 小世界网络的初始节点度数与概率分布

根据该算法，假定 N = 300，k = 16，p = 0.05，利用 matlab2013b 工具可生成小世界网络图。

4.1.3.2 归一化处理

将小世界网络模型的平均最短路径长度 L 与集聚系数 C 进行归一化处理 [L(p)/L(0)，C(p)/C(0)]，即将各 p 值下的集聚系数和平均最短路径长度以规则网络（p = 0）的集聚系数和平均最短路径长度进行标准化，得到图 4.4。

---

①　冯锋，王凯. 产业集群内知识转移的小世界网络模型分析 [J]. 科学学与科学技术管理，2007，28（7）：88 – 91.

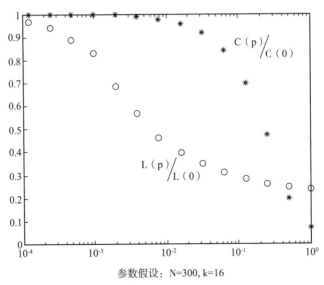

参数假设：N=300, k=16

图 4.4　WS 小世界模型集聚系数和平均最短路径长度随 p 值变化趋势

图 4.4 仿真结果表示假设的小世界网络模型的集聚系数与平均最短路径随 p 值变化的趋势。图中位于上方的散点星行曲线表示集聚系数 C 进行归一化处理后得到的曲线，位于下方的散点圈行曲线则表示网络的平均最短路径长度 L 进行归一化处理后得到的曲线。可以明显地看出，当 p 值从 10^{-4} 开始逐渐增加时，WS 小世界网络平均最短路径长度急剧下降，而集聚系数下降却不明显，直到进入后期才开始剧烈变化，从图 4.4 可见，在 $p \in [0.01, 0.1]$ 这段区间时，网络具有较大的集聚系数和较小的平均距离，表明此时所构建的网络具有小世界特性。

4.2　仿真研究过程设计

本节对于仿真研究过程的设计细节，主要包括网络价值计算、节点耦合成本和关系边权重值三个方面。

4.2.1　网络价值计算

现实知识网络的多样性，造就了知识主体价值函数的多样性。根据文献①中涉及的合作网络价值函数，本书拟定知识网络节点的价值函数如下，当 $N_i > 0$ 时：

$$v_i(g) = \sum_{j:ij \in g} \left(\frac{1}{N_i} + \frac{1}{N_j} + \frac{1}{N_i N_j} \right) = 1 + \left(1 + \frac{1}{N_i} \right) \sum_{j:ij \in g} \frac{1}{N_j} \qquad (4.1)$$

当 $N_i = 0$ 时，$v_i(g) = 0$。显然在式（4.1）中，知识网络 g 中边 ij 表示主体 i 和主体 j 共同参与的一个新技术研发项目，因每个参与者用于合作的时间是有限的，是一个假设恒定的量（Jackson，1996），因而 i 花费在该项目的时间与 i 可参与的项目数量负相关，而项目成功与否与花费在该项目的时间正相关 $\left(即 \frac{1}{N_i} + \frac{1}{N_j} \right)$，并且与项目参与双方在执行项目时的协同程度（synergy）（Jackson and Watts，1996②；Jackson，2003③；杨波和陈忠等，2005④）正相关 $\left(即 \frac{1}{N_i N_j} \right)$，而所有网络主体的价值总量就是：

$$v(g) = \sum_i v_i(g) \qquad (4.2)$$

该网络若将时间推广为资源拥有，则式（4.2）具有普遍性。参考无标度网络的增长性与择优连接性，当网络主体价值小于全网络知识主体的平均价值时，网络主体将断掉当时其所有关系边当中价值尺度最小的关系边，并重新寻找合适的节点对象进行重连。除了以上的价值函数之外，由于在实践中，一个网络主体的资源、精力、人力等都是有限的，不可能无限制地参与合作项目，因此，本书设定 100 为每个参与者用于合作的时间上限，象征其合作能力阈值，并改进了杨波和陈忠等（2005）提出的静态阈值假设，采用动态仿真阈值 v^* 为网络个体价值的平均值。

---

① Jackson M O, Wolinsky A. A Strategic Model of Social and Economic Networks ［J］. *Journal of Economic Theory*，1996，71（1）：44 − 74.

② Jackson M O, Watts A. The Evolution of Social and Economic Networks ［J］. *Journal of Economic Theory*，2002，106（2）：265 − 295.

③ Jackson M O. A Survey of Network Formation Models：Stability and Efficiency ［A］. in：Gabrielle Demange.，Myrna Wooders. Group Formation in Economics：Networks, Clubs, and Coalitions ［M］. Cambridge University Press：Cambridge，2005：11 − 49.

④ 杨波，陈忠，段文奇. 基于个体选择的小世界网络结构演化 ［J］. 系统工程，2005，22（12）：1 − 5.

4.2.2 节点耦合成本

不过，杰克逊（1996）[①]的假设认为，节点之间的合作无直接连接的成本，其"成本"的唯一形式在于新连接的产生降低了现有连接的关系强度（Horn and Wolinsky，1998）[②]，而这种判断也与杰克逊本人的个体节点时间能力限制假设保持一致。然而，在现实知识网络管理实践中，知识主体之间的知识联系成本并不可忽略，有时候譬如对象搜寻成本、契约订立成本、合作谈判成本等，都无法避免甚至产生较高费用。

在断键重连机制中，网络主体选择合适的节点进行重连，依据的是成本最优原则，且成本形式为多元构成，这跟现实合作中企业在选择最佳合作伙伴时，往往采取多元评价标准相一致，如企业会考虑到与合作对象的技术距离、地理临近及企业声誉等因素（Boschma and Balland et al.，2014）[③]，技术距离越近，企业之间的技术相似度越高，他们之间产生合作的可能性就越高，如信息技术企业就更可能与同质企业进行技术合作，而一般难以与农牧、纺织等其他类型的企业展开技术合作；企业之间的地理位置越近，越有利于降低合作过程中形成的物流、仓储、谈判等成本，可见，企业具有本地化发展的倾向，而这也是形成区域性产业集聚的原因；此外，企业在选择合作对象时，总会首先考虑与明星企业进行合作，这样的企业合作声誉好（Wang and Huang et al.，2015）[④]，在业内知名度高，除了不用太担心其违约之外，由于明星企业拥有更多的合作经验基础也有利于企业降低关系维护成本。基于这样的现实背景，本书将技术距离抽象成网络节点之间的价值差异，将地理临近抽象成网络节点之间的路径长度，将组

---

① Jackson M O, Wolinsky A. A Strategic Model of Social and Economic Networks [J]. *Journal of Economic Theory*, 1996, 71 (1): 44 –74.

② Horn H, Wolinsky A. Worker Substitutability and Patterns of Unionisation [J]. *The Economic Journal*, 1988: 484 –497.

③ Boschma R, Balland P A, de Vaan M. The Formation of Economic Networks: A Proximity Approach [A]. in: Andr Torre, Fr d ric Wallet. Regional Development and Proximity Relations [M]. Edward Elgar Publishing, 2014: 243 –266.

④ Wang S, Huang L, Hsu C H, et al. Collaboration Reputation for Trustworthy Web Service Selection in Social Networks [J]. *Journal of Computer and System Sciences*, 2015 (in press).

织声誉抽象成网络节点的连接度，可知，网络节点之间的耦合成本与价值差异造成的成本、节点距离造成的成本及顶点度值差异造成的成本等呈正相关关系。

拉托拉和蜜丝罗妮（2003）[①] 在研究小世界网络中的经济行为时指出，对于现实世界中的无权网络而言，节点之间关系边的增减与网络成本密切相关，且成本与节点之间的距离呈现一定的函数关系，提出网络成本的计算方式为：

$$(\sum_{i \neq j \in g} a_{ij} l_{ij}) / (\sum_{i \neq j \in g} l_{ij}) \tag{4.3}$$

基于这样的现实背景，本书引入网络中节点之间的距离成本变量 $C_{dist_{ij}}$，当知识节点断链重连时，距离成本变量大小成为节点是否加入新关系连接的考量依据之一，该成本计算公式为：

$$C_{dist_{ij}} = \frac{a_{ij} l_{ij}}{\sum_{i \neq j \in g} l_{ij}} \tag{4.4}$$

在式（4.4）中，$\{a_{ij}\}$ 为邻接矩阵，是一个 $N \times N$ 的对称矩阵，若 i 和 j 点之间存在连接，则 a_{ij} 为 1，否则为 0。

节点的价值差异也是网络节点是否加入新关系连接的考量依据之一，其计算方式为：

$$C_{val_{ij}} = |v_i(g) - v_j(g)| \tag{4.5}$$

由于 $v_i(g) = \sum \left(\dfrac{1}{N_i} + \dfrac{1}{N_j} + \dfrac{1}{N_i N_j} \right)$，$v_j(g) = \sum \left(\dfrac{1}{N_j} + \dfrac{1}{N_k} + \dfrac{1}{N_j N_k} \right)$，故节点之间价值差异造成的连接成本为：

$$C_{val_{ij}} = \sum_{j:ij \in g} \left(\frac{1}{N_i} + \frac{1}{N_j} + \frac{1}{N_i N_j} \right) - \sum_{k:jk \in g} \left(\frac{1}{N_j} + \frac{1}{N_k} + \frac{1}{N_j N_k} \right) \tag{4.6}$$

此外，作为新网络关系连接的第三个考量依据，网络节点之间的连接度差异造成的连接成本计算公式为：

$$C_{deg_{ij}} = |k_i(g) - k_j(g)| \tag{4.7}$$

综上所述，得出节点连接中总耦合成本计算公式为：$C_{ij} = C_{dist_{ij}} \times C_{val_{ij}} \times$

① Latora V，Marchiori M. Economic Small-world Behavior in Weighted Networks ［J］. *The European Physical Journal B – Condensed Matter and Complex Systems*，2003，32（2）：249 – 263.

$C_{deg_{ij}}$，即：

$$C_{ij} = \frac{a_{ij}l_{ij}}{\sum\limits_{i \neq j \in g} l_{ij}} \times |v_i(g) - v_j(g)| \times |k_i(g) - k_j(g)| \qquad (4.8)$$

在关联对象节点集合中，节点选择的依据便是耦合成本 C_{ij} 值最小。

4.2.3　关系边权重值

网络主体 i 和 j 之间建立关系边意味着合作关系（研发项目）的成立，关联边的消失意味着合作关系的解除。每条知识边都赋予了一定的随机权重值，代表项目持续的时长，以及给关联节点带来的潜在知识增加量，假设主体 i 和 j 之间的知识联系（研发项目）合作时间为 1~10 个时间段的整数随机数，边权重 w_{ij} 的算法表达为：$w_{ij} \in [1, 10]$，每经过一个仿真步长，关系边的生命值就减少 1，因此，在 t + 1 时刻，关系边的权重值为 $w_{ij}(t + 1) = w_{ij}(t) - t$，当 $w_{ij} \leq 0$ 时，表示项目完成，合作关系解除，节点之间的知识合作不再持续。关系边存在权重值的原因在于，在知识网络运行实践中，知识节点之间若已达成研发项目的合作意向，那合作期限必定是一个常数，且根据项目类型的不同，知识合作期限不可能完全相同，且大部分合作应该隶属于某个合理的区间范围，因而是一个随机值，在合作项目结束后，节点之间的关系边就自动解除断裂（周浩元，2009）[①]。为了与知识网络主体的价值函数值相匹配，本章对关系边的权重值进行了归一化处理，因此，知识主体在合作关系中的价值增加量与关系边实际持续时间 t^* 成正比，有：

$$\Delta_{v_i(g)} = w_{ij} \times \frac{t^*}{t} \times 10^{-2} \qquad (4.9)$$

基于本书一开始构建的小世界知识网络模型（N = 300，k = 16，p = 0.05），利用 matlab2013b 工具，对基于知识主体耦合成本与微观行为的小世界网络结构演化进行仿真分析，事先编写可以重复调用的七个程序模块。模块 1：作用是计算网络的顶点度与度分布 p(k)；模块 2：作用是计

---

① 周浩元. 基于多主体的复杂产业知识网络动态演化研究 [D]. 上海：上海交通大学，2009.

算网络的平均最短路径长度 L；模块 3：作用是计算平均集聚系数 C；模块 4：作用是计算网络节点的平均价值（知识水平）；模块 5：作用是计算网络价值水平（知识水平）的标准差；模块 6：作用是根据设定的耦合成本判断与动态阈值判断选择下一步连接的节点；模块 7：作用是调整整个网络的连接状态。各个模块执行顺序如图 4.5 所示。

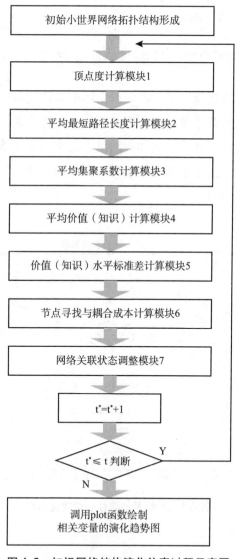

图 4.5　知识网络结构演化仿真过程示意图

4.3 仿真结果分析与讨论

在 matlab2013b 工具运行之后，得出图4.6、图4.7、图4.8 等基于知识主体耦合成本及网络平均阈值判断的自组织知识网络小世界网络结构演化 t≤200 区间内的仿真结果。

4.3.1 网络结构演化及主要参数变化

在每个网络的演化步长中，各知识主体根据特定的价值判断，决定是否新建或取消已有的合作关系边。因此，知识主体之间合作关系的增减表现为网络边数的增减，从而引起知识网络的自组织动态演化，具体表现为网络平均最短路径、网络平均集聚系数与网络顶点度分布等的变化，如图4.6、图4.7、图4.8 所示。

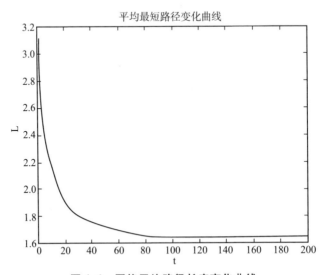

图 4.6 网络平均路径长度变化曲线

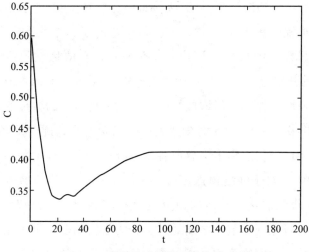

图 4.7　网络平均集聚系数变化曲线

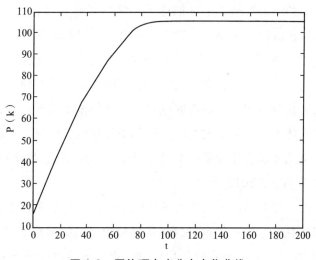

图 4.8　网络顶点度分布变化曲线

　　综合图 4.6、图 4.7 和图 4.8 可知，随着网络的演化，网络顶点度分布 p(k) 不断增加，并最终稳定在一个数量水平上；网络平均最短路径长度 L 与平均集聚系数 C 从整体看主要呈现为下降趋势，尤其在 $t^* \in (0, 20)$ 处两者有一个较为显著的变化，最终也都稳定到某个数量水平。具体来看，初始小世界网络的平均最短路径长度 L 位于 3.1 的数量水平，随着网络的演化呈单调递减，经过约94步最终稳定在1.65的水平，从初态到均衡状态变化幅度在47%左右，平均每一步的变化率为5%，较为缓和。而平均集聚系数C的演化过程较为复杂一些，在演化一开始经过一个从0.6~0.34的骤降过程中，变化幅度为43%，随即在$t^* \in (20, 94)$处经历了一个反弹回升变化，但增加幅度不大，平均每步的数量变动范围保持在0.3%，并最终在$t^* = 94$时刻达到一个稳定水平，此时C值在0.42左右，这个值相比于初态集聚系数虽有所下降，但下降幅度并不大，变动幅度只有约30%。对于网络顶点度分布p(k)而言，其初始值在15.95左右，经过94步的演化，网络的顶点度分布单调递增并最终稳定在104.5的值的水平，可见网络节点之间经过了较为丰富的断键重连变化，从初始状态到稳定状态，网络平均度增加了5倍多，显然从总体上看，网络节点之间的连接水平得到了较大的提升。

由于网络平均最短路径定量描述了网络的紧密程度，平均路径越短，主体之间知识扩散损耗越小，扩散成本越低，知识流动的效率就越高（张兵和王文平，2009）[1]；网络平均集聚系数定量描述了网络中出现块状结构趋势的强弱，集聚系数越大，网络中越可能产生块状结构，即知识主体的本地化发展趋势更明显，局部区域知识流动效率会得到提升；网络顶点度分布定量描述了知识网络的组织之间的协作程度，网络平均度越大，知识主体之间建立知识合作关系的数目就越多，表明知识网络的主体间协同程度越高（黄训江，2012）[2]。

由此可见，随着小世界知识网络结构的演化，知识主体之间平均路径长度始终保持在一个较短的水平，在演化期间通过关系边的"保持""断开"或"增加"行为逐渐缩短并稳定到一个特定水平，在均衡态时知识主体之间的知识流动效率较高，知识主体的关系资本拥有量也提升到一个较高程度。从网络集聚系数变化的曲线来看，知识网络的块状结构趋势没有产生较大变化并相比初始态稍有下降，整体仍然处于具有较短平均路径

① 张兵，王文平. 知识流动的小世界——基于关系强度的观点 [J]. 科学学研究，2009 (9)：1312 – 1321.

② 黄训江. 集群知识网络结构演化特征 [J]. 系统工程，2012，29 (12)：77 – 83.

长度与较高集聚系数特征的小世界网络结构状态中。知识主体之间的关系连接水平得到了较大提升，即知识主体在网络结构演化过程中倾向于以开放的态度，寻找更多合适的合作伙伴开展合作，进行知识共享与合作创新，从而增加合作关系的数量，主体之间的协同程度也相较初期得到了显著提升。从网络结构演化的整体情况来看，知识网络的结构演化是一个鲁棒过程，与初始状态相比，知识网络整体的知识存量及主体平均知识存量得到了显著提升。

4.3.2 网络节点度大小分布及概率分布

针对经过 200 步演化后的知识网络结构看，当仿真模型达到稳定状态时，知识网络的节点度大小分布及节点度概率分布情况如图 4.9 和图 4.10 所示。

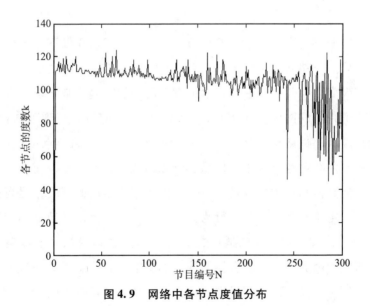

图 4.9 网络中各节点度值分布

从图 4.9 和图 4.10 可知，在网络结构达到稳定状态时，网络节点的度大量集中在 100 ~ 120，与初始网络的节点度集中在 16 相比，增加了 5 ~ 7 倍。这一区间的某些节点度的分布概率甚至达到了 0.1 以上，其余区

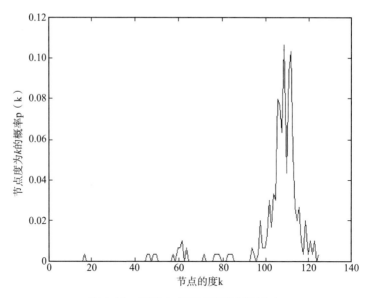

图 4.10　网络中各节点度的概率分布

间的节点度分布概率则较小，部分节点度在 50 甚至 20 以下，与网络结构初态无大异。与初始网络图 4.6、图 4.7 相比，各节点度大小以及度分布经历了较大变化，几乎所有节点的度都有所增加，表明基于耦合成本及网络平均价值判断的网络演化机制，知识主体的适应行为表现为增加连接，并使顶点度大小最终拟合到一个稳定值的水平。拥有高节点度值的主体，意味着有更多获得各类技术、信息、资源的机会，进行知识交换，从而能更有利于向其他知识主体进行学习，以促进创新活动的开展，提高创新绩效。另外，由于知识主体适应行为具有网络嵌入性特征（范群林和邵云飞等，2010）①，即知识主体的适应行为受到主体之间相互关系及整个网络结构的影响。因而，在该小世界的网络模型中，高节点度值的知识主体的中心性程度也更高，处于网络中心位置，其权力、影响力也更大，从而更易获得创新资源，知识主体在适应策略中更倾向于实施创新行为而非模仿行为，所获得的创新绩效也可能比周围其他知识主体更高。此外，从图

---

① 范群林，邵云飞，唐小我等．结构嵌入性对集群企业创新绩效影响的实证研究［J］．科学学研究，2010，28（12）：1891－1900.

4.9 可以看出，尽管有部分知识主体的顶点度较小，但从知识网络的整体看，并不影响知识主体之间关系连接水平较高的现实。即随着知识网络结构的演化，再次证明了基于提高自身知识水平的目标，相比于自主研发，知识主体更主张合作创新的发展方式。

4.3.3 网络主体知识水平的演化及其演化速度的异变

由于知识主体的知识水平变化与其适应行为息息相关，即知识主体在知识网络结构的演化过程中的适应行为变化，直接导致了其自身的知识水平及知识网络整体知识水平的变化；或者说，知识水平的变化也同时反映了知识主体的行为规律。此外，网络节点知识水平的标准差表达了知识网络中知识分布的均匀程度，反映了网络知识资源的配置效率，由此可观察到知识主体之间的知识流动方向性。若知识分布越均匀，则表示网络知识资源配置效率越高，越具有公平性。

根据公式 4.1，所有网络主体的价值总量的计算公式为：$v(g) = \sum_i v_i(g)$，对于重连概率 p 所对应的网络结构，在 t 时刻，知识网络主体的平均知识 μ_t 计算方式为：

$$\mu_t(p) = \frac{1}{N} \sum_i v_{i,t}(g) \tag{4.10}$$

t 时刻网络平均知识水平的标准差 σ_t 为：

$$\sigma_t = \sqrt{\sum_{i \in g} v_{i,t}^2 / N - \mu_t^2} \tag{4.11}$$

在 t 时刻，用知识网络主体的平均知识水平增长速度（相对于 $t-1$ 时刻）来衡量节点之间的知识扩散速度，计算公式为：

$$\rho(t) = \frac{\mu_t(p)}{\mu_{t-1}(p)} - 1 \tag{4.12}$$

据此，在知识网络结构的演化过程中，网络主体的平均知识水平、主体知识水平的分布变化及知识水平的增长速度的异变情况如图 4.11、图 4.12 及图 4.13 所示。

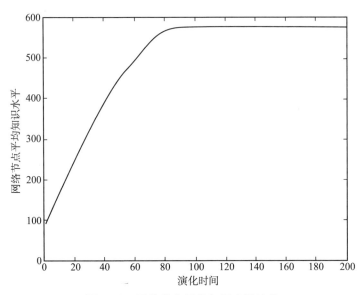

图 4.11　网络节点平均知识水平演化

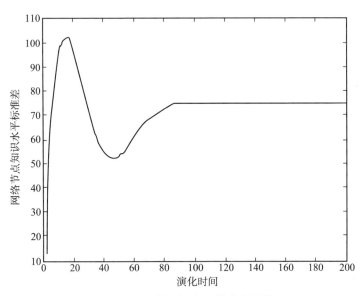

图 4.12　网络知识水平的分布演化

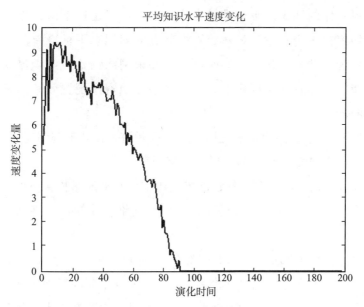

图 4.13　网络节点知识水平增长速度的异变

　　伴随着知识网络的演化，知识主体不断进行合作创新，并在一定程度上实现知识的扩散。在该过程中，知识主体平均知识水平变化反映了整体知识网络的知识水平动态变化及知识主体之间的知识扩散效率。图 4.11和图 4.12 表示了小世界知识网络主体的平均知识水平及网络知识分布的均匀程度演化情况。从图 4.11 可见，随着网络结构的演化，网络节点的知识水平从 91.12 的初始水平，经过 94 步单调递增的变化，达到约573.89 的稳定知识水平，即相比于初期，网络节点的平均知识水平增加了将近 5 倍。可见，知识主体的知识水平在知识网络结构演化的过程中得到了一个较大增长，实现了构建知识网络的合作预期。在网络结构演化机制中，知识主体以提升知识水平作为成长目标，根据耦合成本最低寻找合作对象增加关系连接，通过网络平均价值比较断开价值低的连接，不断建立、断开与合作伙伴的知识联系，并最终达到一个较高的均衡水平。从图 4.12 可见，知识水平标准差值从初期的 12.05 经过了 18个仿真步长激增到 103.42，之后下降到 53.31 的水平，又经过 47 个仿真步长缓慢回升到 75.43 的稳定值。可见，随着小世界网络结构的演化，知识主体的知识水平标准差先快速上升后又迅速下降，随后缓慢上升后，稳定在一个水平。显然，网络节点的知识水平标准差的分布经历了一个较为复杂的变化，不同时刻下的知识网络结构对知识流动引起的知识分布状况存在着不同影响，表示网络知识资源配置效率随着网络的演化不断的改变。

在图4.13中，知识水平的增长速度从开始一直处于震荡变化，经过9个仿真步长达到最高点9.41，随后逐渐震荡下降，最后趋于0，保持均衡状态。在进入均衡状态前，知识网络整体知识水平的增长速度的异变水平保持在10以下，表明所构建的小世界知识网络整体知识水平增长速度较稳定。

通过比较图4.11、图4.12和图4.13可知，在知识结构的演化前期，知识主体的知识水平变化幅度较大，其增长速度呈现为激烈震荡，网络中知识资源的分配也极不均匀。随着时间的推进，主体知识水平增长速度的变化趋缓，使得知识水平最后稳定到一个较高水平，知识网络中知识水平的分布也达到均衡值。表明在网络结构的演化初期，由于知识主体的平均知识水平较低，彼此存在较大差距，在耦合成本最小及网络动态阈值的判断条件下，知识主体之间的知识交互行为呈现为激烈状态，此时，主体之间的知识流动速度达到较高水平，而随着网络知识扩散的不断进行，各知识主体自身价值得到显著增长，即提升了知识主体的知识存量，使其知识交互行为逐渐趋于适应性稳定。

4.4　四类典型网络结构中主体知识水平变化

知识水平是主体之间知识合作的结果表达，造成知识水平变化的直接原因是主体之间的知识流动及知识扩散，知识主体的适应行为可以从知识水平的趋势变化情况得到一定的反馈与启示。目前，基于网络结构的组织之间的知识流动、知识扩散内容方面已有不少成熟的研究。科恩和乔纳德（2003[①]，2004[②]）研究了网络结构和知识扩散之间的关系，指出当网络结构是小世界网络时，均衡（稳定）网络的知识水平能够达到最大值；在研究社会网络中的知识流动时，科恩引入了柯布—道格拉斯生产函数（李金华，2009)[③]，研究了网络主体在拥有自身知识增长机制和无自身知识增长机制条件下的知识流动特性。英克彭和臧（2005）将社会资本引入到网络中[④]，探讨了结构、认知与理性等维度对组织间知识转移存在的影响。吉尔伯特等（2007)[⑤] 的仿真研究结果则揭示了不同地理区域中的网络结构，对于具有创新绩效存在不同的影响作用。周浩元和陈晓荣等（2009）则认为[⑥]，复杂系统的网络结构与网络中发生的主体动力学行为互相影响。此外，王文平（2009)[⑦]、李金华（2009)[⑧]、黄玮强和庄新田（2012)[⑨] 等都在该主题范围内做过较为细致与深入的研究，并取得了丰硕成果。

为进一步探讨知识网络结构演化对知识主体知识转移行为及主体知识水平的影响，可调整重连概率 p 的大小，观察不同的复杂网络结构演化下的知识主体的水平变化情况。本书选取重连概率 $p \in \{0.001, 0.05, 0.1, 0.9\}$ 四个具有代表性的值生成网络，每个 p 值对应着不同特征的网络结构，当 $p = 0.001$ 时，生成的网络接近于规则网络，网络集聚系数大，节点平均距离大；当 $p = 0.05$ 和 $p = 0.1$ 时，网络接近于小世界网络，网

---

① Cowan R，Jonard N. The Dynamics of Collective Invention ［J］. *Journal of Economic Behavior & Organization*，2003，52（4）：513 – 532.

② Cowan R，Jonard N. Network Structure and the Diffusion of Knowledge ［J］. *Journal of Economic Dynamics and Control*，2004，28（8）：1557 – 1575.

③⑧ 李金华. 创新网络的结构及其与知识流动的关系 ［M］. 北京：经济科学出版社，2009.

④ Inkpen A C，Tsang E W K. Social Capital，Networks，and Knowledge Transfer ［J］. *Academy of Management Review*，2005，30（1）：146 – 165.

⑤ Gilbert N，Ahrweiler P，Pyka A. Learning in Innovation Networks：Some Simulation Experiments ［J］. *Physica A：Statistical Mechanics and its Applications*，2007，378（1）：100 – 109.

⑥ 周浩元、陈晓荣，路琳. 复杂产业知识网络演化 ［J］. 上海交通大学学报，2009，43（4）：596 – 601.

⑦ 王文平. 产业集群中的知识型企业社会网络：结构演化与复杂性分析 ［M］. 北京：科学出版社，2009.

⑨ 黄玮强，庄新田. 复杂社会网络视角下的创新合作与创新扩散 ［M］. 北京：中国经济出版社，2012.

络集聚系数大，节点平均距离短，但后者生成的小世界网络特性效应相对弱化；当 p = 0.9 时，网络接近于随机网络，网络的集聚系数小，节点平均距离短。其初始网络图结构及节点度分布特性如图 4.14 和图 4.15 所示。

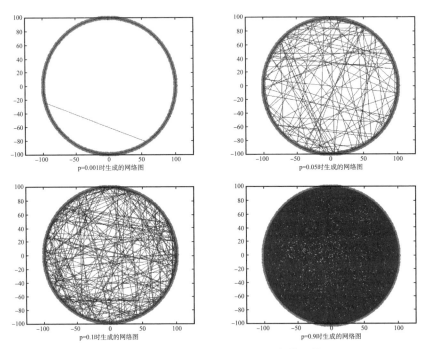

图 4.14　四个重连概率 p 水平下生成的网络图

从图 4.15 可见，在其他条件不变的情况下，随着重连概率 p 的增大，网络节点度的概率分布曲线明显右移，即随着重连概率的增加，网络节点更倾向于与周围其他节点形成连接，使得网络连接的复杂水平得到提升，表现为知识网络的合作水平更高。之后的网络主体的知识水平演化基于这样的四个不同网络结构展开。

通过仿真分析得到以下知识水平变化结果，如图 4.16、图 4.17 所示。

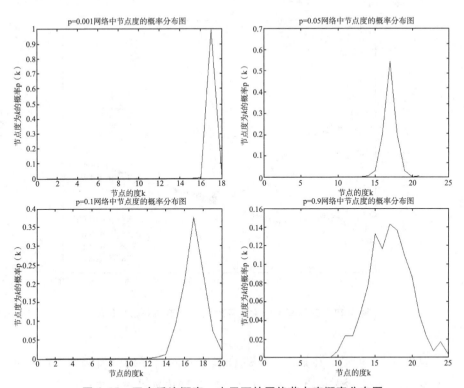

图 4.15　四个重连概率 p 水平下的网络节点度概率分布图

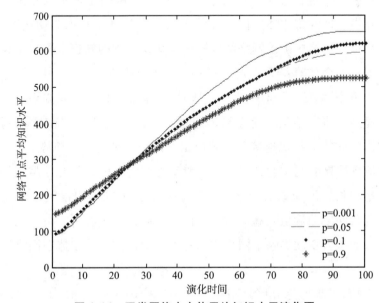

图 4.16　四类网络中主体平均知识水平演化图

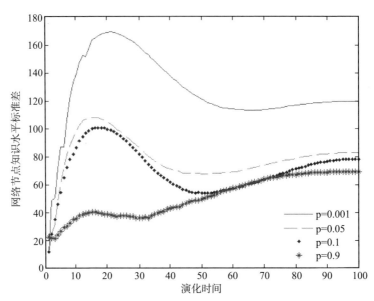

图 4.17　四类网络中主体平均知识水平的分布演化图

从图 4.16 可见，在知识主体耦合成本及网络平均价值阈值判断机制的影响下，不同网络结构对知识主体之间的知识流动存在不同的影响，随机重连概率 p 值越大（网络随机化程度越高），网络主体平均知识水平增长速度越慢，即知识主体之间的知识扩散效率越低，知识流动速度越慢，而两类小世界网络中随着网络结构演化其知识主体的知识水平的增长效率差异不大。这个仿真结果与部分网络演化相关研究有所区别，如黄玮强（2012）[①] 的研究发现，随机化程度越大，（集群）网络平均知识水平增长越快，显然，研究结论有所差异的原因在于各自定义网络演化机制的不同，网络主体的"择优连接"方式决定了知识水平变化的趋势。

该仿真结果的现实意义在于，一般认为网络主体之间互动越频繁，其知识水平增长速度应该会更快。然而事实上，不见得网络关系变动越频繁，即复杂网络的熵值越高，对于知识主体而言就越有利。由于网络主体之间关系的频繁变动影响了网络的稳定性，理性的知识主体在网络环境中

---

① 黄玮强，庄新田. 复杂社会网络视角下的创新合作与创新扩散 [M]. 北京：中国经济出版社，2012.

更好地进行竞争与合作需要稳定的环境来保障。因此，为了提高知识主体的发展水平，除了要努力提高与其他主体的合作力度，也必须要保证整体网络的稳定性，体现了网络环境对知识主体价值水平的外生影响，这与杰克逊和沃林斯基（1996）[①] 提出的网络稳定性及效率概念的相关内容一致。

图 4.17 同样表明，不同网络结构对知识主体间知识流动引起的知识分布具有不同影响，随机重连概率 p 值越大，网络主体的知识水平标准差曲线越位于下方或下降速度的越快，即网络中知识水平分布越均匀。另外，可以明显看到的是，对于 p = 0.9 时生成的随机网络，其曲线形状与其余几类网络存在较大差异，在同一演化时刻中，其标准差数值几乎一直都处于四类网络的最低点，且变化幅度从始至终都不大，表明由于关系边随机重连的概率较大，主体之间的组键、断键行为交互过于频繁，导致知识主体之间的个体知识水平差异性降低，使知识水平分布更为均匀，表示网络知识资源的分配过于公平，而忽略知识主体之间的差异性资源分配。基于节点平均知识水平是衡量网络知识流动效率最重要的指标的观点，此时网络知识流动效率最低。张兵和王文平（2010）[②] 将这种现象描述为"极度无效率状态下的一种绝对平均"。比较图 4.16 和图 4.17 中的曲线可见，知识资源分配公平并不有利于知识水平的增长。只有确保了一定"不公平性"，知识水平才能得到提高。比较两类小世界网络知识水平及其标准差的演化曲线可见，在保证网络结构较大集聚系数及较小最短路径长度时，公平性才与知识水平构成正向联系，但影响系数也较微弱。

人们所追求的理想效果是网络环境的相对稳定，网络主体的平均知识水平高且能保持一定的知识不均匀分布，这样就能保证具有较快知识扩散速度的同时，又能维持群体之间一定的竞争性，可见，小世界网络的发展符合这样的性能预期。在这类结构特性的网络中，知识主体适应行为产生

① Jackson M O, Wolinsky A. A Strategic Model of Social and Economic Networks [J]. *Journal of Economic Theory*, 1996, 71 (1): 44 –74.

② 张兵，王文平. 基于策略的非正式知识网络知识流动效率仿真研究 [J]. 管理学报，2010, 7 (5): 706 –713.

了相对较高的可预期价值。

4.5 本章小结

知识网络演化的最直观表现就是网络拓扑结构的变化，结构演化是知识网络演化的主要构成。随着网络结构的变化，知识网络的关系结构及知识扩散效率随之发生变动，并影响知识主体之间的合作效率与合作质量。由于知识网络结构演化机制的主体"择优"连接，是引起主体知识水平变化的根源。本章基于知识主体之间的耦合成本最小与网络平均价值阈值的判断原则，构建了小世界知识网络的演化过程模型。运用 matlab2013b 工具进行编程，对知识网络演化过程特征进行了仿真分析，分析了主要的参数变化，并进一步分析了在知识网络演化的过程中，网络节点度大小分布及其概率分布，以及知识主体知识水平的演化及其演化速度的异变。并通过调整随机重连概率的 p 值，来研究四类典型网络结构下主体知识水平的变化趋势。

仿真结果显示，随着知识网络结构的演化，知识主体之间经过了丰富的断键重连变化，从初始状态到稳定状态，网络主体之间连接水平得到了显著提升。总体来看，知识主体之间平均最短路径长度始终保持在一个较短的水平，在演化期间通过关系边的"保持""断开"或"增加"行为逐渐缩短并稳定到一个特定的水平，均衡状态时知识主体之间的知识流动效率较高。从集聚系数变化曲线来看，知识网络的块状结构趋势没有产生较大的变化并稍有下降，整体仍然处于具有较短平均路径长度与较高集聚系数特征的小世界网络结构状态中。知识主体连接度水平得到了较大提升，即知识主体之间建立知识合作关系的数量显著增加，表明均衡状态时知识网络的主体间协同程度较高。从网络结构演化的整体情况来看，知识网络的结构演化是一个鲁棒过程，与初始状态相比，知识网络整体的知识存量及主体平均知识存量得到了显著提升。伴随着知识网络演化，知识主体不断进行合作创新，并在一定程度上实现知识扩散。在该过程中，知识主体平均知识存量的变化反映了整体知识网络的知识水平动态变化及知识主体之间的知识扩散效率。在网络结构演化初态时期，由于知识主体的平均知识水平较低，彼此存在较大差距，在网络均衡机制的影响下，知识主体之间的知识交互行为呈现为激烈状态，此时主体之间的知识流动速度达到较高水平，而随着网络知识扩散的不断深入，知识主体自身价值得到显著增长，主体之间的知识交互行为逐渐趋于适应性稳定。

从四类典型网络结构演化中的主体知识水平变化情况来看，一般认为，网络主体之间互动越频繁，其知识水平增长速度应该会越快，然而从演化结果来看，不见得网络关系变动越频繁，即复杂网络熵值越高，对于知识主体而言就越有利，体现了网络环境对知识主体价值水平的外生影响。另外，知识资源分配公平并不有利于知识水平的增长，只有在保证网络结构具有较大集聚系数及较小最短路径长度时，公平性才与知识水平构成正向联系。在四类典型网络演化中，小世界网络结构演化发展网络环境相对稳定，网络主体的平均知识水平较高且能保持一定的知识不均匀分布，既保证了较快的知识扩散速度，又能维持适当的竞争性，由此，知识主体适应行为产生了相对较高的可预期价值。

本书考虑到知识主体基于自身的知识存量、连接度及与知识网络其他主体之间的最短距离等指标方面的差异，选择行为策略，具有现实合理性，但尚未考虑知识主体间的异质程度，如行为偏好、认知差别、学习能力等的差异对知识主体行为策略的影响。已有部分研究结果表明，知识主体间的异质程度越高，会导致知识扩散速度越慢（Rogers，2003；Young，2007），因而在后续研究中，还需要对知识主体适应行为的影响因素进行进一步的探讨，以修正网络演化过程中的知识主体适应行为规律。

第5章

知识网络的机制演化及其
知识主体行为分析

5.1 知识网络的自组织机制演化

基于系统的观点，知识网络的演化发展是一个自组织过程（肖冬平和顾新，2009）①。作为一个复杂系统，知识网络不但具备耗散结构的基本条件——开放性、动态性和非线性，而且其形成和演化的过程也遵循着自组织规律：从网络组建之前的混沌无序状态向组建形成之初的静态有序结构，再向运行阶段的动态有序结构演进。系统的结构决定了系统中发生的行为，而系统中的行为又会反馈影响系统结构的演化发展（黄玮强和庄新田等，2009）②。知识网络的开放性为其形成自组织演化所需负熵流提供了必要条件；动态性促进了网络中各类知识主体的静态资源与动态能力不断得到调整，造成稳定态偏离，引发知识流动与知识资源重组；非线性的知识主体交互行为则是系统产生自组织演化的动力，在各类竞合行为变化的过程中，促成知识创造。

---

① 肖冬平，顾新. 基于自组织理论的知识网络结构演化研究 [J]. 科技进步与对策，2009，26（19）：168－172.
② 黄玮强，庄新田，姚爽. 企业创新网络的自组织演化模型 [J]. 科学学研究，2009，27（5）：793－800.

在知识网络的演化中，信任机制、冲突（管理）机制、风险（防范）机制的有效运行，是实现网络结构动态有序的前提保障，也是知识网络合作模式自组织运行过程的集中体现。知识网络信任机制是知识主体之间彼此沟通与有效合作的基础（雷志柱，2012）[1]，是知识网络运行的基本运行机制与不可或缺的治理机制。冲突机制以冲突各方相互依赖关系为基础、相互对立关系状态转化为重点，诱发冲突的正面效应、弱化其负面效应，是促使知识网络运行的革新与变化，增强适应能力，提高其创新绩效的保障。风险机制通过向知识主体传达风险相关的信息，有助于帮助知识主体根据网络整体的目标导向，优化组织结构，判断知识网络常运行的健康水平，促进跨组织协同，从而实现网络整体的协同效应。

5.2 信任机制与主体交互学习

当知识网络中的各异质组织主体无法通过规则或惯例行为降低不确定性时，信任成为了网络成员减少复杂性的主要手段（Luhmann，1979）[2]。目前，在多数跨组织合作中，相互信任已被视作合作伙伴关系成功的关键因素（Ring and Van，1994）[3]。信任的强度与性质与网络中的知识转移水平密切相关，如周密和赵西萍等（2009）[4] 认为，网络信任在网络中心性影响网络知识转移成效中起到中介作用。而引起知识转移效率变化的实质在于，信任关系的演化与知识主体交互学习行为的变化存在相关性（吴悦和顾新等，2014）[5]，信任是知识主体理性行为对社会网络嵌入关系的本质特征。

① 雷志柱．知识网络组织构建与管理研究［M］．北京：北京理工大学出版社，2012．

② Luhmann N. Trust；and，Power：Two Works by Niklas Luhmann［M］．Chichester：Wiley，1979．

③ Ring P S，Van de Ven A H. Developmental Processes of Cooperative Interorganizational Relationships［J］．*Academy of Management Review*，1994，19（1）：90－118．

④ 周密，赵西萍，司训练．团队成员网络中心性，网络信任对知识转移成效的影响研究［J］．科学学研究，2009，27（9）：1384－1392．

⑤ 吴悦，顾新，王涛．信任演化视角下知识网络中组织间知识转移机理研究［J］．科技进步与对策，2014，31（20）：132－136．

5.2.1 知识网络的相互信任机制

尽管不同文化背景下对信任这一概念定义仍未达成共识，不同学者在使用"信任"这一术语时，往往意指不同的事物（Sitkin and Roth，1993）[①]，但却又潜移默化地强调了信任是委托人与受托人之间的一种依赖关系，尤其是在面对未来不确定性时对受托人的一种期望。因此，就知识网络中的信任而言，必然包含着对其他组织的言辞行为承诺的肯定预期，各类知识主体会努力实施利己的期望行为，不会利用对方的弱点获取私利。这种信任是建立在对其他组织能力和预期行为充分认同的基础上。但是这种信任本身具有不确定性，存在一定的风险，即信任双方必须依赖对方，在知识网络组织间交互学习中表现得尤为明显。如何相信其他组织的创新能力，如何共享知识网络整体的资源，如何防范知识网络的产出不会被个人或个别组织成员所独占等都涉及彼此间的信任问题。

德克斯和弗琳（2001）研究认为，信任发挥作用的方式可分为直接效应（main effect）和调节效应（moderating effect）[②]。从信任程度而言，巴尼和汉森（1994）指出，组织之间存在低度信任、中度信任和高度信任三种不同程度的相互信任[③]。低度信任意味着存在有限的机会主义可能性，但是低度信任并不必然会导致知识网络成员间的相互欺骗。在此之前，知识网络成员之间还是表现出相互的信心，他们相信自己并没有明显的弱点，不会被他方用来作为损害自己利益的武器。中度信任可被称为"治理信任"（trust through governance）。当合作关系存在脆弱性时，而知识网络成员希望通过各种治理机制保护其利益时就出现了中度信任。高度信任也叫"绝对信任"（hardcore trust worthiness）。当合作关系面临巨大的脆弱性威胁时，不管是否存在社会或经济的治理机制，组织成员间都将出

① Sitkin S B, Roth N L. Explaining the Limited Effectiveness of Legalistic "Remedies" for Trust/distrust [J]. *Organization Science*, 1993, 4 (3): 367–392.

② Dirks K T, Ferrin D L. The Role of Trust in Organizational Settings [J]. *Organization Science*, 2001, 12 (4): 450–467.

③ Barney J B, Hansen M H. Trustworthiness as A Source of Competitive Advantage [J]. *Strategic Management Journal*, 1994, 15 (S1): 175–190.

现高度的相互信任。

一般来说，在知识网络合作关系构建初期，主体之间交互学习的目的是建立彼此遵循规则、完成承诺的意愿和能力的理性信任（credibility trust），包括基于制度的信任、计算型的信任、认知的信任。正如古拉蒂（1998）指出①，合作联盟网络对组织之间信任的影响通过两种方式实现，一是通过网络获得有效信息构建"以知识为基础的信任"；二是通过网络控制力量构建"以计算为基础的信任"。随着合作创新过程中了解程度的不断加深，成员彼此都认为对方是"善意"的，交互学习的"有效性"来自于双方重复相互作用的感情信任（emotional trust），便形成了解型信任、情感型信任、认同型信任，不同水平或类型的信任关系受到了网络中不同因素的影响。基于以上分析，并参考王涛（2011）提出的网络成员间相互信任的概念模型②，本书构建知识网络中组织间信任演化的概念模型，如图 5.1 所示。

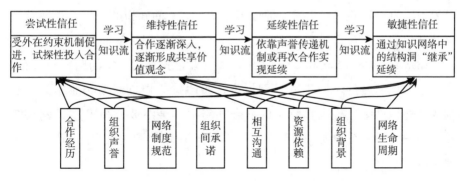

图 5.1　知识网络中主体间信任关系演化过程及其影响因素

5.2.2　知识网络的交互学习行为

知识网络作为一种以新技术与新知识为主要生产、运用内容的网络组

---

①　Gulati R. Alliances and Networks [J]. *Strategic Management Journal*, 1998, 19 (4): 293 – 317.

②　王涛，顾新. 知识网络组织之间相互信任的建立过程分析 [J]. 情报杂志, 2011, 30 (4): 102 – 106.

织，具有网络组织的一般学习特性。李维安和邱昭良（2007）基于文献研究认为①，网络组织具备节点活性与层次性、相互依赖性、联结多元性、持续互动性、中间性5个基本属性，以及嵌入性、复杂性、柔性、多样性、合作性5个衍生属性。一方面，网络组织的这些学习特性决定了网络组织适宜进行交互学习；另一方面，组织学习作为网络组织的基本运行机制，在网络组织的形成与演化中起到了不可替代的作用。

知识网络是各类知识创新主体的交互学习，实现优势互补的重要媒介，通过网络主体关系互动促进知识共享与知识创造，进一步影响组织间的交互学习，从而对成员主体及网络整体创新绩效产生影响。主体之间互相学习的内容，包含隐性与显性知识的获取、共享、整合与应用多个方面，知识应用是组织学习的结果，是对知识进行整合以便适用于新发展环境的结果（DiBella and Nevis et al.，1996）②。知识网络的主体，包括创新型企业、供应商、客户、高校、政府机构、科研机构及相关中介服务组织等，托德林和考夫曼（2002）认为③，组织间交互学习存在于他们的互动过程中。组织间的交互学习，促成了创新主体之间知识的产生、扩散及应用，其目的在于获得与使用现有知识并创造新知识，从而提高组织绩效（Boerner and Macher et al.，2001）④。交互学习遵循着一定的路径与过程，产生于知识网络的不同层面（陶海青，2010）⑤。以创新型企业作为核心构成的知识网络，嵌入在特定的社会网络中（吴绍波，2010）⑥，网络结构、组织之间关系强度以及社会资本都对知识网络中的交互学习产生了重要影响。

① 李维安，邱昭良. 网络组织的学习特性辨析 [J]. 科研管理，2007，28（6）：175-181.

② DiBella A J，Nevis E C，Gould J M. Understanding Organizational Learning Capability [J]. *Journal of Management Studies*，1996，33（3）：361-379.

③ Tödtling F，Kaufmann A. SMEs in Regional Innovation Systems and the Role of Innovation Support-The Case of Upper Austria [J]. *The Journal of Technology Transfer*，2002，27（1）：15-26.

④ Boerner C S，Macher J T，Teece D J. A Review and Assessment of Organizational Learning in Economic Theories [J]. *Handbook of Organizational Learning and Knowledge*，2001：89-117.

⑤ 陶海青. 知识、认知网络与企业组织结构演化——基于企业组织和企业家个体的分析 [M]. 北京：中国社会科学出版社，2010：214.

⑥ 吴绍波. 知识链组织的技术学习：基于社会网络及社会资本分析 [J]. 图书情报工作，2010，54（14）：92-96.

5.2.2.1　知识主体间的交互学习类型与过程

知识主体间的交互学习，区别于传统的组织学习，强调了跨组织的特征，而基于知识网络这一特定的"学习环境"，组织间交互学习表现为一种"网络学习"（network learning），代尔（1996）将其定义为在特定网络环境中的知识发展与获取，或通过网络各层次的知识存储机制发现与编纂网络中流动的知识①。组织间的交互学习，伴随着网络中主体间的知识流动过程，包含知识共享、知识获取、知识应用、知识创造与知识反馈等阶段。在这一过程中，网络主体的知识存量、学习能力与竞争能力逐渐得到提升。

研发型企业是知识网络的核心主体，企业通过纵向、横向联系方式与其他企业以及科研院所、研究型大学、中介服务组织等机构形成多元联系。由此产生四类主要交互学习渠道（何铮和顾新，2014）②，包括：企业与其供应商及客户的纵向交互学习，企业与合作企业的横向交互学习，企业与高校、科研院所之间的交互学习，企业与中介机构以及政府部门的交互学习。四类交互学习构成了知识网络运行的基础，实现了跨组织知识流动的顺利进行。从学习的网络连接类型看，两类学习方式嵌入在四类交互学习的渠道中，分别是组织层次的正式学习与个人层次的非正式学习。尽管从某种程度上看，组织层次的学习最终将落实到个人层面，但组织层次的学习多通过组织之间的经济关系进行联结，是知识创新主体之间的技术、知识共享与传递，以契约或股权维系稳定的互动学习关系，如联合共建实验室中的科研项目合作创新等，正式学习在这一层次中占据着主导地位；非正式学习通过人际关系网络进行联结，继而产生知识流动，主要表现为分属于不同组织中的员工在非市场交易活动中的面对面交流。这两个层次绝非孤立，而是存在着双向互动关联。员工将联合研发项目中获得的知识与技术，通过个人层次的交互学习传递给其他组织中的员工，同时又

①　Dyer J H. Specialized Supplier Networks As a Source of Competitive Advantage：Evidence From the Auto Industry［J］. *Strategic Management Journal*，1996，17（4）：271 – 291.

②　何铮，顾新. 知识网络中组织之间交互式学习研究［J］. 情报理论与实践，2014，37（3）：95 – 100.

将重塑后的观念及创新点子交给组织，以通过组织层次进行交互学习。根据野中郁次郎的 SECI 模型，在这一过程中，知识网络中的知识转化呈现螺旋向上的循环发展模式，随着知识转移与扩散程度的不断加深，组织之间的信任程度也随之发生了正向变化，从而影响知识网络的鲁棒性，如图5.2 所示。

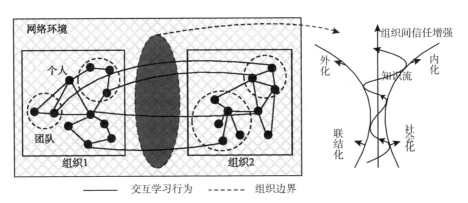

图5.2 知识网络中的交互学习与知识转化

5.2.2.2 知识主体交互学习行为的特点

学习是网络的内生特性（李维安和邱昭良，2007）[①]。一方面，网络的学习特性决定了网络适宜组织间交互学习的开展；另一方面，组织学习与知识管理是网络运行机制的重要构成成分，在网络的形成与演化中起到了重要作用。

区别于一般企业等组织机构之间的线性、适应性学习，知识网络中的交互学习在本质上强调了创造性（郭跃华和尹柳营，2004）[②]，其学习过程具有动态、交互的网络运行特征。知识网络中交互学习的层次涉及个体、团队、组织、组织间四个层面，即学习过程是一个从个体到团队，从团队到企业组织，最后突破组织边界扩张到整个知识网络的过

[①] 李维安，邱昭良. 网络组织的学习特性辨析 [J]. 科研管理，2007，28（6）：175 – 181.

[②] 郭跃华，尹柳营. 创新网络组织学习研究 [J]. 管理学报，2004，1（3）：345 – 349.

程。另外，知识网络合作平台的构建，为各个知识主体之间的合作创新行为提供了一个知识密集且较易进行知识溢出与知识扩散的知识平台。因而，知识网络中知识主体的交互学习呈现出较高的知识富集性，这是一般企业创新平台所不具备的。从本质上看，理性是学习的产物。从量上看，理性是知识的函数，知识的数量决定了理性程度。因此，知识主体之间的经济行为可以视作是一种学习行为（宋胜洲，2008）①。学习是获取知识的过程，知识是学习的结果，通过已有知识又可获得更多的新知识，实现知识的循环累积。在知识网络形成初期，由于地理临近性，企业与其他创新组织有更多的机会进行信息沟通与经济交易，通过提升学习频率及效率，增强了组织之间的协同与信任程度。在这一过程中，社会资本在知识主体的交互学习中起到了中介性作用。信任是社会资本的核心维度，知识网络中社会资本促进了知识主体之间信任关系的形成与演化发展，从而为知识主体之间隐性知识的高效转移与扩散提供了保障。由于相比于显性知识，隐性知识才是企业竞争优势的来源，因而，在知识网络中，各组织机构都非常重视网络信任关系的培养与维护。

5.2.3 信任演化对知识主体交互学习行为的作用

伴随着知识网络中信任关系的演化，是知识主体之间的持续交互学习与知识流动程度的变化。网络信任不会凭空产生，而是需要时间与行动来"养成"，交互学习正是这样的一种"信任养成"的行为过程。知识主体相互信任随着知识网络的生命周期变化逐步构建、传递与延续（万君和顾新，2012）②，知识网络中的知识主体交互学习促进了关系网络的形成以及社会资本和关系网络在知识网络中的嵌入。在一个真正的合作联盟中，主体间的开放式沟通是信任关系构建的必要条件（Inkpen and

---

　① 宋胜洲. 基于知识的演化经济学——对基于理性的主流经济学的挑战［M］. 上海：上海人民出版社，2008.

　② 万君，顾新. 知识网络的生命周期及其阶段判定模型研究［J］. 管理学报，2012，9（6）：880－883.

Tsang，2005）①，基于此，当网络主体资源更透明，行为不确定性程度更低时，信任水平于是"水涨船高"（Dyer and Nobeoka，2000）②。从社会关系角度看，信任出现于交易双方的社会互动中（Kale and Singh et al.，2000）③，这种蕴含着交互学习的相互作用推动着主体间的关系朝着积极的方向发展，彼此关系的成长又将进一步解释并影响合作伙伴的行为动机，并逐渐巩固知识网络"社会准则"的有效性（Dyer and Nobeoka，2000）④。因此，交互学习在知识网络信任演化的内因方面具有较高的解释力。换言之，知识网络信任的变化引起了知识主体交互学习的强度变化，而交互学习又反馈影响知识网络组织间相互信任的变化发展。

另外，根据制度经济学的理论观点，知识网络中的信任从三个方面优化了交互学习的过程（吴绍波，2010）⑤。首先，信任有效节约了知识网络中组织之间的监督成本，信任意味着对网络中合作契约的遵守，保障了组织之间的知识转移效率，并且减少了彼此之间的摩擦，减少了不必要的协商与谈判。其次，信任有助于提升组织的专用性投资水平，由于专用性投资将产生可占用性准租（appropriable quasi rents），个别成员可能会利用出资方进行专用性投资后讨价还价能力的锐减而盗用该准租（Williamson，1985）⑥，因而，只有基于相互信任的伙伴关系，网络主体才会进行资产的专用性投资。此外，知识网络中的沟通渠道通畅，任何一个成员的机会主义交易行为都将披露为其他知识主体所了解，某个成员实施机会主义行为的代价将被逐出关系网，失去以后所有的合作交易可能。因此，知识网络的信任机制最终演变成为"社会实施"的信任自律机制，从而消除网

① Inkpen A C，Tsang E W K. Social Capital，Networks，and Knowledge Transfer ［J］. *Academy of Management Review*，2005，30（1）：146 – 165.

②④ Dyer J H，Nobeoka K. Creating and Managing A High-performance Knowledge-sharing Network：The Toyota Case ［J］. *Strategic Management Journal*，2000，21（3）：345 – 367.

③ Kale P，Singh H，Perlmutter H. Learning and Protection of Proprietary Assets in Strategic Alliances：Building Relational Capital ［J］. *Strategic Management Journal*，2000，21（3）：217 – 237.

⑤ 吴绍波. 知识链组织的技术学习：基于社会网络及社会资本分析 ［J］. 图书情报工作，2010，54（14）：92 – 96.

⑥ Williamson Oliver E. *The Economic Institutions of Capitalism* ［M］. New York，The Free Press，1985.

络主体对合作者的机会主义行为防范心理，促进知识主体之间的知识共享与知识创造，降低交互学习成本。可见，在知识网络中，交互学习与相互信任呈现出一种"共生效应"，影响知识网络的知识转移效率与最终运行绩效，如图 5.3 所示。

图 5.3　知识网络中交互学习与相互信任的相互作用

可见，知识网络为知识主体交互学习提供了一个知识交易平台与场所。相互信任是知识网络组织之间合作关系成功的关键因素，在知识网络的发展过程中，信任关系沿着"尝试性信任""维持性信任""延续性信任"和"敏捷性信任"逻辑演化，对于管理者而言，建立与维护较高水平的组织间的信任关系，尤其是延续性信任，是保障知识网络主体间知识转移与知识共享高效率的前提。知识主体交互学习伴随着跨组织知识流动，贯穿着知识网络发展的始终，在这个过程中，知识主体交互学习与相互信任呈现出"共生效应"，通过共生、共演，提升知识网络中的知识转移与扩散水平，从而提升网络绩效。

根据知识网络中交互学习与信任演化的伴随特征分析，知识网络管理实践有如下启示。

（1）在开放式的创新背景下，通过构建或加入知识网络，是当今企业及相关经济组织获取竞争优势、实现规模经济和范围经济、与合作伙伴风险共担利益共享，从而实现稳定快速发展的重要途径。企业等知识创新主体应更新发展思路，从主体内部学习转向主体间的交互学习，以建立持续信任为基础的知识网络关系与战略发展联盟为目标，实现新的发展。

（2）培育知识网络中知识主体间的社会资本，以提升网络信任水平。基于网络信任的社会资本可以有效消除网络主体对机会主义行为的防范心理，降低交互学习的交易成本。一方面，知识主体应增加合作创新的专用性资产投入，以提升机会主义行为的转置与退出成本，利用组织间不可撤回性投资锁定各方；另一方面，则应实施开放式沟通，提高资源透明度，以提升知识共享水平。

（3）知识网络中知识主体信任关系影响着网络中主体间合作关系的质量、存续性以及绩效等方面，而其本身又受到多方面因素的影响，包括合作经历、组织声誉、网络制度规范与文化等，在信任关系发展的不同阶段，管理者需控制主要影响因素，主动干预主体间的学习效率，提高信任关系水平，保证知识网络的成功运行。

5.3　冲突机制与知识主体适应行为

在组织之间的关系研究中，权力与冲突一直以来都是探讨的中心议题（Wilkinson and Welch，2005）[1]。美国行为科学家庞迪（1967）早期将冲突产生及发展过程划分为五个阶段，潜在的对立或不一致、认知与个性化、行为意向、行为和结果，从而构建组织冲突理论的雏形[2][3]。基于知识链管理的相关研究（顾新和吴绍波等，2011）[4]，本书认为，知识网络中的冲突，是两个或两个以上的知识主体由于不相容（incompatible）的行为或目标所导致的矛盾累积到一定程度而表现出的不和谐状态。

引发知识网络冲突的原因有很多，不同知识主体在组织目标、管理模式、组织文化方面存在差异，将引起分歧，发展到一定程度后，便导致冲突；知识主体之间相互依赖的性质与范围，也常处于动态重置条件中，使

---

①　Welch C，Wilkinson I. Network Perspectives on Interfirm Conflict：Reassessing A Critical Case in International Business ［J］. *Journal of Business Research*，2005，58（2）：205 – 213.

②　斯蒂芬·P. 罗宾斯. 组织行为学 ［M］. 北京：中国人民大学出版社，1997.

③　Pondy L R. Organizational Conflict：Concepts and Models ［J］. *Administrative Science Quarterly*，1967：296 – 320.

④　顾新，吴绍波，全力. 知识链组织之间的冲突与冲突管理研究 ［M］. 成都：四川大学出版社，2011.

冲突不可避免；由于组织之间的知识合作的复杂性，因知识主体目标的错位，也将导致冲突形成；另外，处于不断变动的知识网络的外部环境，知识主体之间步调的不一致是长期存在的。此外，由于知识网络中主体之间的知识水平、知识结构、组织惯例、价值观念等方面的差异，也导致知识主体间不可避免地存在各类冲突。

知识网络中的知识主体能否学习、掌握及提高冲突管理的知识与技巧，能否及时、准确、有效地实施冲突管理，趋利避害地驾驭冲突，直接影响知识网络的目标达成，关系到知识主体本身及知识网络的存续。因而，知识主体在冲突机制演化的过程中，应坦然面对各类冲突，针对不同性质的冲突，采取不同管理策略。可见，在知识网络冲突的发生发展及冲突管理机制运行的过程中，作为冲突管理的主体与管理客体承载对象，知识主体组织有其配合知识网络整体更好地实施冲突管理的特性，也有其主观调整、创新冲突管理行为的能动性。从长期发展实践来看，知识主体在冲突管理中的惯例行为策略与惯例变异，表现为适应性，即知识网络中冲突与冲突管理机制实施背景下的主体行为的适应特性。

5.3.1 知识网络的冲突及冲突形态演化

知识网络的冲突内涵包括：第一，知识网络的冲突是不同知识主体因知识合作中的分歧而产生的行为对立与矛盾状态。第二，知识网络的冲突体现了相互依赖的不同知识主体之间的关系特征。第三，知识网络的冲突主体是组织，且存在多个冲突主体，冲突客体可能是知识、权力、利益、目标、方法、价值观、程序、信息、资源、关系等。第四，知识网络中的冲突是个过程，反映着组织之间知识流动的效率变化。第五，冲突知识主体之间存在对立的关系，也存在相互依赖的关系，因而，冲突是两种关系的对立统一。斯皮内利和伯利（1996）[①] 在交易成本框架下认为，冲突对关系存在正面与负面两方面的效应。基于冲突的客体内容来看，冲突具有二重性特点，既有建设性又有破坏性，建设性的意义在于使组织之间的利

---

① Spinelli S，Birley S. Toward A Theory of Conflict in the Franchise System ［J］. *Journal of Business Venturing*，1996，11（5）：329 – 342.

益、权力等不平衡状态重新达到平衡与和谐状态，但在冲突水平较高的条件下，破坏性则不言而喻，将直接导致知识网络复杂系统的管理熵值过大，导致系统的不稳定。因此，知识网络冲突管理的原则，便是基于冲突双方或多方的依赖关系为基础，以关系状况转化为重点，激发冲突的正面效应，制约负面效应。

知识网络由知识链耦合形成，知识网络中知识主体之间的冲突，在某种程度上也表现为知识链组织之间以及不同知识链之间的冲突。知识网络中的冲突，既有复杂性又有多样性，可以分为动机冲突、过程冲突、知识冲突与学习冲突（顾新和吴绍波等，2011）[①]。其中，动机冲突是组织之间难以解决的根本性冲突，源于知识主体之间的目标、利益差异。过程冲突则主要是运作因素及与人有关因素的矛盾，涉及对于权责利的立场及与人有关的责任、沟通等。知识冲突源于知识的异质性（吴绍波和顾新，2011）[②]，具体体现在成员主体的知识水平、知识结构不同、组织惯例差异、价值观差异等。学习冲突则存在较强的客观性，源于主体之间的学习能力差异及知识合作中主体之间知识输出能力与知识吸收能力的差距。

根据庞迪（1967）早期对组织冲突（organizational conflict）的定义[③]，在组织环境下冲突的发展有五个不同的形态，即潜在冲突（latent conflict）、知觉冲突（perceived conflict）、意向冲突（felt conflict）、行为冲突（manifest conflict）与结果冲突（conflict aftermath）。知识网络是由多个组织所构成的跨组织联合体，其冲突的演化发展过程也遵循这个逻辑过程，如图5.4所示。

基于该逻辑，顾新和吴绍波等（2011）从知识链的视角出发，进一步将冲突的演化过程转化为潜在对立或不相容、个人感知、冲突解决意向、行为、结果的五个阶段，如图5.5所示。

---

① 顾新，吴绍波，全力. 知识链组织之间的冲突与冲突管理研究 [M]. 成都：四川大学出版社，2011.

② 吴绍波，顾新. 知识网络节点组织之间的知识冲突研究 [J]. 情报杂志，2011，30 (12)：125 –128.

③ Pondy L R. Organizational Conflict：Concepts and Models [J]. *Administrative Science Quarterly*，1967：296 –320.

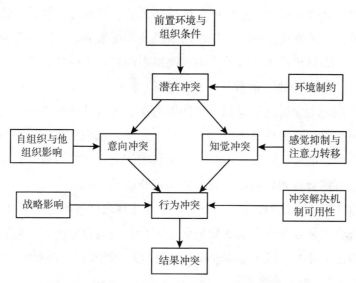

图 5.4　庞迪（1967）提出的冲突形态与演化过程

资料来源：Pondy L R. Organizational conflict：Concepts and Models ［J］. *Administrative Science Quarterly*，1967：296 - 320，经笔者修改所得。

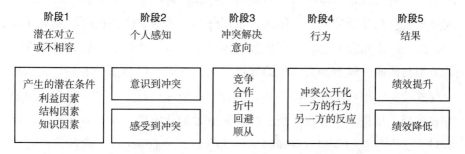

图 5.5　顾新和吴绍波等（2011）提出的冲突形态与演化过程

资料来源：顾新，吴绍波，全力. 知识链组织之间的冲突与冲突管理研究 ［M］. 成都：四川大学出版社，2011，经笔者修改所得。

5.3.1.1　潜在冲突

潜在冲突意味着知识网络中的冲突实际尚未形成，只是由于知识主体对稀缺资源的竞争、自主性行为的差异以及组织目标的不同等原因，将造成冲突有可能"浮出水面"，具体化为知识网络整体的冲突形式。一般而言，知识网络的资源可达域是有限的，这源于组织自身的基础条件及运行成本制约，某些时候知识主体因个体发展需要，或某几个知识主体构成的区域群体因局部发展需求，向知识网络及其环境索取超过网络自身承载能力的资源，而导致冲突。接着，由于网络中的知识主体都是理性的经济组织，都有"各自为政"的前提，面对其他知识主体的权力制约，知识主体自身会倾向于摆脱这种限制，也即极力摆脱来自其他网络成员的权力控制，从而获得网络内更高水平的自主权。另外，组织之间的目标分歧，将随着知识网络的运行而逐渐明晰，伴随组织间交互学习的展开，学习双方会发现，有些分歧难以调和，有些共识很难达成。

庞迪（1967）认为，这类冲突的背后是主体之间的角色冲突（role conflict）。知识主体自身有主观的角色认知集合，当集合中的某个角色向其提出与该角色本身不相容（incompatible）的行为或期望时，冲突便产生了。

5.3.1.2 知觉冲突

知觉冲突凝结在知识主体内部，是知识主体在感知阶段存在的冲突形态，是对潜在冲突的认识与感受。然而，这类冲突在无实际潜在冲突的情况下也可能出现，而即便潜在冲突条件存在的情况下，知识主体之间可能也并不会存在知觉冲突。主体通过主观感知与其他主体存在的客观对立与不一致，产生相应知觉，从而推测主体之间是否可能存在冲突，以及冲突的类型与性质。随着冲突客体的发展变化，知识主体会基于潜在冲突认识与观察冲突，形成个性化的认知，将影响后续冲突行为意向与冲突的解决方式选择，如竞争、合作、折中、回避或是顺从策略。冲突源于主体之间对对方实际位置的误解（misunderstanding of true position），这种误解可以通过有效沟通消除。不过如果知识主体之间本来就持有相反立场，开放式沟通只能造成更严重的冲突。

庞迪（1967）指出，知识主体无法感知到潜在冲突而形成知觉冲突的原因，主要是由于抑制机制（suppression）和注意力聚焦机制（attention-focus）的影响，这两个机制也被认为是冲突的准解决机制（quasi-resolution）的实际体现（Grinyer and McKiernan，1990）[①]。由于个人在冲突

---

① Grinyer P，McKiernan P. Generating Major Change in Stagnating Companies [J]. *Strategic Management Journal*，1990（11）：131.

处理上一般都会选择"避轻就重"地处理严重的冲突或威胁，而忽视影响较小的冲突，因而，前者对个人个体的影响较大，后者则主要作用于组织层面。在知识网络中，知识主体需要面对的冲突类别很多，由于时间与能力的制约，知识主体往往只有将精力投到一些短期或程序性的冲突中，为了更好地处理一些意外冲突，知识网络通常会设立专门的冲突应对与公共关系部门，来疏导组织之间的冲突。

5.3.1.3 意向冲突

意向冲突与知觉冲突的区别在于，由于主客观、知识网络内外环境等各方面的因素变化，一个组织感知与其他组织在某些制度、行事风格等方面的严重分歧，然而却并不一定会让该组织产生紧张、焦虑，更不会让该组织产生应激反应，如果组织凭借个性化的认知和判断，认为的确需要采取一定措施，并开始酝酿自己应该选择的具体行为策略与冲突处理方式，那么冲突便升级到意向冲突形态。而这些冲突处理策略与方式多是处于特定的立场，基于自利化倾向展开。

同样，意向冲突的形成与冲突的实际行为之间虽然存在密切联系，然而两者之间并不存在必然的因果联系，就如知觉冲突并不必然会造就意向冲突一样，一定的冲突行为意向也并不必然会导致实际的冲突行为。即便如此，知识主体恰当或不恰当的行为意向选择仍将对主体相应冲突应对行为产生直接影响，造成不同程度的后果。屈恩（1989）认为①，对于实施跨组织合作的组织而言，大部分冲突升级、恶化的主要原因，便是冲突主体将组织之间的问题，错误地进行了归因或产生了不恰当的应对行为意向。

5.3.1.4 行为冲突

行为冲突形态出现在行为阶段，表现为具体的冲突对抗行为，受知识主体自身及知识网络的整体发展战略的影响。行为冲突形态使得冲突实现了从"无形到有形"的跳跃，从而使"海平面下的冰山"也一并浮出水面。知识主体在自身意向冲突的引导下，采取事实特定的冲突行为，贯彻组织自身意志，以阻止对方意图的实现（顾新和吴绍波等，2011）。此时

---

① Kuenne R E. Conflict Management in Mature Rivalry [J]. *Journal of Conflict Resolution*, 1989, 33 (3): 554 - 566.

的主体采取的应激行为通常具有明显的对立性与刺激性，表现为知识主体之间的争辩与对抗活动，冲突双方处于一种公开可见的相互作用及影响的动态过程中，形成人们容易识别与感受的冲突事实形态（马新建，2005）①。

衡量冲突行为的关键，在于具备识别组织需求、期望与动机的知识和能力，即只有当部分与所有参与合作的知识主体认为某个行为是"冲突"的行为时，这种行为才真正算作冲突行为。不过有时候，知识主体实施某种冲突行为，不见得必须是故意（deliberately）的，其必要条件是组织主观有意（consciously）（Pondy，1967），比如，知识主体无意之间侵害了合作伙伴的权益，就不能因为造成损害而认为是构成了行为冲突，而只有当该知识主体确认对对方造成了侵害时，且仍让侵害持续发生，才能算作冲突行为。冲突行为在某些情况下是比较容易发生的，如知识主体主观打算脱离现有的知识合作关系，或出于组织战略目标的需要考虑；而随着某些特定行为冲突的产生、激烈化，也会产生一些带动效应，即所谓的"一呼百应"现象，使得其他组织、个人为维持良好利益的交换及稳定关系的压抑得到释放与激发，参与到行为冲突当中。

5.3.1.5 结果冲突

结果冲突是在冲突结果影响阶段表现出来的冲突形态，是前期各类冲突共同影响、促成的冲突类型。由于冲突具有二重性，知识主体之间的冲突会造成两类截然不同的冲突结果。一是具有正效应的冲突，即随着冲突的解决，有利于促进知识网络中组织之间的良性互动，促成更高水平的主体之间的关系协同，保障知识网络良性发展的建设性冲突；二是负面的破坏性冲突，损害某些知识主体及知识网络整体的绩效，降低知识网络的运行效率，导致跨组织知识合作的失败。

当前期各类形态冲突并没有得到疏导和解决，而仅仅是被压制时，短期可能达到目的而显得风平浪静，实际上冲突的潜在状态将会加剧甚至产生爆炸式的严重后果，直至抑制行为与冲突得到纠正和解决或者知识主体之间的合作关系解散，这也被庞迪称作是"冲突后果造成的余波"。总

---

① 马新建. 冲突管理：基本理念与思维方法的研究 [J]. 大连理工大学学报：社会科学版，2005，23（3）：19－25.

之，无论以何种冲突结局收场，知识主体都会遭受不同程度的损益，若结果致使自身利益受损或导致利益不如预期值时，相关的知识主体便会产生对抗行为，形成结果冲突。

综合来看，冲突对知识网络造成的影响，不仅取决于冲突自身的类型与特性，很大程度上还取决于冲突的管理方式、方法、策略的选择。冲突管理主要涵盖以下内容：首先，界定并分析冲突的内容，从而寻找解决对策；继而避免不必要的冲突，化解、减少破坏性冲突带来的影响；监控冲突发展，利用冲突的正面效应，在冲突水平过低的条件下，适当诱发冲突，激发士气；合理使用方式方法，控制与转化冲突发展的水平与方向。有效实施冲突管理，发挥冲突的建设性，可以有效增强知识网络的凝聚力，促使整个知识网络的革新与变化，增强知识主体及知识网络整体的适应能力，提高主体组织及网络的运行绩效。基于冲突形态的演化发展，针对不同性质的冲突，知识主体需要针对性地选择科学合理的冲突管理方法与策略，以实施有效管理。由于知识网络中冲突的产生及发展具有客观性和必然性，而知识主体在冲突管理方法的选择上却要受到自身战略、知识、资源、能力以及来自其他主体等的制约，具有回馈性控制的特点，因而，其在冲突管理行为及管理机制构建中具有一定的适应性特征，即知识主体冲突管理机制的构建，是一种基于知识网络冲突发展状态的适应行为。

5.3.2 知识网络中知识主体间冲突的协调

对于知识网络中知识主体间冲突的协调，是知识网络冲突机制运行的主要内容。首先，本节介绍了知识主体之间的冲突动因及知识主体的行为框架，继而分析知识网络冲突协调的契约机制与自实施机制以及第三方冲突管理机制，并探讨在冲突协调过程中主体的适应行为变化。

5.3.2.1 知识主体之间的冲突动因及主体行为框架

知识网络由多个知识主体构成，主体间的利益分配方案兼具个体理性与集体理性的特征，对于任意主体而言，合作比不合作好，更高的收益是可期的，即满足利益的超可加性，因此，主体间的合作是一个合作的博弈过程。以利益分配冲突为例，顾新和李久平（2005）曾提出过知识链成员之间的 n 人合作博弈模型①。知识网络由若干条知识链构成，知识网络中局部的知识主体间合作承袭了知识链的跨组织合作逻辑，因此，也同样适用该模型进行解释。全力等（2008）认为②，冲突的形成主要来源于成员内部、成员之间及环境三个因素，"利益—结构—知识"三维冲突模型是解释知识网络冲突的有效手段，如图 5.6 所示。

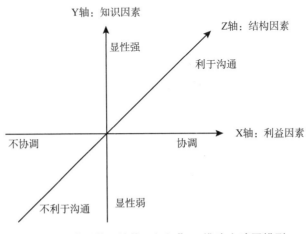

图 5.6 "利益—结构—知识"三维冲突动因模型

资料来源：全力，顾新. 知识链组织之间冲突的三维动因模型［J］. 科学学与科学技术管理，2008，29（12）：92-96.

多个知识主体通过构建、加入知识网络以期更好地发展，理性组织为了自身利益最大，在彼此利益无法协调一致时产生冲突；基于结构化理论（structuration theory，Anthony. Geddens，1984），"结构"被认为是知识主体所拥有的资源与制度，涉及组织结构、组织文化、社会资本、人力资本、资金、核心竞争优势等，主体之间的结构重叠与覆盖，是冲突的重要解释来源；而知识作为知识网络运行与存续的基础，决定了知识主体追求

---

① 顾新，李久平. 知识链成员之间利益分配的 n 人合作博弈研究［A］. 管理科学与系统科学研究新进展——第 8 届全国青年管理科学与系统科学学术会议论文集［C］. 南京：河海大学出版社，2005：55-62.

② 全力，顾新. 知识链组织之间冲突的三维动因模型［J］. 科学学与科学技术管理，2008，29（12）：92-96.

的价值本质，知识主体通过知识网络的形式发展就是为了促成知识创造来形成知识优势，显然，知识在冲突问题上扮演着核心角色。因而，针对知识网络冲突的协调，也聚焦于这三个维度进行管理干预与冲突协调。吴绍波等（2009）研究认为[①]，知识主体之间的合作与冲突问题，实际上是一个创造收益与分配收益的问题，包括机会主义行为控制与利益协调、价值创造两个机制。前者包含契约机制、自实施机制与第三方冲突协调机制，后者则包含关系调节与知识协同机制等内容（顾新和吴绍波等，2011）[②]。知识主体适应行为的框架，也嵌入在这些机制中。其中，契约机制与自实施机制可以有效分配知识网络的收益，以避免知识主体的机会主义行为，以知识主体之间的协调互动为基础；当主体之间的协调互动都无法解决冲突时，则引入第三方机构协调机制，进一步解决。在价值创造机制中，关系调节有助于提高知识主体间的合作效率，增加创新价值；知识协同机制则提高了知识主体的协同收益，进一步促进知识创造，形成知识优势。

5.3.2.2　知识网络中冲突协调的契约机制

现代契约理论（Coase，1937；Williamson，1985）认为，合作契约的设计旨在避免机会主义行为，降低交易成本，除此功能之外，由于知识网络合作模式的特性，知识网络契约的功能在于更好地促进知识主体间的知识共享，以实现合作价值的优化，这与其他类型的跨组织联合体有显著区别（吴绍波等，2009）[③]。对于知识网络的契约设计，利益分配、知识分工等是其核心内容。其中，利益分配与知识分工又以冲突协调为重要目标，即契约中的有关利益分配与知识分工的规定，要能有效协调知识网络运行过程中知识主体之间可能出现的冲突，若不能，则现有利益分配与知识分工规则是不科学也是不合理的。根据演化理论，知识网络主体具有有限理性（bounded rationality），在客观条件的约束下，知识主体在行为选

---

① 吴绍波，顾新. 知识链组织之间合作与冲突的稳定性结构研究［J］. 南开管理评论，2009（3）：54-58.
② 顾新，吴绍波，全力. 知识链组织之间的冲突与冲突管理研究［M］. 成都：四川大学出版社，2011.
③ 吴绍波，顾新，彭双. 知识链组织之间合作契约的功能［J］. 情报杂志，2009（5）：107-110.

择中倾向于满意策略而非最优策略，这种满意非最优策略也表现在订立的契约中。在现实知识网络运行的过程中，合作成员之间必然存在信息的不对称性，从而构成信息优势方实施机会主义行为获得额外利益的可能性，加剧知识网络的冲突，因而，知识网络契约设计也旨在避免这种"敲竹杠"问题的发生。对于传统契约过分注重合作者机会主义防范及行为激励而言，知识网络的契约同时强调了认知与组织协调的功能，这些功能对于提高知识网络知识合作效率及冲突协调存在直接影响。基于知识的跨组织合作契约功能，主要体现在激励、协调与认知三个方面（吴绍波等，2009）。对于知识网络契约的冲突协调性，则主要体现在利益分配与知识分工两个方面。

（1）利益分配冲突协调的契约机制。利益分配系数的设计是知识主体之间利益冲突协调的核心问题，契约的设计也围绕着这个核心展开，吴绍波和顾新等（2009）认为[①]，在是否考虑知识溢出时，契约优化存在不同的方式。当不考虑知识溢出（knowledge spillover）利益冲突时，知识主体自身的投入水平与合作伙伴的投入水平无关，在这类契约的设计中，需要对知识网络整体贡献较高的主体分配较高收益，使激励效率达到最佳，有效协调组织之间的冲突，从而保证知识网络的稳定运行。在考虑知识溢出利益冲突的条件下，寻求知识溢出价值是知识主体选择是否进行合作及调整知识投入水平的重要原因，而合作中形成的知识溢出损失同时也是冲突形成的原因。此时，知识主体的投入水平取决于合作伙伴的投入水平，呈现为正相关关系。

吴绍波和顾新（2009）的研究揭示了知识溢出对知识主体之间合作的影响是一把"双刃剑"，既有效促进合作，也同时带来了冲突。一方面，知识溢出带来的创新价值是深入合作的动力，当知识主体的知识吸收能力越强，从合作伙伴知识溢出中获益也越多，导致其知识投入的水平也越高。另一方面，由于知识溢出的影响，知识主体的投入水平受合作伙伴

---

① Shaobo Wu, Xin Gu, Shuang Peng. Research on the Spillover's Influence on the Stability of Inter-organizational Cooperation in Knowledge Chains. The 6th International Conference on Fuzzy Systems and Knowledge Discovery（FSKD, 2009）, Tianjin, 2009.

投入水平的影响，伙伴知识投入水平下降将影响知识主体的知识溢出获益。此外，知识溢出可能导致的核心知识资产外泄，将严重影响知识网络合作的稳定，此时知识溢出的巨大潜在价值将激发合作者实施机会主义行为，从而产生冲突。通过增强合作透明程度，增强组织之间的交互信任水平，提高组织之间合作中的知识投入的可观察性，将有效约束知识主体的机会主义行为，提升组织间的互动。

（2）知识分工冲突协调的契约机制。知识网络中的知识分工涉及知识主体的研究与开发（R&D）工作到底是自主完成还是委托代理的问题。即知识主体可以选择科学研究工作由自己承担，而将技术开发工作外包给知识网络中的其他主体；或者将二者全部交由其他组织代理完成。知识分工冲突协调的契约机制的运行包括知识分工决策与多任务委托代理两个阶段（顾新等，2011）[①]。

在知识分工的决策中，知识主体（委托主体）可以选择自主研发或者委托代理，不同的决策行为对应着不同的契约支付形式。在研发工作全部委托给代理知识主体的条件下，受托主体在研发工作中除获得委托主体支付之外，还可以获得技术能力增长的额外收益。一方面，受托主体研发投入程度越高，其研发能力增长获得的收益也越高；另一方面，委托主体付出的固定支付价格代表了契约订立中的议价能力，体现了受托主体技术的能力基础，从这个角度来看，显然受托主体的技术基础越高，其所能获得的技术能力增长的额外收益就越高。而由于委托主体并未参与研发工作，故其所得收益只是创新成功后的既定分配，而无技术能力增长的额外收益。从顾新等（2011）构建的知识分工决策模型来看，技术能力增长收益的系数越大，受托主体的投入水平将越高；契约中的支付价格越高，受托主体的投入水平也越高。并最终构建出委托主体的收益水平如式（5.1）所示：

$$R_1^F = \frac{(1+k_1)V^2}{4}\left[\frac{\omega}{c_1^2}\right]^{\omega}\left[\frac{1-\omega}{c_2^2}\right]^{1-\omega} \tag{5.1}$$

[①] 顾新，吴绍波，全力．知识链组织之间的冲突与冲突管理研究［M］．成都：四川大学出版社，2011.

在式（5.1）中，k_1 为委托主体的技术能力增长系数；V 为创新成功后产品的价值；ω 为科学研究阶段的重要性水平；$1 - \omega$ 为技术开发阶段的重要性水平；受托主体的科学研究和技术开发阶段成本分别为 $\frac{c_1^2 e_r^2}{2}$ 和 $\frac{c_2^2 e_d^2}{2}$，e_r 和 e_d 表示在两个阶段中的知识投入水平，$0 \leqslant e_r \leqslant 1$，$0 \leqslant e_d \leqslant 1$，$c_1^2 > 0$，$c_2^2 > 0$。

由于受托主体的投入水平与委托主体的收益呈现正相关，可见，技术能力增长收益系数越高，委托主体所获收益也会越多。因此，委托主体在委托支付价格的制定上，会考虑合作过程中受托主体的技术能力增长收益预期。

若知识分工实施部分委托形式，即知识主体只是将技术开发工作进行委托代理。此时研发成功的可能性取决于知识主体双方的知识投入程度，以及科学研究阶段向技术开发阶段进行知识转移的效率。仍基于该知识分工决策模型，委托主体的支付水平与从事开发活动的重要性正相关，即委托的研发活动越重要，支付价格就越高。此外，委托主体的技术能力增长系数和知识转移效率越高，委托主体自身的投入水平也越高。委托主体的收益水平如式（5.2）所示：

$$R_1^P = \mu^{2\omega} \frac{(1 + k_2)}{2} V^2 \left[\frac{\omega}{\eta^2 c_1^2} \right]^{\omega} \left[\frac{(1 - \omega)^2}{2 c_2^2} \right]^{1 - \omega} \tag{5.2}$$

在式（5.2）中，k_2 为主体的技术能力增长系数；V 为创新成功后产品的价值；ω 为科学研究阶段的重要性水平，$1 - \omega$ 为技术开发阶段的重要性水平；μ 为知识转移效率，$0 < \mu < 1$；η 为与研发成本相关的常数，$0 < \eta < 1$。

知识主体选择何种知识分工形式，取决于两种分工形式下带来的收益水平大小。通过比较式（5.1）与式（5.2）的大小（顾新等，2011）[①]，可知，知识主体是否进行科学研究工作的委托代理，取决于从事研发活动所获得的技术能力增长、知识转移的效率以及科学研究相对于技术开发的相对重要性程度。

---

① 顾新，吴绍波，全力. 知识链组织之间的冲突与冲突管理研究 [M]. 成都：四川大学出版社，2011.

　　而当知识主体将科学研究与技术开发活动都委托给其他知识主体，则知识主体之间的冲突协调便成为一个多任务委托代理问题（Holmstrom and Milgrom，1991）[①]。该模型（顾新等，2011）在知识分工决策模型的基础上，考虑了科学研究与技术开发的成本独立性，以及代理主体的风险规避问题。此时，委托主体的最大化确定性等价收入面临两个约束条件：一是参与约束条件，受托主体从接受合同所得的期望效用大于等于不接受合同时的最大期望效用；二是激励相容的约束条件，当委托主体无法跟踪受托主体行为与发展状态时，对任何给定激励合同，受托主体总会选择最大化自身期望效用函数的向量。可知，任何委托主体期望的效用行为都只能通过受托主体的效用最大化行为得以实现（马亚男，2008）[②]。顾新等（2011）认为，知识主体之间的冲突协调受到委托主体利润的转化能力、科学研究与技术开发任务关联性、研发活动可跟踪性等因素的影响。

　　一般而言，委托主体将受托主体的研发成果转化为利润的能力越强，则对受托主体实施创新行为的激励程度就越大，这源于较大利润拥有更大的支付空间。当科学研究与技术开发成本互补时，委托主体将给予研发任务较高的激励，这是因为委托主体对研究加强激励时，受托主体的知识投入将减少开发任务成本，故受托主体有增强科学研究任务投入的积极性；当科学研究与技术开发成本替代时，若替代程度高，委托主体给予研发某项任务的单一激励程度则不会太高，这是因为如果核心主体给予科学研究较高的激励程度，给予成本替代性，受托主体将相对忽视技术开发活动，从而影响产品与服务的生产。同样，若给予技术开发的较高激励，受托主体可能忽视科学研究活动的投入，从而影响产品的基础创新；当科学研究与技术开发成本完全独立时，激励大小与委托主体利润的转化能力、边际成本变化率、风险规避程度等相关，同时还受到另一任务边际成本变化率及随机方差的影响。对于研发活动的可跟踪性而言，若科学研究任务难以

[①]　Holmstrom B，Milgrom P. Multitask Principal-agent Analyses：Incentive Contracts，Asset Owner-ship，and Job Design [J]. *Journal of Law*，*Economics & Organization*，1991：24 – 52.

[②]　马亚男. 大学—企业基于知识共享的合作创新激励机制设计研究 [J]. 管理工程学报，2008，22（4）：36 – 39.

跟踪、考察时，委托主体将忽视科学研究任务的激励，而只给予技术开发活动以一定的激励，该激励的水平与委托主体的利润转化能力、风险规避程度、自身投入可跟踪性的随机方差及双方的边际成本变化率相关。

5.3.2.3 知识网络中冲突协调的自实施机制

知识网络中冲突协调的自实施，是相对于第三方实施而言的一种知识网络内部冲突的解决机制。由于知识网络中占据优势信息的知识主体"搭便车""敲竹杠"等行为，引发了组织之间的一系列冲突，契约的订立虽有效规定了创新利益的分配细节，并在一定程度上解决了知识分工冲突。但由于契约的不完全性，事先规定的权利安排与利益分配无法涵盖"剩余控制权"内容（张喆和贾明等，2007）[①]，导致针对契约的争议仍然存在。公共关系部门、仲裁机构、法院等第三方冲突协调者的介入，是一个可以选择的方式，但是由于第三方管理相比冲突主体而言缺乏信息优势，从而导致管理成本高昂以及契约机制的不经济。因此，谋求知识网络内部的契约维持及冲突协调的自实施，是知识主体的理性预期。代尔和辛格（1998）就曾提出利用自我实施约定来约束机会主义行为[②]。着眼于知识网络中长期的合作关系，知识主体之间的"关系契约"（relational contracts）得以有效协调可能存在的冲突。关系契约有助于弥补正式契约的短视与不完全缺陷，如契约缔结双方只能在合作完成后才能观察到的交易结果，保证了知识合作的顺利进行。此外，组织之间的信任也是冲突的"溶解剂"，信任机制的自实施提高了知识主体合作的透明度，增强了专用性资产投资与保证组织间沟通的开放性，有利于知识网络中冲突的协调与解决。

（1）合作与冲突协调的关系契约机制。关系契约的研究始于法学家麦克尼尔（1974）提出的关系契约理论（relational contract theory）[③]，理

---

① 张喆，贾明，万迪昉. 不完全契约及关系契约视角下的 PPP 最优控制权配置探讨 [J]. 外国经济与管理，2007, 29（8）: 24－29.

② Dyer J H, Singh H. The Relational View: Cooperative Strategy and Sources of Interorganizational Competitive Advantage [J]. *Academy of Management Review*, 1998, 23（4）: 660－679.

③ Macneil I R. The Many Futures of Contracts [J]. *Southern California Law Review*, 1974, 47: 691－816.

论认为社会交易嵌入在复杂关系当中，要研究市场交易就必须弄清楚社会关系中的各类因素，如契约订立者之间的特定私人关系、契约持续时间、参与者数量、履约难易程度等内容。贝克和吉本斯等（1999）[①] 认为，关系契约与资产所有权关系存在密切联系，建立在未来关系价值之上，是合作者基于未来关系价值的非正式协定，从这个角度看，关系契约对知识网络主体之间冲突的协调性意义在于，让冲突主体明确了冲突造成的未来关系损失及其直接相关的利益损失，而改变各自的行为，促进关系的缓和以维持持续合作。从交易成本的关系缔约理论角度来看，关系理论基于资产专用性的形成（Williamson，1985）[②]，其主要特点就是"自实施机制"（Baker and Gibbons et al.，2002）[③]。刘仁军（2006）[④] 甚至认为，关系契约是企业网络形成与运行的微观基础，关系契约的形成源于专用性资产与个体社会资本的共同作用。顾新和吴绍波等（2011）[⑤] 引入关系契约概念定义了知识链组织之间合作关系的租金、核心企业与代理组织的知识专用度，并对贴现因子、知识专用度等对关系契约自实施性的影响进行了分析，研究得到了四个推论：知识主体之间的关系契约的自实施性与关系租金正相关；知识主体之间的专用性知识资产投入越多，关系契约自实施性所要求的贴现因子就越高；知识主体之间的关系契约自实施性与贴现因子正相关；知识主体需要有较高的知识专用度，才能保证关系契约的自实施性。

关系契约能使缔约双方保持合作的机理在于，任何一方的违约行为都将破坏长期的合作关系，从而蒙受损失未来收益的惩罚（吴绍波等，2009）[⑥]。为了维持知识网络中契约机制较高的自实施性，并避免第三方

---

① Baker G，Gibbons R，Murphy K J. Informal Authority in Organizations［J］. *Journal of Law，Economics，and Organization*，1999，15（1）：56 – 73.

② Williamson O E. *The Economic Institutions of Capitalism：Firms，Markets，Relational Contracting*［M］. New York：Free Press，1985.

③ Baker G，Gibbons R，Murphy K J. Relational Contracts and the Theory of the Firm［J］. *The Quarterly Journal of Economics*，2002，117（1）：39 – 84.

④ 刘仁军. 关系契约与企业网络转型［J］. 中国工业经济，2006（6）：91 – 98.

⑤ 顾新，吴绍波，全力. 知识链组织之间的冲突与冲突管理研究［M］. 成都：四川大学出版社，2011.

⑥ 吴绍波，顾新. 知识链组织之间合作的关系合约研究［J］. 科技进步与对策，2009，26（15）：138 – 141.

管理者冲突协调的介入以增加管理成本，处于合作中的理性知识主体会从与关系契约的自实施性密切相关的因素来调整合作行为，包括关系租金、贴现因子以及知识专用度水平等方面。通常委托主体与受托主体合作的创造关系租金越多，委托主体投入专用性知识资产的数量越多，对于受托主体而言关系契约的自实施性就越强。委托主体设定的贴现因子越高，受托主体付出的知识投入也越高，双方关系契约的自实施性也越强。知识专用度指知识主体所投入的单位专用性知识资产创造的关系租金，当委托主体的知识专用度越高，表明知识资产锁定在与受托主体特定合作关系的程度越深，其重置成本就越高，故关系契约自实施性就越强；而当委托主体投入较高专用性资产时，受托主体必须具备相当高的知识专用度，才能保证关系契约的自实施性，否则受托主体便可能实施机会主义行为损害委托主体的利益，此时委托主体将花费更多的精力在对受托主体合作行为的观测上。

（2）合作与冲突协调的信任机制。网络信任维持了知识主体之间的高合作关系强度，提高了组织之间知识转移效率（吴悦等，2014）[1]，在合作与冲突协调方面，信任也起到了非常重要的作用，这是由于信任是建立和保持亲密、合作和高效关系的基础，由于欺骗和违背行为而导致的信任破坏会对关系产生破坏性结果（姚琦，2011）[2]。信任对合作与冲突的协调作用也是一种自实施机制，以非正式社会规则为基础，利用组织之间的相互信任使得人们达成合作意向从而消除彼此冲突（Myer et al.，1995[3]；McAliister，1995[4]）。信任程度越高，组织之间的冲突解决就越显著；反之，矛盾与冲突便逐步增强（宋华，2009）[5]。信任在知识网络中

---

① 吴悦，顾新，王涛. 信任演化视角下知识网络中组织间知识转移机理研究［J］. 科技进步与对策，2014，31（20）：132－136.

② 姚琦. 组织行为学中的信任违背和修复研究［J］. 南开学报：哲学社会科学版，2011（5）：133－140.

③ Mayer R C，Davis J H，Schoorman F D. An Integrative Model of Organizational Trust［J］. *Academy of Management Review*，1995，20（3）：709－734.

④ McAllister D J. Affect-and Cognition-based Trust As Foundations for Interpersonal Cooperation in Organizations［J］. *Academy of Management Journal*，1995，38（1）：24－59.

⑤ 宋华. 权力，信任对冲突解决机制及其伙伴关系持续影响研究［J］. 管理学报，2009（11）：1437－1443.

对知识主体之间合作与冲突协调的作用主要表现在：首先，信任提高了知识流动的透明度[①]。知识主体之间透明度不高，主要是因为相互之间对机会主义行为的警惕，通常会导致知识共享的难度增加。相互信任有助于减少对机会主义行为的担心，提升组织之间合作边界的透明度，从而降低知识流动的复杂性与不确定性。其次，信任增加了知识主体的专用性资产投资。专用性资产投资指特定资产只对特定使用者存在效用，知识主体一旦实施专用性资产投资就降低了合作中的议价能力，从而可能面临"敲竹杠"的行为。故而在缺乏信心的条件下，主体一般会选择通用性资产投资而非专用性资产投资，但专用性资产投资可以创造关系性租金，有助于提高绩效（Dyer and Singh，1998）[②]。此外，信任有助于保证组织之间沟通的开放性。组织之间深入沟通意味着知识主体之间对彼此的战略愿景、经营目标、资源配置、财务状况等信息有了较为全面的认识，通过正式渠道与非正式渠道保持知识的及时、全面共享，增强了组织之间文化、情感等方面的深度交流，但组织之间的深入沟通必须以高度互信为前提。

信任机制对于知识主体之间的合作与冲突的协调，其本质表现为组织之间的信任行为博弈（顾新等，2011）[③]。在完全无约束的条件下，假设有 A、B 两个知识主体正在进行合作，当互相信任时，知识得到完全共享，此时双方得到的收益值为 R_1 与 R_2；当 A 信任 B，B 却为个体私利，不守信用并借机实施机会主义行为时，使 A 利益受损 ΔR，$\Delta R > 0$，此时双方得到的收益为 $R_1 - \Delta R$ 和 $R_2 + \Delta R$；若双方都不信任彼此，导致毫无知识共享或知识共享呈现极低效率，假设此时相比互信时利益损失量都为 $2\Delta R$，于是双方所得收益分别为 $R_1 - 2\Delta R$ 和 $R_2 - 2\Delta R$。在无约束条件下知识主体之间的信任行为博弈收益矩阵如表 5.1 所示。

---

① 顾新，吴绍波，全力. 知识链组织之间的冲突与冲突管理研究 ［M］. 成都：四川大学出版社，2011：203.

② Dyer J H，Singh H. The Relational View：Cooperative Strategy and Sources of Interorganizational Competitive Advantage ［J］. *Academy of Management Review*，1998，23（4）：660－679.

③ 顾新，吴绍波，全力. 知识链组织之间的冲突与冲突管理研究 ［M］. 成都：四川大学出版社，2011.

表 5.1　　　　　　无约束条件下知识主体信任行为博弈收益矩阵

		知识主体 B	
		信任	不信任
知识主体 A	信任	R_1, R_2	$R_1 - \Delta R$, $R_2 + \Delta R$
	不信任	$R_1 + \Delta R$, $R_2 - \Delta R$	$R_1 - 2\Delta R$, $R_2 - 2\Delta R$

　　从表 5.1 可见，若一开始知识主体 A 信任知识主体 B，他必须承担 B 不守信的机会主义行为风险，而且只要对方不改变行为策略，自己就无法改善状况。因此，导致 A 的反应是从一开始就不信任 B；反之亦然，使得双方陷入纳什均衡中不信任—不信任的"囚徒困境"。知识主体双方即便是从理性假设下的利己目的出发，结果仍导致损人不利己，这也正是加强沟通构建互信的原因。

　　当存在约束条件下（见表 5.2），假设知识主体 A 和知识主体 B 在合作中分别投入专用性资产 r_1 和 r_2，此时双方合作还受到非正式社会关系的制约，包括声誉、行业规定、道德守则等的影响，若滥用信任实施机会主体行为将蒙受惩罚，利益损失值为 p，因此，在存在约束条件下知识主体信任行为博弈的收益矩阵就变成如表 5.2 所示。

表 5.2　　　　　　有约束条件下知识主体信任行为博弈收益矩阵

		知识主体 B	
		信任	不信任
知识主体 A	信任	R_1, R_2	$R_1 - \Delta R$, $R_2 + \Delta R - r_1 - p$
	不信任	$R_1 + \Delta R - r_1 - p$, $R_2 - \Delta R$	$R_1 - 2\Delta R$, $R_2 - 2\Delta R$

　　相比于无约束条件下的收益矩阵，区别在于专用性资产投入与惩罚损失，从理性行为角度来看，当 $r_1 + p > \Delta R$ 时，知识主体 B 是不会选择实施机会主义行为损人利己的，也就是说，当知识主体 B 实施机会主义行为获得的额外收益比非正式社会关系惩罚与专用性资产投入之和小时，知识主体 B 会毫无悬念地选择信任对方，使得博弈收益达到信任—信任的纳什均衡。因此，无论是知识主体 A 或是 B，在基于信任机制演化的考虑时，通过谈判商定专用性资产投入水平及明确社会关系惩罚是其适应行为的主要表现。

5.3.2.4 知识网络中的第三方冲突管理机制

知识网络中冲突的第三方管理机制的实施，源于契约机制及合作与冲突协调的自实施机制失灵，知识主体之间对目标、利益存在严重分歧，已经无法友好协商，只能引入第三方独立机构，来进行关系疏导与价值评判，解决知识网络中的激烈冲突。"第三方"概念来源于公共经济学，能以中立的立场与态度向冲突当事人传达信息，公正地对冲突进行裁决（刘敦虎和高燕妮等，2010）[①]，一般由政府及行业协会指定的组织机构担任，若无特定安排，仲裁机构与法院等也常作为潜在的冲突解决组织，然而其服务成本相较前者更为高昂。

第三方冲突管理机构在协调组织之间冲突的作用[②]，主要体现在保障了弱势的知识主体利益，规约强势主体的行为，避免利益的不合理分配；公正地评估各知识主体的绩效，避免绩效评估主观差异引起的利益冲突；对有关冲突事实进行调查，以确定陈述的特定情形存在，思考争议的解决办法。具体职能包括[③]：冲突的评价、冲突水平控制、冲突消解与冲突预防。根据厄兰戈凡（1995）[④] 的描述，第三方冲突干预的策略有 5 个方面，分别为手段干预策略（means-control strategy，MCS）、结果干预策略（ends-control strategy，ECS）、低水平干预策略（low control strategy，LCS）、完全干预策略（full control strategy，FCS）和部分干预策略（part control strategy，PCS）。

手段干预主要影响冲突解决方案的形成过程，而不直接形成解决方案的结果，最终冲突解决对策交由冲突主体去拟定和选择，因而是一个注重过程控制的策略，现实表现形式如"调停"等，此时知识主体的适应行为表现倾向于协助第三方机构的管理介入，加强沟通，自觉维护谈判的秩序，在第三方机构的见证下与其他冲突主体商谈解决方案，最终实现和解。结果干预策略则正好相反，该策略通过影响冲突解决的结果而非过程

[①③] 刘敦虎,高燕妮,吴绍波. 基于第三方管理的知识链组织之间的冲突协调研究 [J]. 情报杂志，2010，29（8）：65–68.

[②] 顾新,吴绍波,全力. 知识链组织之间的冲突与冲突管理研究 [M]. 成都：四川大学出版社，2011：215.

[④] Elangovan A R. Managerial Third-party Dispute Intervention：A Prescriptive Model of Strategy Selection [J]. *Academy of Management Review*，1995，20（4）：800–830.

来介入争端，直接决定冲突的解决方案，而不去尝试影响谈判过程，此时知识主体可以向第三方积极、充分展示冲突的内容及其呈现形式，最终由第三方机构决断，这类策略的现实表现形式如"仲裁""判决"等。低水平干预策略主张"消极"地解决冲突，第三方机构仅仅要求冲突主体搁置争议或提供动力以敦促双方冲突自行和解，而非直面冲突本身，因而对冲突协调过程及结果都无实质性介入，对于知识主体而言，此时的适应行为莫过于远离冲突与搁置冲突，实现共同发展。完全干预策略主张对冲突协调过程实施全面介入，通过影响知识主体阐述的冲突原因、事实的提出方式、呈现形式，以及决定最终解决方案，来解决冲突，因而是对冲突协调过程与结果同时进行控制的手段；在该策略下，第三方机构通过询问冲突主体有关冲突的问题来获得信息，也即按照自身的冲突解决惯例去主动搜寻、编制有关冲突的信息，并公布冲突解决方案来实现目的，这被厄兰戈凡称作为一种审查干预行为（inquisitorial intervention）或独裁干预行为（autocratic intervention），因而，作为冲突当事人而言，知识主体无力干预冲突协调的任何方面，所能做的只有配合。最后一种部分干预策略是一种混合型的管理手段，第三方机构实施的是与冲突双方分享对冲突协调过程及结果控制权的策略，表现为第三方机构加入冲突双方的谈判，以争取达成共识；通过促进冲突主体的互动与沟通，与冲突主体一道争论冲突事件，来帮助思考并评价各类方案以选择最优方案，建议、说服冲突主体接受服从该优选方案，从而解决冲突，这类策略的现实表现形式如"调解后仲裁""集体商议"等，知识主体除了积极配合第三方机构进行调查，参与集体讨论之外，也许努力寻求冲突解决方案，并服从第三方机构的决定，消除冲突。知识网络选择何种第三方冲突干预策略，主要受到知识主体公平性（fairness）感知、满意度（satisfaction）感知、效用（effective）感知及策略实施效率（efficiency）的影响。

5.3.3　知识网络中知识主体之间的知识协同

知识网络中主体间的知识协同，是冲突机制运行的结果阶段，也是知识主体适应行为通过复杂的作用涌现出的知识网络系统发展的高级阶段，是知识主体之间通过知识耦合与共享，实现知识资源有效配置和创新的手段。"协同"一词源于哈肯的协同学（synergetics）①，是指开放系统中大量子系统相互作用而产生的整体效应或集体效应。安索夫（1988）将协同概念引入企业战略②，提出"1＋1＞2"的多组织协同发展理念，即整体价值大于各独立部分价值的简单加总，使协同理论成为企业发展战略选择的重要依据。如今，围绕协同的讨论呈现"泛化"趋势，无论在科学理论、工程技术、商业应用领域都有所使用。

知识协同，是在一定组织形式的背景下，针对知识这一特殊对象，通过复杂的作用而呈现出的整体协同效应或其形成机理。吴绍波（2008）③从知识链视角提出，"知识协同是在组织互相协作与配合过程中，通过整合合作伙伴关系内的知识资源，使知识要素的运动从无序走向有序，从差异走向协调一致，从而实现整体效益大于各部分效益之和的过程"，通过知识协同，企业等组织可以快速实现组织之间知识流动及增值，降低创新成本，提升知识获取效率，以实现"多赢"目标，并提出如下知识协同模型，如图5.7所示，该知识协同定义强调了知识作为一种资源要素的动态整合。

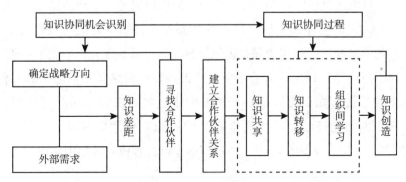

图 5.7　知识链组织之间合作背景下的知识协同模型

资料来源：吴绍波，顾新. 知识链组织之间合作的知识协同研究［J］. 科学学与科学技术管理，2008，29（8）：83－87.

---

① Haken H. *Advanced Synergetics*［M］. Berlin：Springer，1983.

② Ansoff H I. Synergy and Capabilities［A］. in：A. *Campbell*，*K. S. Luchs*（*eds*）*Strategic Synergy*［M］. London：International Thompson Business Press，1988.

③ 吴绍波，顾新. 知识链组织之间合作的知识协同研究［J］. 科学学与科学技术管理，2008，29（8）：83－87.

李丹（2009）①在集群背景下，将知识协同定义为同一产业内或相关产业间的关联组织（如企业、大学、科研院所、政府机构、中介服务机构等）在协同化环境下，以知识创新为最终目标，融合各类知识资源与协同能力，多个协同主体参与的知识活动过程。佟泽华（2012）提出②，"知识协同是指知识管理中的主体、客体、环境等达到的一种在时间、空间上有效协同的状态，实现在恰当的时间和空间，将恰当的知识传递给恰当的对象并实现知识创新的'单向''双向'或'多向'的多维动态过程"，该定义突出创新导向下知识在组织之间实现有效的传递与配置。基于知识协同是知识管理的协同化发展阶段（Anklam，2002）③及知识协同是一种涉及协作开发、协同著作、协同开发等各类"活动"（McKelvey and Alm et al.，2003）④的认知，吴悦（2012）⑤主张产学研合作中的知识协同源于组织间的知识流动复杂过程，涉及协同活动的酝酿阶段、形成阶段、运行阶段与终止阶段，如图 5.8 所示。综合现有研究来看，知识协同目前没有统一的概念界定，但学者们提出的知识协同通常都涵盖以下共同特征：知识协同的主体可以是个体或各类异质性组织，包括单个组织或者联盟；知识协同的对象是组织内外部的知识资源；知识协同是一个动态过程，不同时间和空间的知识主体和知识客体所处状态不同；知识协同可以实现 "1 + 1 > 2" 的协同效应；知识协同是组织提升竞争力或实现知识创新的手段。

　　知识协同与知识网络有着本质的联系。知识网络是知识协同的一种表现和支撑形式。知识协同反映了知识主体之间知识转移的时间序列相关性，知识网络则反映了已经发生联系的知识主体之间的状态（佟泽华，2012）⑥，可见，从某种程度上知识网络也可以看成一种知识协同网络，其

　　① 李丹. 基于产业集群的知识协同行为及管理机制研究［M］. 北京：法律出版社，2009.

　　②⑥ 佟泽华. 知识协同及其与相关概念的关系探讨［J］. 图书情报工作，2012，56（8）：107－112.

　　③ Anklam P. Knowledge Management：the Collaboration Thread［J］. *Bulletin of the American Society for Information Science and Technology*，2002，28（6）：8－11.

　　④ McKelvey M，Alm H，Riccaboni M. Does Co-location Matter for Formal Knowledge Collaboration in the Swedish Biotechnology-pharmaceutical Sector?［J］. *Research Policy*，2003，32（3）：483－501.

　　⑤ 吴悦，顾新. 产学研协同创新的知识协同过程研究［J］. 中国科技论坛，2012（10）：17－23.

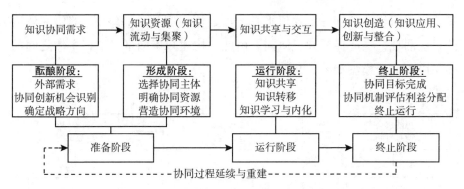

图 5.8　产学研合作背景下的知识协同过程

资料来源：吴悦，顾新．产学研协同创新的知识协同过程研究［J］．中国科技论坛，2012（10）：17－23．经笔者修改所得．

创新机制是通过"知识流动网络"实现知识资源的高效配置。知识网络中知识主体之间的知识协同意味着知识主体之间的知识合作创新进入了一个新阶段，尤其在冲突解决之后，主体之间的交互信任因得到"破坏性重建"而达到较高水平，知识主体之间知识转移与传递效率显著提高，使得知识要素在知识主体之间实现优化配置，异质知识主体之间的知识缺口也得到有效弥补，"知识孤岛"也自然消除（樊治平和冯博等，2007）[①]，从知识网络整体来看，创新绩效的产生已经符合"$1+1>2$"的协同效应特点。

　　结合现有知识协同的相关研究，本书认为，从过程上看，知识网络中主体之间的知识协同是知识在不同主体之间的流动过程，贯穿于知识主体之间合作关系的演化发展，如在合作初期知识协同主要表现为显性的知识流动，在关系发展到一定水平之后才实现隐性知识的流动。知识协同源于知识主体之间协同机会的全新搜寻或冲突关系调整后的重新匹配，知识协同需要知识主体之间跨组织边界的高水平的交互学习，其目的是知识创造。而知识转移、知识共享、知识整合等知识的交互行为都为了该目标服务，协同效应的产生取决于不同知识主体在知识交互环境下导致的知识转

---

　　① 樊治平，冯博，俞竹超．知识协同的发展及研究展望［J］．科学学与科学技术管理，2007，28（11）：85－91．

化，当知识创造达到一定阈值水平之后，便引起"1+1＞2"的协同效应的系统涌现，最终促成知识协同。由此，构建知识网络中知识主体之间的知识协同概念模型如图5.9所示。

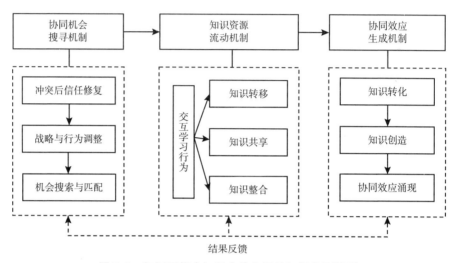

图5.9　知识网络中知识主体之间的知识协同模型

5.3.3.1　协同机会搜寻机制

在知识主体之间冲突解决之后，信任修复是实现知识网络继续运行的前提，但修复信任往往要比建立初始信任更为困难，原因在于：违背行为将信任水平降低到低于建立初始信任之前的水平；信任修复不光要建立对违背方的积极预期，还要克服由违背带来的消极预期；尽管违背方努力展示自身可信度，但关于违背的信息可能仍然很显著，并强化低信任水平（姚琦，2011）[①]。尽管如此，知识主体对于未来更好发展的期望，迫使他们回到谈判桌，通过沟通、承诺等行为修复信任，施魏策尔和赫尔希等（2006）[②] 提出，承诺可以加快组织之间的信任修复进程。从目前的研究

---

① 姚琦. 组织行为学中的信任违背和修复研究 [J]. 南开学报：哲学社会科学版，2011（5）：133–140.

② Schweitzer M E, Hershey J C, Bradlow E T. Promises and Lies：Restoring Violated Trust [J]. Organizational Behavior and Human Decision Processes，2006，101（1）：1–19.

来看，信任修复的理论视角主要包括①归因、社会平衡（social equilibrium）和可信度谈判三个方面。组织信任修复模型主要有②归因模型（Tomlinson and Mayer，2009）、动态双边模型（Kim and Dirks et al.，2009）及四阶段模型（Gillespie and Dietz，2009）等。基于归因理论，汤姆林森和迈耶（2009）③指出，信任方会从因果源（locus of causality）、可控性（controllability）和稳定性（stability）三维度对被信任方可信度的不同成分进行评估。若信任主体将可信度成分如正直或能力视作高度稳定，将不利于信任恢复。基于社会平衡理论，不当行为不仅引发信任方质疑违背方属性，也会质疑双方相对位置以及规约关系的制度细节，即导致"社会不平衡"（social disequilibrium）（Dirks and Kim et al.，2011）④。因而，知识主体之间的信任修复，必须依靠主体各自相对位置重构平衡，或依靠道歉、忏悔和惩罚等社会行为重新规定统辖关系的制度。金和德克斯等（2009）提出了动态双边模型⑤，指出被信任方基于工具性预期，被信任能给他们带来好处，或信任方的确信有助于自我服务性归因，期望实施不当行为后仍被信任。不过，基于信任方对未来再次遭受信任背叛的担忧，使其倾向于认为被信任方不值得信任，即信任背叛发生后，信任方和被信任方存在两类相反认知，从而引发双方在试图解决被信任方可信度问题上产生分歧。总之，在知识网络知识主体之间合作效率由于冲突造成显著下降的背景下，交互信任的"破坏性重建"与信任修复，一方面，使得知识主体之间更加了解对方并使双方的重新合作起点处于更高水平，即双方都会避免实施原先造成冲突的一系列行为而使合作更为顺畅；另一方面，

---

① 姚琦. 组织行为学中的信任违背和修复研究 [J]. 南开学报：哲学社会科学版，2011（5）：133 – 140.

② 刘星，高嘉勇. 国外最新组织信任修复模型评介 [J]. 外国经济与管理，2010（4）：25 – 30.

③ Tomlinson E C，Mryer R C. The Role of Causal Attribution Dimensions in Trust Repair [J]. *Academy of Management Review*，2009，34（1）：85 – 104.

④ Dirks K T，Kim P H，Ferrin D L，et al. Understanding the Effects of Substantive Responses on Trust Following A Transgression [J]. *Organizational Behavior and Human Decision Processes*，2011，114（2）：87 – 103.

⑤ Kim P H，Dirks K T，Cooper C D. The Repair of Trust：A Dynamic Bilateral Perspective and Multilevel Conceptualization [J]. *Academy of Management Review*，2009，34（3）：401 – 422.

若知识主体发现实在没有办法与原来的合作伙伴修复以往的信任，认定对方并非自己最佳合适对象后将会总结经验与教训，进行组织的发展战略调整，其适应行为转变为：在知识网络内部甚至外部更大范围内寻找更匹配的合作伙伴。新的合作伙伴不仅只是为了简单的知识合作，而是有可能产生知识协同的伙伴，由此，知识主体已经改变了组织发展战略，并调整合作伙伴来选择标准。

在形成知识协同的过程中，在知识主体内外部知识需求驱动下按照协同机会目标，重新寻找合适的知识协同伙伴至关重要（Hitt and Tyler et al.，1995）①，知识主体一般倾向于选择能够进行知识互补，能从对方身上学到所需知识的合作伙伴以加强自身的竞争优势（Powell and Coput et al.，1996）②，原因在于互补性的知识弥补了知识主体的知识缺口（樊治平和冯博等，2007），通过异构知识资源的集成与共享使得知识类型更为完整，从而促进主体的知识创新，提升主体知识优势。不过，在寻找知识合作伙伴的时候，相似性也要在一定水平范围内（Gu and Wei et al.，2014）③，知识完全一致使得知识主体之间的知识势能为零，缺乏知识转移趋势，知识合作主要表现为冗余知识的流动，知识主体需要花费更高的时间成本去提取有价值的信息，因而失去了知识合作的意义。知识差距过大也导致知识转移的障碍过高，由于知识吸收行为要求合作双方具有一定相似程度的知识背景（Cohen and Levinthal，1990）④，过度的相异性也导致知识合作难以为继。显然，在这个过程中，知识主体的知识协同机会搜寻与匹配行为表现为基于组织之间的知识、结构等相似性进行合作伙伴寻找（Gu and Wei et al.，2014），但该相似性需要处于一定范围中。

① Hitt M A，Tyler B B，Hardee C，et al. Understanding Strategic Intent in the Global Marketplace [J]. *The Academy of Management Executive*，1995，9（2）：12 – 19.

② Powell W W，Koput K W，Smith – Doerr L. Interorganizational Collaboration and the Locus of Innovation：Networks of Learning in Biotechnology [J]. *Administrative Science Quarterly*，1996：116 – 145.

③ Gu X，Wei Q，Yu C. Inter-organizational Similarity as a Driver of Knowledge Sharing Within Supply Chains [C]. Proceedings of the Eighth International Conference on Management Science and Engineering Management. Springer Berlin Heidelberg，2014：665 – 676.

④ Cohen W M，Levinthal D A. Absorptive Capacity：A New Perspective on Learning and Innovation [J]. *Administrative Science Quarterly*，1990：128 – 152.

5.3.3.2　知识资源流动机制

基于知识主体协同机会搜寻与匹配行为，使得局部初始合作伙伴关系得以建立。协同效应的产生本质来源于组织之间的知识资源流动，促成知识在知识主体之间的有效配置，有效配置强调了知识传递在时间、对象、空间上的"准确性"，也强调了动态性，即在不同时刻下知识主体与客体所处的状态不同（佟泽华，2012）[①]。由于在复杂的知识网络中，创新行为"黑箱"预示着知识的传递与扩散方式、方法丰富而多元化，使得创新行为规律及其影响因素难以捉摸，从与知识协同相关的概念及行为分析来看，知识资源流动机制下知识主体之间的知识流动方式主要表现为单向的知识转移、双向的知识共享以及集成型的知识整合三类。

在知识网络中，知识转移（knowledge transfer）是指知识主体一方从另一方获得知识的过程，达文波特和普鲁萨克（1998）[②] 认为，知识转移过程包括将知识传递给潜在的接收者以及接收者吸收这两个阶段，转移得以实现的决定因素是知识势能，类似于物理学的"势能"概念，知识会从知识网络中高势能知识主体流向低势能知识主体，由知识主体所拥有知识的质量、数量及结构决定，可见，知识转移强调了知识从一方到另一方的"转移"过程。知识共享（knowledge sharing）是知识主体之间的知识分享，促进知识资源被共知与共用的过程，知识共享不受时间限制，即授权范围内的知识主体可以在任何时间共享知识资源，从局部来看，知识共享的难易程度来源于知识主体之间的知识传递的难易程度（Bukowitz and Williams，2000）[③]；其中，显性知识与隐性知识的共享，分别发生在不同类型的场域及互动环境中（Nonaka and Takeuchi，1995）[④]，嵌入式知识（embedded knowledge）的共享往往通过明确的产品、流程及程序等的共享

[①]　佟泽华. 知识协同及其与相关概念的关系探讨 [J]. 图书情报工作，2012，56（8）：107 - 112.

[②]　Davenport T H, Prusak L. *Working Knowledge*：*How Organizations Manage What They Know* [M]. Harvard Business Press, 1998.

[③]　Bukowitz W R, Williams R L. *The Knowledge Management Fieldbook* [M]. Financial Times/ Prentice Hall, 2000.

[④]　Nonaka I, Takeuchi H. *The Knowledge-creating Company*：*How Japanese Companies Create the Dynamics of Innovation* [M]. New York：Oxford University Press, 1995.

而实现。知识整合（knowdge integration）由亨德森和克拉克（Henderson and Clark，1990）[①] 在产品开发研究中提出，指架构知识的产生过程，是产品开发过程中知识在组织中的重新配置，知识整合一般可分为组织内部整合与外部整合两种（Iansiti and Clark，1994）[②]，从跨组织边界视角讨论知识整合是本书持有的观点，知识整合的作用在于提升组织的系统化能力、协调能力及社会化能力（Grant，1996）[③]，通过对知识主体私有的或者知识网络共有的分散知识进行系统、有机的整合或重构，实现新知识类型的产生，知识整合行为侧重于知识的"重组""集成"或"整合"过程。对于以上知识资源流动机制过程中发生的各类知识活动，其动力机制是知识主体之间的交互学习，即交互学习行为引导着知识主体之间的知识转移、知识共享及知识整合活动的落实，以促进后续知识创造的产生，三类知识活动的表现如图5.10所示。

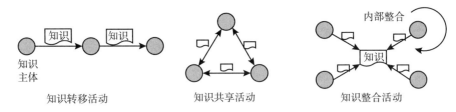

图5.10 知识主体之间的知识资源流动活动示意图

5.3.3.3 协同效应生成机制

随着知识主体之间知识资源流动效率的提升与组织间交互学习行为的不断深化，知识网络中的知识类型、性质也在不断发生着变化。野中郁次郎与竹内弘高提出的企业知识转化SECI模型具有借鉴意义[④]，该模型

---

① Henderson R M，Clark K B. Architectural Innovation：The Reconfiguration of Existing Product Technologies and the Failure of Established Firms [J]. *Administrative Science Quarterly*，1990：9 – 30.

② Iansiti M，Clark K B. Integration and Dynamic Capability：Evidence from Product Development in Automobiles and Mainframe Computers [J]. *Industrial and Corporate Change*，1994，3（3）：557 – 605.

③ Grant R M. Prospering in Dynamically-competitive Environments：Organizational Capability As Knowledge Integration [J]. *Organization Science*，1996，7（4）：375 – 387.

④ Nonaka I，Takeuchi H. *The Knowledge-creating Company：How Japanese Companies Create the Dynamics of Innovation* [M]. New York：Oxford University Press，1995.

（如图 5.11 所示）认为，随着知识主体之间的动态交互，在不同的训练场（Ba）中，知识的形态在创新活动中不断地进行着显性与隐性的转化。野中郁次郎认为显性知识可以用规范化、系统化的语言进行传播，隐性知识则包括信仰、隐喻、知觉、思维模式及一些技术"诀窍"。

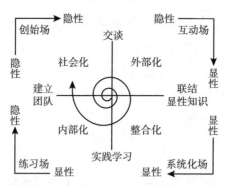

图 5.11　Nonaka 的 SECI 知识转化模型

　　从某种程度上来说，知识转化过程也是对知识网络中知识创造过程的一种隐喻（Nonaka and Toyama et al.，2000）[①]。通过在创始场（Originating Ba）、互动场（Interacting Ba）、系统化场（Cyber Ba）及练习场（Exercising Ba）中四个知识的转化过程，知识网络内的知识螺旋上升，从而实现知识创造，提高了知识存量。因而，知识网络中动态知识创造过程可以看作知识主体中高度个体化凝结的隐性知识通过组织之间的社会化、外部化、整合化与内部化过程，实现主体之间的传播，最终为各知识主体吸收与应用，从而提高知识存量的过程。

　　当新创造的知识逐渐积累、应用与再创造，知识转换过程循环往复，当达到一定阈值时，知识网络自组织系统便涌现出新的协同特征。娜耶泽娃（1999）[②]认为协同效应的形成，是复杂系统自组织运动的结果，知识网络系统的各创新要素之间、要素与系统之间、系统与系统之间、系统与

---

　　①　Nonaka I，Toyama R，Konno N. SECI，Ba and Leadership：A Unified Model of Dynamic Knowledge Creation ［J］. *Long Range Planning*，2000，33（1）：5 – 34.

　　②　Knyazeva H. Synergetics and the Images of Future ［J］. *Futures*，1999，31（3）：281 – 290.

环境之间不断地进行信息交互与作用，当外界控制参量达到一定阈值，要素之间互相关联、互相需要代替互相独立、互相竞争，并占据主导地位，导致系统从无序走向有序状态时，即"协同导致有序"的观点，简而言之，就是在知识网络系统中，各子系统的协同行为产生了超越各要素自身的单独作用，形成整个系统的整体知识溢出效应与联合效应。相较于初期的知识网络合作状态，各知识主体实现创新互惠知识共享、资源优化配置、行动最优同步以及高度的系统匹配，形成了以企业、大学、科研院所为核心主体、以政府机构、金融机构、中介服务机构及相关创新平台为辅助主体的多元主体协同的知识网络创新模式，通过知识主体的协同合作，各类创新要素得到有效全面协同。

5.4 风险机制与知识主体适应行为

5.4.1 知识网络风险及其识别

首先，本节介绍知识网络风险的内涵及特征，继而从外部环境的不确定性、主体之间合作特性以及知识本身特性等角度，探讨了知识网络风险的识别。

5.4.1.1 知识网络风险内涵及特征

从系统工程角度看，风险被普遍定义为：因影响因素复杂性与不可预知的变动性造成结果与期望结果不一致所导致利益受损的不确定与可能（Huang and Moraga，2002）[1]。作为一种复杂系统，知识网络，同样面临着合作成果价值的不确定、主体间关系的复杂性及网络资源分配不平衡等特点，以及网络外部环境复杂性等问题（彭双和余维新等，2013）[2]，因

---

[1] Huang C，Moraga C. A Fuzzy Risk Model and Its Matrix Algorithm [J]. *International Journal of Uncertainty，Fuzziness and Knowledge - Based Systems*，2002，10（04）：347 - 362.

[2] 彭双，余维新，顾新等. 知识网络风险及其防范机制研究——基于社会网络视角 [J]. 科技进步与对策，2013，30（20）：124 - 127.

此，本书认为，知识网络的风险，是指由知识网络外部环境的不确定性、主体之间合作特性以及知识本身特性等因素所引起的，导致知识合作失败或知识网络合作破产等不良结果的风险。知识网络风险具有传递性、多样性、放大性和博弈性等特征（石琳娜和石娟等，2011）[1]：（1）传递性。作为知识网络风险中非常显著的特征，该特征受知识网络结构的属性决定。知识网络是一个跨组织联合体，多主体间因知识需求构建联系，彼此互相依赖并互相影响，无论其中哪个组织出现问题，信息将通过正式或非正式沟通渠道迅速传递至其他组织，进而影响知识网络的整体稳定。（2）多样性。知识网络是一种典型的跨组织合作模式，自成立开始不但会面临单一组织本来就要面临的风险，如金融风险、市场风险、人力风险等，还要额外面临合作组织的风险，如文化差异风险与成员信用风险等，相比其他跨组织合作的风险，知识网络风险构成更复杂，涉及面也更广。（3）放大性。知识网络跨组织合作过程涉及多个组织，组织之间依靠关系契约存续知识供需与合作关系，使这一关系稳定程度不高，当与外部环境的不确定性相互作用时，会引起所谓"风险共振"现象，导致风险水平急增，从而造成严重危害。（4）博弈性。知识网络中任意合作组织作为独立、理性的市场主体，拥有不同利益的价值取向，为实现自身利益最大化，彼此会展开激烈博弈，目的在于为自身争取更多利益。

5.4.1.2　知识网络风险识别

风险是不良事件发生与否不确定的客观现象，在企业管理领域，已经就"风险规避较获得额外收益更加重要"达成一致意见（Ruefli and Collins et al.，1999）[2]，当下为规避组织环境的风险及不确定已成为管理者关注的紧要内容。目前，针对知识网络风险的研究刚刚起步，成果不多，恰克曼和德苏扎（2012）[3] 从组织之间的合作特性（nature of collabora-

---

① 石琳娜，石娟，顾新. 知识网络的风险及其防范机制研究 [J]. 科技进步与对策，2011，28（16）：118 – 121.

② Ruefli T W, Collins J M, Lacugna J R. Risk Measures in Strategic Management Research：Auld Lang Syne? [J]. *Strategic Management Journal*，1999，20（2）：167 – 194.

③ Trkman P, Desouza K C. Knowledge Risks in Organizational Networks：An Exploratory Framework [J]. *The Journal of Strategic Information Systems*，2012，21（1）：1 – 17.

tion）、网络本身的特性（nature of network）、临近（proximity）、行为类型（type of action）、风险作用范围（range of risk）5 个方面研究了网络风险的作用机制；在此基础上，马拉贝利和纽厄尔（2012）① 围绕着知识是否应该共享及由此导致的核心知识外溢问题来探讨知识网络的风险。彭双和余维新等（2013）② 强调知识网络从本质而言，是一种特殊的社会网络，呈现出"内紧外松"的形式，可根据主体间强弱关系划分为三层，并因此将风险划分为核心层风险、从属层风险以及外部环境风险。具体而言，核心层风险指路径锁定风险、信息同质化风险、核心知识泄露风险以及故障风险等；从属层风险则涉及机会主义风险、组织决策风险与信息阻滞风险等；外部环境风险则主要涉及政治与市场两方面风险。与知识网络概念相似，达斯和滕炳生（2000）③ 在知识联盟的研究中，设计了关系性风险与绩效风险相整合的概念架构。在该概念模型中，关系风险属于交互合作的核心风险，由成员互动形成，意味着合作失败可能性及其造成的不良结果；绩效风险源于成员与环境的交互，意味着成员由于自身竞争力缺失或市场不确定导致的利益损失。对于关系性风险，威廉姆森（1983）曾将这类风险产生原因归结于合作伙伴之间的机会主义行为④；唐登莉和李力等（2014）⑤ 则认为，是知识溢出导致了合作双方谈判能力的改变，从而产生了关系风险，并认为该类风险的产生历经了从酝酿、构建、改变到形成的过程。张延禄和杨乃定（2014）则将研发网络的风险总结为外源性风险与内源性风险⑥，并根据不同风险的发生概率及损失大小的两个维度

① Marabelli M, Newell S. Knowledge Risks in Organizational Networks: The Practice Perspective [J]. *The Journal of Strategic Information Systems*, 2012, 21 (1): 18 – 30.

② 彭双, 余维新, 顾新等. 知识网络风险及其防范机制研究——基于社会网络视角 [J]. 科技进步与对策, 2013, 30 (20): 124 – 127.

③ Das T K, Teng B S. Instabilities of Strategic Alliances: An Internal Tensions Perspective [J]. *Organization Science*, 2000, 11 (1): 77 – 101.

④ Williamson O E. Credible Commitments: Using Hostages to Support Exchange [J]. *The American Economic Review*, 1983: 519 – 540.

⑤ 唐登莉, 李力, 罗超亮. 知识联盟及其合作中的关系性风险研究 [J]. 情报杂志, 2014, 33 (2): 183 – 188.

⑥ 张延禄, 杨乃定. R&D 网络风险相继传播模型构建及仿真 [J]. 系统工程理论实践, 2014, 34 (3): 723 – 731.

进行分类，如图 5.12 所示。外源性风险是指外部环境的变化带来损失的可能性，主要由市场风险、经济风险和政策环境风险构成。其中，市场风险主要由需求变动、市场竞争等因素造成；内源性风险则源于网络内部组织之间的复杂互动关系，主要由道德风险、工期风险、资金风险以及协作等风险所构成。此外，基于不同的视角或分类标准，道德风险、信任风险、契约风险、互补性（陆瑾，2006）[1]、信息不对称风险等也常在讨论之列。

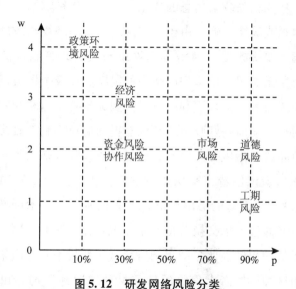

图 5.12　研发网络风险分类

资料来源：张延禄，杨乃定. R&D 网络风险相继传播模型构建及仿真 ［J］. 系统工程理论实践，2014，34（3）：723 – 731.

本书从 COSO（committee of sponsoring organizations of the treadway commission）风险管理框架分析来看（Moeller，2007）[2]，知识网络的风险来自外部环境的不确定性、主体之间合作特性以及知识本身的特性。

（1）外部环境不确定性。从系统的角度看，知识网络处于一定的外

---

① 陆瑾. 基于演化博弈论的知识联盟动态复杂性分析 ［J］. 财经科学，2006（3）：54 – 61.

② Moeller R R. COSO Enterprise Risk Management：Understanding the New Integrated ERM Framework ［M］. New York：John Wiley & Sons，2007.

部环境中，并与外部环境不断进行着"知识交互"，表现为网络知识通过特定传播机制向环境中传播。此外，外部知识根据一定途径为知识网络所吸收。网络结构以及信息水平是影响知识由内而外的扩散与外部环境知识反馈的两个方面，由此带来了显著的外生风险。由环境不确定性引致的这类风险，主要有政治环境风险与市场环境风险两种。第一，政治环境风险。在知识网络合作的框架下，创新活动与政治环境密切关联，在政府主导而非市场主导的知识网络中尤其明显，政策的变更、新法律法规的出台、制定以及其他相关政策信息的变化，都会直接影响知识网络的内环境变化，带来利好或破坏影响。由于知识网络整体内环境与政府政策信息源的"信息距离"通常较远，导致知识网络与政府政策制定部门的关系较弱，因此，信息无法顺利传递到网络内的组织成员及个体成员，形成信息错位，政策响应滞后，带来不利影响，如因为没有迅速获知跟申请区域积极支持技术创新活动的利好政策或是没有提前避免不利新政影响或做好应对措施，从而导致政治风险。第二，市场环境风险。知识依靠跨组织流动促成知识共享与知识创造，实现知识增值，新创知识依靠知识的技术化"跳跃"而实现知识创造的溢出价值，即实现所谓的技术创新，凝结着新技术的产品最终通过市场交换获得原始知识收益。然而，这一流程顺利进行的关键在于某种积极预期，即市场对待这一新技术开发出来的产品有较好的需求。当这种市场需求信息的传递呈现"时滞"时，市场需求与知识创造者利益需求的矛盾随之形成，市场环境与知识网络内部主体之间的信息传递渠道较长，或者网络主体与外部环境仅表现为弱联系的时候，就容易导致市场风险，比如，市场需求的变化造成研发出来的新技术（产品）不符合市场需求，导致费时费力创造出来的知识当时价值较低。通常来看，政治环境风险、市场环境风险等具有客观性特征，不可为知识网络管理者控制，难以完全规避。

（2）主体之间的合作特性。知识网络中主体之间多实施关系契约，在这种契约的规约下，网络整体对成员的约束力不足，对于理性、自利的成员组织而言，存在实施机会主义行为，损害伙伴利益的可能性，在跨组织知识转移中，存在着多种因组织间合作的特性引致的不良风险，虽然这种风险灵活、多元，但可为知识网络控制与规避。知识网络的这类风险，主要包括利益分配风险、核心知识外溢风险以及文化差异风险等。第一，利益分配风险。相比于组织内部门之间高约束程度的合作，知识网络成员间基于知识的合作更为松散，合作的"非对称"性（asymmetric）（Trkman and Desouza，2012）① 将导致核心主体有通过知识转移利用、剥削其他成员的可能，对知识转移的影响表现在核心主体可借此迅速获得所需知识，而其他主体的知识共享动机则逐渐减弱甚至丧失；对网络整体的影响则表现在核心主体无法真正参与到与其他主体的协同创新中，且网络整体会逐渐不稳定并呈现出投机的合作氛围。在这样的氛围下，拥有信息优势的知识主体一方面可以利用优势增强自身议价能力（雷志柱，2010）②，从而在谈判中占据主动地位，制定利己的收益分配方案，此外，还可以隐藏一些机会主义行为，使得处于信息劣势一方无法意识到问题，并因此蒙受损失，从而使信息优势一方额外获得与投入不成比例的收益，为知识网络健康运行埋下组织间冲突的隐患。可见，公平地进行利益分配，是主体之间进行顺利合作的前提，任何主体若感知到利益分配不合理，必将影响合作信心，从而影响合作的可能性和持续性，带来风险。第二，核心知识外溢风险。具有较高的知识外溢程度，从整体看，是有益于知识网络发展的，然而，由于知识保护意识的缺乏以及机会主义行为的存在，核心知识的外溢对个体成员的伤害却也是彻底的。首先，知识外溢已经是网络主体极力避免与控制的内容，施琴芬和郭强（2003）③ 将这种现象归结于知识的特殊性和垄断性④，跨组织的知识合作容易使知识主体陷入二元结构矛盾（施琴芬和梁凯，2003）⑤。知识资本属于智力资本，可以不断进行价

① Trkman P, Desouza K C. Knowledge Risks in Organizational Networks: An Exploratory Framework [J]. *The Journal of Strategic Information Systems*, 2012, 21（1）: 1 – 17.

② 雷志柱. 知识网络组织构建与管理研究 [M]. 北京: 北京理工大学出版社, 2012.

③ 施琴芬, 郭强. 隐性知识主体风险态度的经济学分析 [J]. 科学学研究, 2003, 21（1）: 80 – 82.

④ 注释: 拥有隐性知识的人是不会主动传播知识的, 特别是可以带来特别收益的隐性知识, 也即隐性知识具有垄断性。

⑤ 施琴芬, 梁凯. 隐性知识主体价值最大化的博弈分析 [J]. 科学学与科学技术管理, 2003, 24（3）: 11 – 13.

值转化实现价值增值，如果知识交互双方尚未构建起完备的互利互惠机制，即主体价值无法充分实现并达到最大化，那么知识外溢带来的潜在负面影响仍将笼罩在知识网络中。而对于"核心"知识外溢，则更不能为当事成员所接受，目前，很多的核心知识泄露都被认为与机会主义行为密切相关。恰克曼和德苏扎（2012）① 强调，在考虑是否向其他组织共享知识时，网络主体不可避免地面临一个问题，那就是核心知识的外溢造成自身失去该核心知识唯一来源"竞争优势"后的损害，但有时因为组织或个人故意行为（deliberate）甚至是无心（non-deliberate）导致的损失却无法简单由知识网络掌控，这种不确定、难以预见的特征正是风险所在。这种现象被昆塔斯和勒弗雷等（1997）称为"边界困境"②，即知识主体必须在知识网络的跨组织共享以提升自身知识优势与竞争实力和有效保护自身核心知识资产之间求得平衡。第三，文化差异风险。组织文化是嵌入正式及非正式人际关系中的信念、行为规范，引导个人、组织的思维倾向、价值观念与行为方式。文化差异是组织之间进行知识共享的重要障碍因素（Blecker and Neumann，2000）③。在知识网络中，还影响网络主体的知识选择，知识网络中的成员往往会不自觉地从文化角度去判断知识的重要程度（刘敦虎和陈谦明等，2010）④。在一个结构固定的知识型组织中，往往存在统一的内部文化管理模式，而由于跨组织合作的特点，知识网络不可能采用单一文化管理，更无法在短期内培育出上下统一的组织文化（雷志柱，2012）⑤。即便知识网络管理者做出努力，期望培育这样的共性文化，但由于组织文化拥有的历史延续性与稳定性（廖杰和顾新，2009）⑥，

---

① Trkman P, Desouza K C. Knowledge Risks in Organizational Networks: An Exploratory Framework [J]. *The Journal of Strategic Information Systems*, 2012, 21 (1): 1 – 17.

② Quintas P, Lefrere P, Jones G. Knowledge Management: A Strategic Agenda [J]. *Long Range Planning*, 1997, 30 (3): 385 – 391.

③ Blecker T, Neumann R. Interorganizational Knowledge Management: Some Perspectives for Knowledge Oriented Strategic Management [A]. in: Yogesh Malhotra. *Knowledge Management and Virtual Organizations* [M]. Idea Group Publishing, 2000: 63 – 83.

④ 刘敦虎，陈谦明，高燕妮等. 知识联盟组织之间的文化冲突及其协同管理研究 [J]. 科技进步与对策，2010，27 (7): 136 – 139.

⑤ 雷志柱. 知识网络组织构建与管理研究 [M]. 北京：北京理工大学出版社，2012.

⑥ 廖杰，顾新. 知识链组织之间的文化冲突分析 [J]. 科学管理研究，2009 (5): 54 – 57.

这种组织文化的"覆盖""清除"性尝试,特别是对组织精神与价值观的否定,将会引起组织的失落、对抗心理,进而表现为各式冲突。另外,文化差异所导致的知识主体情感非理性反应,也更容易激发其"感情用事",使主体之间难以耐心从差异文化背景中存异求同,造成合作的不稳定,甚至引发冲突。而由于异质文化存在客观的自我保护机制,也会降低彼此的信任水平,直接增加契约的谈判与维持成本。

(3)知识本身特性。知识本身特性一般包括知识模糊性、知识显性、隐性不匹配、知识传递方式方法、知识的投入、产出不确定性及知识契约的不完备等(雷志柱,2012)。知识本身具有的这类特征也将使网络跨组织合作,特别是主体之间的知识共享行为面临一定的风险(魏奇锋和顾新,2011)①,由于这类风险因风险发生来源客体较为稳定,因此,很难被知识网络管理者所意识到。根据知识传递的过程,可以从三个方面对该类风险进行考察:第一,知识编码性风险。由于知识具有的模糊、不确定性,将使组织或个人只能在一定程度上对知识进行概念认知,而无法精确窥探特定知识的本质特性及潜在价值,因此,在知识传递发生之前,知识创新的组织难以对其进行完全编码,另外,对知识共享的范围、程度以及具体目标也存在模糊性,形成知识共享在共享始端的故障,造成知识共享程度严重不如预期的后果。此外,作为交互的客体,知识具有显性、隐性两个特征。其中,显性知识容易进行编码和结构化的形式表达,但隐性知识却并不容易,如组织员工的技术经验、组织惯例等,它与编码主体的能力高度相关,倘若缺乏相关技术基础,则难以将客体知识进行编译、转换成为适合复制、转移的样式,更增加后续知识开展传递工作的困难程度。第二,知识传递性风险。这类风险的产生与知识传递方式和知识的显性、隐性特性匹配程度息息相关。显性的知识借助依靠现代化技术手段进行快速传递,而对于未经编码的隐性知识而言,却难以依靠这种技术手段进行高效传播(雷志柱,2012)②,隐性知识的传播主要依靠主体之间频繁的

---

① 魏奇锋,顾新. 知识链组织之间知识共享的风险防范研究 [J]. 情报杂志,2011,30(11):120-124.

② 雷志柱. 知识网络组织构建与管理研究 [M]. 北京:北京理工大学出版社,2012.

人际模仿与体验式学习，可见两者传递方式方法差异较大。在知识主体之间的合作中，共享的知识类型往往两者兼有，且比例不同，无法为组织双方明确掌握，造成知识传递的障碍以及知识共享效率的低下。另外，在知识共享的过程中，由于中间节点的能力不足也将增加知识转移成本同时降低知识扩散效率。第三，知识接收性风险。莱恩和卢巴特金（1998）[①] 研究认为，知识接收方若没有跟知识提供方匹配的处理流程，将难以顺利吸收并利用来自知识提供方的知识，西莫宁（1999）[②] 指出，知识接收方的经验与信息技术应用程度水平将对知识转移产生显著影响。知识接收方将知识进行学习、吸收、重构、内化，以保证知识共享实现最终目标，然而由于知识的复杂度与接收方组织特性及其接收能力的错位，容易造成"对牛弹琴"的局面，导致知识传递的线性过程在终端构成障碍，无法达到预期的共享目标。

基于上述分析，构建知识网络的风险来源框架如图 5.13 所示。

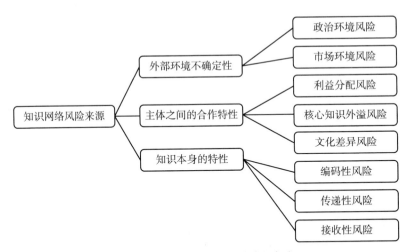

图 5.13　知识网络风险的来源框架

① Lane P J, Lubatkin M. Relative Absorptive Capacity and Interorganizational Learning ［J］. *Strategic Man* ［ *agement Journal*, 1998, 19 (5)：461 – 477.

② Simonin B L. Transfer of Marketing Know-how in International Strategic Alliances：An Empirical Investigation of the Role and Antecedents of Knowledge Ambiguity ［J］. *Journal of International Business Studies*, 1999：463 – 490.

5.4.2　知识网络风险的评估

风险评估工作是继风险识别之后的工作，通过评估知识网络识别出来的风险，来探讨各类风险对网络宏观运行及组织之间合作过程的影响程度，以及风险自身发生的可能性，据此提出风险的防范与控制策略，以期在更好地把握市场机遇的同时又能有效规避风险，提高合作效率与效益。作为传统风险管理理论的重要内容，风险评估是不可或缺的部分。本书采用风险矩阵及模糊集理论，识别知识网络风险，评估各类风险，以获得各类风险对知识网络的重要程度的定量化排序。

本书就知识网络风险评估的实施步骤为：（1）根据 Delphi 方法获得相关专家对各类风险评价的原始数据；（2）使用模糊集理论处理原始数据，以降低普遍存在的专家调查的主观依赖性；（3）使用风险矩阵首先展开定性的评估，以确定风险等级；（4）运用 Border 序值法，进一步评估定性评估之后的风险，得到各类风险重要程度的绝对排序。

5.4.2.1　构建风险矩阵

根据风险的定义（Huang and Moraga，2002）[①]，本章提出知识网络风险值 R 的计算方法为：

$$R = I \times P \tag{5.3}$$

在式（5.3）中，I 代表了风险发生后产生的损失量，P 代表了风险发生的概率，其基本原理是通过评价风险影响等级和风险发生概率，根据预定的标准确定风险等级，并据此制定相应的风险防范和控制措施。借鉴风险矩阵的定义，本章将知识网络风险划分为五个级别，如表 5.3 所示。其中，"极不可能发生"意味着 0～10% 的发生概率；"不太可能发生"意味着 11%～40% 的发生概率；"可能发生"意味着 41%～60% 的发生概率；"很可能发生"意味着 61%～90% 的发生概率；"极可能发生"意味着 91%～100% 的发生概率。L 代表低度风险，M 代表中度风险，H 代表高度风险，相关解释具体如表 5.4、表 5.5 所示。

---

① Huang C，Moraga C. A Fuzzy Risk Model and Its Matrix Algorithm ［J］. *International Journal of Uncertainty，Fuzziness and Knowledge - Based Systems*，2002，10（04）：347 - 362.

表5.3 知识网络的风险矩阵

等级 I	0 ~ 10	11 ~ 40	41 ~ 60	61 ~ 90	91 ~ 100
灾难	M	M	H	H	H
严重	M	M	M	H	H
中等	L	M	M	M	H
轻微	L	L	M	M	H
可忽略	L	L	L	M	M

表5.4 风险影响等级的说明

风险影响等级	定义
灾难	风险发生，将导致知识网络合作彻底失败，合作目标无法实现
严重	风险发生，将导致知识网络合作水平大幅度下降，严重影响合作目标的实现
中等	风险发生，将导致知识网络合作水平有所下降，但合作的主要目标仍基本能够实现
轻微	风险发生，将导致知识网络合作水平小幅度下降，跨组织合作目标能够实现
可忽略	风险发生，对知识网络的跨组织合作几乎没有影响，可忽略不计

表5.5 风险发生概率的说明

风险发生概率	发生概率范围（%）
极不可能发生	0 ~ 10
不可能发生	11 ~ 40
可能发生	41 ~ 60
很可能发生	61 ~ 90
极可能发生	91 ~ 100

5.4.2.2 风险评估数据的收集与处理

本书参考魏奇锋和张晓青等（2012）的研究思路[①]，在评估数据的收

---

① 魏奇锋，张晓青，顾新. 基于模糊集与风险矩阵的知识链组织之间知识共享风险评估 [J]. 情报理论与实践，2012，35（3）：75 - 78.

集方面主要采用了 Delphi 法，依靠领域内专家的经验、专业知识与卓越的判断能力等隐性知识，对识别出来的风险发生概率与对知识网络的影响等级进行了调查。调查对象为研究型大学与科研院所中研究知识网络相关的博士研究生，以及知识型、科技型企业的管理层。本次总共发出问卷 200份，调研时间为 2015 年 3 月 15 日~2015 年 4 月 15 日，历时 1 个月，收回 62 份，经整理后，有效问卷 57 份，有效率为 92.9%，问卷的来源构成如表 5.6 所示。

表 5.6 **问卷来源构成**

来源机构	数量（人）	所占比例
高等院校	31	54.39%
研究院所	9	15.80%
企业	16	28.07%
其他（如中介服务机构等）	1	1.75%

使用 SPSS21.0 软件对获得的数据进行信度分析，结果如表 5.7 所示，可知 8 个风险影响等级测量项的 Cronbach's Alpha 值为 0.727，8 个风险发生概率测量项的 Cronbach's Alpha 值为 0.716，表明具有良好信度，可见，样本数据具有较好的内部一致性，测量结果较为可靠。

表 5.7 **风险评价信度检验结果**

测度变量	Cronbach's α	基于标准化项的 Cronbach's α	项数
风险影响等级	0.727	0.737	8
风险发生概率	0.716	0.724	8

根据表 5.3、表 5.4、表 5.5 来看，风险的影响等级（I）与风险发生概率（P），将直接影响风险等级的排序与评估。但是，在知识网络评价中，这两项指标都属于定性指标，尽管研究一开始已经罗列了其内涵与相关的解释说明，但显然"评价标准"还不够细致，存在较大的"模糊

性"，据此得到的研究结果难免将受到专家主观意志左右。因此，为降低专家评估过程中的主观依赖性，本书引入模糊集理论对原始数据进行进一步处理。

基于文献分析以及实践经验，针对知识网络中识别出的 8 种风险因素，使用风险因素集 U =（u_1, u_2, u_3, u_4, u_5, u_6, u_7, u_8）表示，用 V^1 =（v_1^1, v_2^1, v_3^1, v_4^1, v_5^1）表示对风险影响等级的评语集，用 V^2 =（v_1^2, v_2^2, v_3^2, v_4^2, v_5^2）表示对风险发生概率的评语集。评语集则统一用 V =（v_1, v_2, v_3, v_4, v_5）来表示。于是，风险因素集 U 以及评语集 V 之间的模糊关系可以用隶属度矩阵 R 来表示，即：

$$R = \begin{bmatrix} R_1 \\ R_2 \\ R_3 \\ R_4 \\ R_5 \\ R_6 \\ R_7 \\ R_8 \end{bmatrix} = \begin{bmatrix} r_{11} & r_{12} & r_{13} & r_{14} & r_{15} & r_{16} & r_{17} & r_{18} \\ r_{21} & r_{22} & r_{23} & r_{24} & r_{25} & r_{26} & r_{27} & r_{28} \\ r_{31} & r_{32} & r_{33} & r_{34} & r_{35} & r_{36} & r_{37} & r_{38} \\ r_{41} & r_{42} & r_{43} & r_{44} & r_{45} & r_{46} & r_{47} & r_{48} \\ r_{51} & r_{52} & r_{53} & r_{54} & r_{55} & r_{56} & r_{57} & r_{58} \\ r_{61} & r_{62} & r_{63} & r_{64} & r_{65} & r_{66} & r_{67} & r_{68} \\ r_{71} & r_{72} & r_{73} & r_{74} & r_{75} & r_{76} & r_{77} & r_{78} \\ r_{81} & r_{82} & r_{83} & r_{84} & r_{85} & r_{86} & r_{87} & r_{88} \end{bmatrix}$$

在这个过程中，使用模糊集理论对数据进行处理的两个关键问题，是如何确定隶属度函数，以及模糊评价结果分析方法的选择。

首先，确定隶属度函数。目前，用来确定隶属度函数的方法有许多，包括模糊统计法、综合判断法、二元对比排序法等。对于通过 Delphi 法获得的定性评价指标数据，本书则采用模糊统计法。可知，针对其中某个具体风险，由专家调查得到样本量为 n，m_i（i = 1, 2, …, 5）为样本隶属于评价指标 v_i 的频数，而 $r_{ij} = m_i/n$，则表示该指标隶属于评价指标 v_i 的隶属度。

本书已识别的知识网络的 8 种风险影响等级根据可忽略、轻微、中等、严重、灾难 5 个评价等级进行模糊评价，得出的隶属度矩阵如下所示：

$$R^1 = \begin{bmatrix} R_1^1 \\ R_2^1 \\ R_3^1 \\ R_4^1 \\ R_5^1 \\ R_6^1 \\ R_7^1 \\ R_8^1 \end{bmatrix} = \begin{bmatrix} 0.02 & 0.14 & 0.19 & 0.39 & 0.27 \\ 0.02 & 0.39 & 0.36 & 0.17 & 0.07 \\ 0.00 & 0.20 & 0.42 & 0.31 & 0.07 \\ 0.00 & 0.07 & 0.17 & 0.47 & 0.29 \\ 0.07 & 0.49 & 0.29 & 0.12 & 0.03 \\ 0.08 & 0.36 & 0.25 & 0.29 & 0.02 \\ 0.08 & 0.46 & 0.25 & 0.17 & 0.03 \\ 0.05 & 0.37 & 0.41 & 0.14 & 0.03 \end{bmatrix}$$

本书识别出的 8 种风险的发生概率按极不可能发生、不可能发生、可能发生、很可能发生、极可能发生的 5 个等级进行模糊评价，得到的隶属度矩阵为：

$$R^2 = \begin{bmatrix} R_1^2 \\ R_2^2 \\ R_3^2 \\ R_4^2 \\ R_5^2 \\ R_6^2 \\ R_7^2 \\ R_8^2 \end{bmatrix} = \begin{bmatrix} 0.08 & 0.10 & 0.46 & 0.29 & 0.07 \\ 0.00 & 0.05 & 0.25 & 0.37 & 0.32 \\ 0.02 & 0.03 & 0.46 & 0.29 & 0.20 \\ 0.02 & 0.02 & 0.44 & 0.39 & 0.14 \\ 0.02 & 0.20 & 0.59 & 0.12 & 0.07 \\ 0.00 & 0.10 & 0.59 & 0.25 & 0.05 \\ 0.37 & 0.31 & 0.19 & 0.12 & 0.02 \\ 0.22 & 0.31 & 0.24 & 0.22 & 0.02 \end{bmatrix}$$

接着，确定模糊评价结果的分析方法。目前，流行使用的分析模糊评价结果的方法不少，包括最大接近原则、最大隶属度原则、模糊向量单值化法、模糊距离法与模糊关系综合评价等。本书选择最大接近法进行后续研究。

假设 $r_{ij} = \max_{1 \leqslant j \leqslant 5} r_{ij}$，计算 $\sum_{j=1}^{l-1} r_{ij}$ 及 $\sum_{j=l+1}^{5} r_{ij}$，确定评定等级的规则是：

（1）若 $\sum_{j=1}^{l-1} r_{ij} < \frac{1}{2}\sum_{j=1}^{5} r_{ij}$ 且 $\sum_{j=l+1}^{5} r_{ij} < \frac{1}{2}\sum_{j=1}^{5} r_{ij}$，则评定等级为评语集 V 中的第 L 级。

（2）若 $\sum_{j=1}^{L-1} r_{ij} \geqslant \frac{1}{2} \sum_{j=1}^{5} r_{ij}$，则评定等级为评语集 V 中的第 L－1 级。

（3）若 $\sum_{j=L+1}^{5} r_{ij} \geqslant \frac{1}{2} \sum_{j=1}^{5} r_{ij}$，则评定等级为评语集 V 中的第 L＋1 级。

（4）若 $R_i = [r_{i1}, r_{i2}, r_{i3}, r_{i4}, r_{i5}]$ 中，有 q 个（q≤5）相等的最大数，则先按上述规则分别做移位计算，移位后的评定等级如果仍然呈现离散状态，那么就取移位之后的中心等级进行评定；若中心等级有两个，就取权系数较大的那个位置来评定等级。

基于前文所述，评价原则与经计算得出的数据，参考表 5.3 所示的风险等级对照表，得到各类风险的定性评价结果如表 5.8 所示。

表 5.8　　　　　　　　　　　　　　　风险评价结果

风险（R）	风险影响等级（I）	风险发生概率（P）	风险等级
政治环境风险	严重	可能发生	中度风险
市场环境风险	中等	很可能发生	中度风险
利益分配风险	中等	可能发生	中度风险
核心知识外溢风险	严重	很可能发生	高度风险
文化差异风险	轻微	可能发生	中度风险
编码性风险	中等	可能发生	中度风险
传递性风险	轻微	不可能发生	低度风险
接收性风险	中等	不可能发生	中度风险

由表 5.8 可以看出，除了知识传递性风险较低外，其余知识网络的风险等级都不低，相比其他跨组织合作模式而言显得"危机四伏"，值得管理者警惕。

5.4.2.3　风险的 Borda 排序

理性组织拥有的人、财、物资源相对有限，考虑到经济性，无法对所有识别到的风险进行全力防范、治理与控制，因而就面临一个"谁强谁弱"的问题，通过判断各类风险的相对重要程度，使管理者决定将有限的成本投放到风险管理"性价比"最高的那些风险上。从表 5.8 显示的评价结果来看，多个风险处于"高""中"度风险的等级中，使得风险分类面临着"风险结"（risk tie）。风险结意味着，处在同一个等级中的，具有基本相同的风险属性却还可以继续划分的风险模块，无法得到更细致的区分，即不同的风险类型被归类到了同一级风险等级中。这种模糊的分类不利于科学风险的管理。因此，为减少风险结使得风险等级划分更合理，本书使用 Borda 序值法，对所识别出的知识网络八类风险，根据重要程度进行绝对排序。具体算法如下：

$$b_i = \sum_{k=1}^{2} (N - R_{ik}) \tag{5.4}$$

$$b_{ri} = \sum_{j=1,j \neq i}^{8} M(b_j > b_i) \tag{5.5}$$

其中，N 为待评估风险数量；K 为评估准则（即前文中涉及的风险影响等级、风险发生概率）；M 为 k 的个数，在本章中 m = 2，k = 1 表示风险影响等级 I，k = 2 表示风险发生概率 P；R_{ik} 为在准则 k 下取值等级高于特定风险 i 的风险数量；b_i 为风险 i 的 Borda 值；b_{ri} 为风险 i 的 Borda 序值。

基于研究调查的结果，采用式（5.4）和式（5.5）可以计算出，知识网络中各类风险的 Borda 值如表 5.9 所示。

表 5.9　　　　　　　　　　　　　Borda 序值评估结果

R	等级 I	概率 P	R_{ik}(K = 影响等级)	R_{ik}(K = 发生概率)	b_i	b_{ri}
政治环境风险	严重	可能发生	0	1	15	2
市场环境风险	中等	很可能发生	1	0	15	2
利益分配风险	中等	可能发生	1	1	14	3
核心知识外溢风险	严重	很可能发生	0	0	16	1
文化差异风险	轻微	可能发生	2	1	13	4
编码性风险	中等	可能发生	1	1	14	3
传递性风险	轻微	不可能发生	2	2	12	5
接收性风险	中等	不可能发生	1	2	13	4

根据表5.9中的Borda序值，对于本书中的特定知识网络而言，面临最严峻的风险类型第一是核心知识外溢风险，第二是政治环境风险和市场风险，第三是利益分配风险与编码性风险，相对风险等级较低的风险是文化差异风险和知识接收性风险，知识传递性风险是知识网络面临的风险等级最低的风险类型，结合知识网络的风险矩阵，绘制示意图5.14。

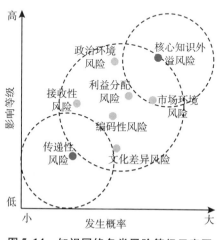

图5.14　知识网络各类风险等级示意图

在知识网络运行过程中面临着风险，尽管不能完全避免，然而通过采取一些优化措施可以尽量规避风险形成或降低相关风险引致的损害。因而，针对知识网络中的风险进行识别、评估，了解其产生的原因，分析风险的运行规律，判断每种风险的发生可能性及对知识网络运行的影响程度，按照重要程度排序，以利于提出更优的风险防范策略。基于这样的理念，本章利用模糊理论、风险矩阵及Borda序值法，评估了知识网络的八类典型风险，得出了评估结果。

5.4.3　风险机制与知识主体的风险防范策略

风险防范是知识网络中的知识主体科学、积极地采取一系列风险管理的技术与工具，对知识网络中各类风险来源实施识别、评估、分析、监控、预警与处理等一系列适应行为的过程，以确保网络的顺畅运行，一般来说，风险防范的运作机制如图5.15所示。

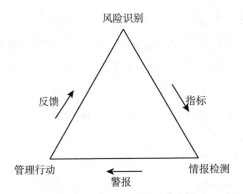

图 5.15　风险防范运作机制示意图

资料来源：Gilad B. Early Warning: Using Competitive Intelligence to Anticipate Market Shifts, Control Risk, and Create Powerful Strategies [M]. AMACOM Div American Mgmt Assn, 2003.；以及李颖，林聪颖. 知识资本的企业知识管理风险预警机制研究 [J]. 科学学与科学技术管理，2009，30 (9)：97 – 102.

风险作为知识网络的固有属性，对网络中跨组织创新的正常开展形成了障碍，不仅降低了创新速度以及创新质量和水平，甚至直接将知识创新引向失败的终点[①]。所谓"预防是解决危机的最好办法"，因而"防患于未然"成为决策原则，采用事前控制防范知识网络风险的形成及扩散，可以有效降低过程控制及事后控制成本，通过事前监控与方案应对，最大限度地降低因不确定性造成的潜在损失。如何实施知识网络风险的事前控制，已成为理论研究与实践工作的重点，内容围绕着风险防范的体系结构、指标体系、评价方法及政策手段等几个方面。另外，通过向网络组织传达风险相关的信息，也有助于帮助成员根据网络的整体目标导向，优化组织结构，判断知识网络的日常运行的健康程度，促进跨组织协同，实现网络整体协同效应。

在目前的研究中，风险防范、风险预警成果甚多，但大多集中在传统的企业等主体的职能领域中，与网络组织等新兴领域相关甚少。在少有的关联度较高的部分研究中，石琳娜和石娟等（2011）基于风险管理的时间过程逻辑[②]，认为知识网络的风险防范包含了风险预警预防、风险分析及

---

① 彭双，余维新，顾新等. 知识网络风险及其防范机制研究——基于社会网络视角 [J]. 科技进步与对策，2013，30 (20)：124 – 127.
② 石琳娜，石娟，顾新. 知识网络的风险及其防范机制研究 [J]. 科技进步与对策，2011，28 (16)：118 – 121.

风险应对三个机制，提出预警预防是风险防范的基础，风险分析是风险防范机制的核心，风险应对机制是风险防范的关键。风险防范机制的顺利实施得益于这三部分的有机结合。与时间逻辑不同的是，彭双和余维新等（2013）则基于社会网络视角，根据知识网络的空间层次，以及不同空间层次中的具体风险类型，探讨不同的风险防范机制，如图 5.16 和图 5.17 所示。

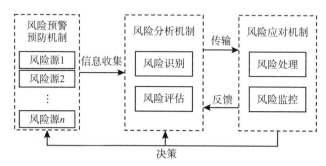

图 5.16　基于时间逻辑的知识网络风险防范机制

资料来源：石琳娜，石娟，顾新．知识网络的风险及其防范机制研究［J］．科技进步与对策，2011，28（16）：118－121．经笔者修改绘制所得．

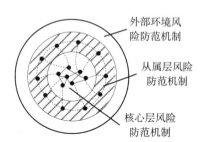

图 5.17　基于空间逻辑的知识网络风险防范机制

注：实线代表正式关系、虚线代表非正式关系。

资料来源：彭双，余维新，顾新等．知识网络风险及其防范机制研究——基于社会网络视角［J］．科技进步与对策，2013，30（20）：124－127．经笔者设计绘制所得．

　　戴守峰（2006）[①] 以战略联盟为研究对象，认为风险来自联盟内、联盟外两个方面的作用，并因此将风险防范体系划分为内生、外生与风险预控

---

① 戴守峰．企业战略联盟风险防范体系的架构研究［J］．管理学报，2006，3（1）：19－23．

体系三部分,内生体系主要指联盟内部设立的相关风险管理机构、策略、技术和方法的总和;外生体系是与风险防范相关的法律法规与社会信用体系之和;风险预控体系则是指通过机构调查与监控对各类风险指标的预测跟踪从而达到减少损失的目的,从而提出风险防范体系的框架。基于该管理框架可知,前文中对知识网络风险的识别、评估及风险等级排序,正是属于风险预控环节,是风险防范工作的重要构成。张青山和曹智安(2004)[①] 提出了类似针对联盟的风险防范体系与控制方法,根据联盟的生命周期,识别出包括组建阶段、运作阶段、解散阶段、传递性与全程性等阶段或特性的风险类型,构建包括内生与外生两个部分在内的风险防范框架。但是针对预控,提出了不同观点,认为预控的表现形式是核心企业(组织)之间的预控合同的订立,涉及风险投资、利益分配协议、技术投资与利用协议等。

基于以往的研究分析,结合思考知识网络自身以及风险管理的特点,本书认为知识网络的风险防范机制,可分为内生体系与外生体系两部分,如图 5.18 所示,内生体系主要指知识网络内构建的相关风险防范机构、机制、过程等的总和;外生体系则指规避与防范知识网络风险的政策、法律、市场监测系统的总和,二者缺一不可,互为补充。通过知识网络内部

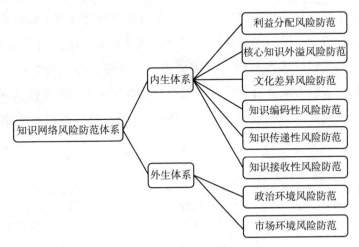

图 5.18 知识网络风险防范体系结构

① 张青山,曹智安. 企业动态联盟风险的防范与预控研究 [J]. 管理科学,2004,17(3):8 – 15.

建立的风险防范机构运行与相应的对策、方法与措施的落实使用，以及外部法规、信用和传媒体系的约束，从而为知识网络的风险管理提供系统支持。

5.4.3.1 内生风险防范

（1）利益分配风险防范机制。在知识网络合作框架下，传统利益分配理论基础是边际生产率分配理论，强调市场在利益分配的规范作用（雷志柱，2012）①。然而，利益分配风险来源于知识网络成员间合作的"非对称性"合作特征，即由此可能造成的核心成员知识权力的扩张，挤占其他成员的准租收益②③。第一，增强成员之间的依赖性。根据克莱因（Benjamin Clein）的描述，主动履约机制主要依靠交易方的违规行为实施惩罚来保证。处于自我履约范围中的个体条款造成的个体损失，要高于任何每个交易者潜在的"敲竹杠"所得，如果因为信息非对称，某个成员实施"敲竹杠"行为，则必然会遭到伙伴惩罚从而造成资本方面的损失，由此便会巩固其履约动机。可见，防范此类风险的核心要点在于提升合作的"对称性"，加强核心成员对于其他成员的依赖性（dependency）④，正是因为彼此强烈的依赖性，使得任何一方都不敢轻易做出有损对方利益的行为。第二，构建合理的利益分配方案。通过增强组织之间的依赖性，最终目的在于制定出公平、透明、和谐的利益分配方案，对于如何构建这样的利益分配方案，需要考虑知识网络背后的"权责利险"对等原则⑤，继而进行契约设计。参与利益分配需要考虑的要素，应从资源投入、贡献值、风险损失三方面进行考察，即契约设计需要考虑对成员投入资源的补偿、对成员贡献尤其对于创新活动的额外分配、对合作创新活动的风险补偿。

① 雷志柱. 知识网络组织构建与管理研究［M］. 北京：北京理工大学出版社，2012.

② 本杰明·克莱因. 垂直一体化，可剥削租金和竞争性合同订立过程［A］. 路易斯·普特曼，兰德尔·克罗茨纳. 孙经纬译，企业的经济性质［M］. 上海：上海财经大学出版社，2000：100－134.

③ 喻卫斌. 不确定性和网络组织研究［M］. 北京：中国社会科学出版社，2007.

④ Trkman P, Desouza K C. Knowledge Risks in Organizational Networks：An Exploratory Framework ［J］. *The Journal of Strategic Information Systems*，2012，21（1）：1－17.

⑤ 兰天，徐剑. 企业动态联盟利益分配的机制与方法［J］. 东北大学学报：自然科学版，2008，29（2）：301－304.

（2）核心知识外溢风险防范机制。从交易成本理论的角度看，核心知识的外溢，源于知识网络成员的机会主义行为，而知识网络合作形式下的关系契约虽然能较好地抑制知识主体的机会主义行为[1]，但由于无法实现完全规避，导致诸如因人员流动引发的关键技术流失，从而造成几乎不可逆转的核心知识风险。第一，明确并完善知识产权制度。合理的知识产权管理方式有利于抵御知识产权泄露，作为创新的基本保障，产权制度的优化，在激发知识网络成员的知识创新积极性，避免创新惰性方面起到决定作用。知识主体有必要根据产权保护的有关规定，采取适当措施强化组织知识产权保护与管理，以防止知识流失或非法侵占，从而促进知识网络组织的知识共享与创造，保证知识在网络成员知识资本运行中的活力与良好状态，实现理想的知识资本效益。第二，构建多层次的控制机制。知识网络中的高层管理者、网络关系协调者等的职责、功能有较大差异。在防范核心知识外溢风险方面，高层管理者主要负责识别组织核心能力；从上到下强调保护核心知识的价值，使组织之间对知识保护重要性达成一致意见；制定知识与产权保护的规章制度，为保护知识产权提供依据。网络关系协调者直接涉及网络事务的日常运营，在该方面的职责在于确保网络成员涉及的核心知识已进行精确分类。第三，提升网络信任。信任作为社会资本的核心维度，培育创新网络中的社会资本，可有效提升网络信任水平。基于网络信任的社会资本可以有效消除知识主体对机会主义行为的防范心理，降低交互学习的交易成本。一方面，知识网络成员应增加合作创新的专用性资产投入，以提升机会主义行为的转置与退出成本，利用主体间不可撤回性投资锁定各方；另一方面，则应实施开放式沟通，提高资源的透明度，以提升知识共享水平，降低核心知识外溢风险。第四，构建长期稳定的关系。基于博弈论理论[2]，单次博弈极有可能激发机会主义行为产生，然而合作方若基于长期合作的预期认知，便可知机会主义行为会显

---

[1] 喻卫斌. 网络组织的契约关系与机会主义行为的防范 [J]. 山东社会科学，2007（7）：81-84.

[2] 彭双，余维新，顾新等. 知识网络风险及其防范机制研究——基于社会网络视角 [J]. 科技进步与对策，2013，30（20）：124-127.

著增加成本，不利于自身利益的获得，从而有效降低机会主义风险。此外，长期的稳定关系也有利于知识网络建设清晰的"知识地图"，降低决策风险。琼斯（1997）强调[1][2]，相比一般的组织间契约而言，知识网络契约在防范机会主义行为方面更为有效，原因在于"结构嵌入"通过限制性进入、道德制约、集体认可制约与品牌声誉制约，使得知识网络形成了一套高效的治理方式，协调组织间的合作关系与行为。

（3）文化差异风险防范机制。文化差异风险防范关键在于，保障知识网络中的主体间文化上的"求同存异"。第一，预先考察文化差异。在构建、参与知识网络前，成员们需要历经特定程序来考察彼此文化的兼容性[3]，如确定文化原型、测定文化距离等，基于伙伴状况思考自身组织的文化刚性，以及在适当时候做出调整，增强文化兼容性。此外，为避免伙伴之间在语言、法规、习俗等方面造成可能的误解，可在订立合作协议前专门就文化差异相关的内容有所规定，为可能出现的文化冲突初步拟定一个解决框架。第二，构建合理的沟通渠道。在主体间构建合适的正式、非正式沟通渠道是文化交流的关键，有利于促进主体交互学习与交流，从而避免"无意识困境"，培养统一的文化认知与交互信任，防范文化差异风险。第三，进行文化敏感性训练（雷志柱，2012）。由于知识网络中隶属不同主体的员工需要与其他不同领域的专家展开合作，因此，合作过程中的跨文化训练十分必要，训练的内容包含人际关系技能、冲突解决技巧等。在知识合作中，对于人员文化背景差异导致的信息失真，通过文化敏感性培训，可以让知识员工清楚整体知识网络中的文化差异现状以及潜在问题，彼此认可对方的组织文化，尊重他人的行为惯例，降低文化差异风险发生的可能性。显然，文化差异风险的防范需要知识网络全员参与，而非单方的规定与遵从，本着求同存异、相互理解与尊重的基本原则，是实现该类风险防范，实现灵活文化适应的关键。

① Jones C, Hesterly W S, Borgatti S P. A General Theory of Network Governance: Exchange Conditions and Social Mechanisms [J]. *Academy of Management Review*, 1997, 22 (4): 911 – 945.

② 喻卫斌. 不确定性和网络组织研究 [M]. 北京：中国社会科学出版社, 2007: 165.

③ 雷志柱. 知识网络组织构建与管理研究 [M]. 北京：北京理工大学出版社, 2012.

（4）知识编码性风险防范机制。知识编码性风险源于因知识特性导致的知识编码过程的不完善。知识的模糊、不确定性导致编码过程信息失真，知识的隐性特性又直接影响编码难度。第一，合理选择编码形式。西莫宁（1999）认为[1]，知识模糊性源于知识的默会性（tacitness）、专用性（specificity）以及复杂性（complexity）。复杂性是指和既定知识资产互相依赖的技术工具、制度惯例与资源，若某种竞争力信息涉及众多个体及部门，就很难为知识编码人员所整合、理解[2]。对于拥有的不同知识，如战略、营销以及技术知识等，以及对于不同知识存在的不同信息强度及模糊性，其编码应选择不同的编码形式[3]。从战略、营销到技术知识，信息强度的不断增加，模糊性却不渐减弱。基于媒介理论，信息强度越高，其传播越依赖于高度简洁的编码形式，反之，则依赖于低简洁度的形式，即要实现知识信息强度与模糊度和编码形式简洁度的匹配。韩新伟和陈良猷（2004）提出了如图 5.19 所示的知识与编码形式的匹配关系，依靠知识类别与编码形式的匹配，得以有效防范因知识模糊性引发的知识编码性风险。第二，重点关注隐性知识编码。知识编码过程渐进发生，隐性知识高度依赖附着的主体，隐性知识编码化，从某种角度上来说也就是显性化，使之具备可共享性，可脱离原生产者的存在与传递。这种伴随性的，依靠拥有者既有知识及生产者直觉、思维惯例等因素的知识，通常可以采用 4 种编码方式[4]：数字化方式、程序化方式、定义分类方式以及隐性传播方式。知识网络的管理者，应对隐性知识的编码进行针对性地研究，作为知识生产者的一方—大学与科研院，尤其要注意隐性知识，相对显性而言，着重于知识解释，并非完全不可编码，关键是选择合理的方式方法。

---

① Simonin B L. Ambiguity and the Process of Knowledge Transfer in Strategic Alliances [J]. *Strategic Management Journal*，1999，20（7）：595–623.

② 肖小勇. 组织间知识转移研究——基于企业网络的视角 [M]. 成都：电子科技大学出版社，2009.

③ 韩新伟，陈良猷. 知识管理的编码化策略 [J]. 北京航空航天大学学报：社会科学版，2004，17（3）：57–61.

④ 匡辉. 内隐知识的编码 [J]. 自然辩证法研究，2005，21（1）：21–23.

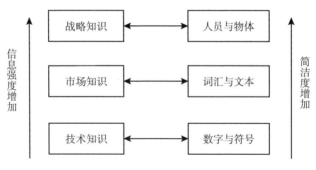

图 5.19   知识与编码形式的匹配关系

资料来源：韩新伟，陈良猷．知识管理的编码化策略［J］．北京航空航天大学学报：社会科学版，2004，17（3）：57－61．经笔者修改绘制所得．

（5）知识传递性风险防范机制。在防范知识传递性风险方面，重点在于明确传递的媒介类型、结构对不同特性知识传播的影响，因此，在防范机制的设计上，需考察传递媒介与知识特性（尤其是隐性知识）的匹配程度。第一，优化组织结构设计。由于组织设计对隐性知识传递存在显著影响（牛松，2009）①，因此，设计优化有利于隐性知识传递的组织结构及其他相关因素是防范知识传递性风险的重要手段。在组织设计中，应注意结构性维度、控制性维度、协同性维度三个方面的不同因素对隐性知识传递与扩散存在的作用。从结构性维度看，信息链主要对情境与途径构成的影响，在隐性知识的传递中，主体关联性与传递途径选择存在密切联系，知识网络主体间知识分工造成的差异则影响着知识的传递内容、传递主体与传递情境因素，以构成不利影响；从控制性维度看，主体组织权力水平将影响隐性知识传递方法与手段，规范程度则与知识特性及传递主体紧密关联，从而造成不利影响；从协调性维度看，组织结构的协调水平对隐性知识传递和传递途径密切关联，组织文化的作用则集中表现在对传递主体联系与人际情境影响上，与组织文化类似，组织激励所造成的变化促进了隐性知识传递，即存在正向的促进作用。第二，知识特性与传递媒介的匹配。由于隐性知识通常采用隐喻、类比与概念模型等非显性方式表

① 牛松．组织设计对隐性知识传递影响的实证研究［D］．厦门：厦门大学，2009.

征，或根据实地研究方式进行传递与扩散，与显性知识根据精确编码方式直接选择传递媒体的方式有较大差异，可见知识的不同特性直接影响着传递媒介的选择与传递的有效性。邝宁华等（2003）认为[1]，知识的歧义性是决定传递媒介选择的首要因素，通常来看，知识隐性程度越强则表明歧义性程度越高。知识特性与传播媒体富裕程度的匹配，有效解释了知识网络组织间知识传递中的媒介选择。冷厄尔（1983）[2] 提出了媒体富裕概念，表示媒体拥有的通过阐明歧义来使人理解的能力，媒体富裕度如表5.10 所示。其中，媒体富裕程度从上到下逐步降低。

表 5.10　　　　　　　　　　　　　媒体富裕度示意表

媒体	反馈	通道	来源	语言
面对面传播	及时反馈	视听两可	个人方式	主体自然
视听会议	几乎及时	视听两可	个人方式	主体自然
电话	快速反馈	只可听	个人方式	自然表达
语音邮件	基本适当	有限可听	个人方式	自然表达
传真	基本适当	只限文本	个人方式	自然表达
电子传播	基本适当	只限文本	人化方式	自然表达
正式书面文本	较为缓慢	只限文本	非人化方式	自然表达
数字输出	较为缓慢	只限文本	非人化方式	数字表达

资料来源：Lengel R H. Managerial Information Processing and Communication-media Source Selection Behavior [D]. Unpublished PhD Dissertation, Texas A&M University, 1983.

冷厄尔认为，当隐性程度较高的知识，需选择较高富裕度媒体进行传递与扩散，反之，则选择低富裕度的媒体。邝宁华等（2003）还进一步就知识类型和媒体选择进行了总结，如表5.11 所示，通过知识特性和媒介的匹配选择，得以有效防范并降低知识传递性风险。

---

① 邝宁华，胡奇英，杜荣. 知识特征与知识传递媒体的选择 [J]. 软科学，2003，17（6）：2-5.

② Lengel R H. Managerial Information Processing and Communication-media Source Selection Behavior [D]. Unpublished PhD Dissertation, Texas A&M University, 1983.

表 5.11　　　　　　　　　　知识类型与传递媒体选择的匹配

知识类别	隐性程度	知识传递方式	具体手段	媒体选择	媒体富裕度
隐性知识	强	潜移默化	师徒制 在职培训 人员流动	面对面传播	高
		外部明示、 内部升华	对话方式 "干中学" 群体会议	面对面传播 视听会议 电话方式	
显性知识	弱	外部明示、 内部升华	函数命名规范 操作指南 操作手册	正式文本	低

资料来源：邝宁华，胡奇英，杜荣. 知识特征与知识传递媒体的选择 [J]. 软科学，2003，17 (6)：2-5.

（6）知识接收性风险防范机制。为防范知识接收性风险，重点在于增强接收方的知识接收动机与学习能力。古普塔和戈文达拉扬（2006）[1]强调了知识接收方从知识源处获得知识的主观愿望与学习能力，对知识转移效果起着决定性影响，接收方对知识所形成的个体价值判断决定了个体乃至组织成员的学习动机强度，与可能造成的知识转移效果。知识接收水平的干扰因素主要包括接收方的经验储备、学习欲望及吸收能力三方面（苏卉，2009）[2]，因而防范该类型风险也可以围绕这三个方面进行落实。第一，培养主体间知识共性。先前经验意味着组织于生产、运营、研发及其他相关方面积累起来的经验，若缺少必要新技术知识经验与知识基础，那么将可能面临难以理解传递过来的知识，更不用说掌握了。对此，野中郁次郎提出了"知识重叠"概念[3]，知识提供与接收两者之间重叠部分的

---

[1]　Gupta A K, Govindarajan V. Knowledge Management's Social Dimension：Lessons From Nucor Steel [A]. in：Laurence Prusak & Eric Matson（eds.），Knowledge Management and Organizational Learning：A Reader [M]. Oxford：Oxford University Press，2006.

[2]　苏卉. 知识接收方特性对知识转移效率影响的实证研究 [J]. 情报杂志，2009（5）：138-142.

[3]　Nonaka I. A Dynamic Theory of Organizational Knowledge Creation [J]. *Organization Science*，1994，5（1）：14-37.

知识为更好地进行知识吸收奠定了基础，为此，知识网络的管理者需采取措施提升知识共享主体之间的知识重叠性。第二，激发学习动机。学习意图表达了接收方学习知识的积极性与主动性，是知识转移的一个重要驱动力。通过激发接收方的学习动机，提高其知识接收愿望，也通常有助于知识接收方克服知识在转移过程中可能的障碍，从而避免接收性风险的发生。第三，改善主体吸收能力。许多知识传递失败的案例表明，接收方的知识吸收能力是决定知识传递效果的关键要素之一，而努力提高接收方主体的知识吸收能力，成为防范知识接收性风险的又一个重要方式。由于这种能力受到接收方主体的行为动机、先前知识、研发投入水平、与合作伙伴技术能力互补性以及该主体自身的知识整合机制紧密相关，因此，知识网络管理者应重点干预这些方面。

5.4.3.2 外生风险防范

外生风险防范主要从政治环境风险防范与市场环境风险防范两方面展开，尽管外生体系内的风险不可控，但通过增强风险应对的灵活性，有助于知识网络规避相关风险，或在一定程度上降低风险损失。

（1）政治环境风险防范机制。对政治风险的防范，需要考虑三个方面内容：知识网络如何评估政治政策环境变化的可能性；知识网络如何估算政治政策环境变化对自身利益造成的影响；知识网络如何保护自己的利益，避免受到因政治政策环境变化造成的不利影响，或者从某些特殊的政治政策环境改变中获利。第一，增强环境感知。通常情况下，对于政治风险，知识网络无法主动去治理，而只有被动去适应或提前规避，知识网络本身无法左右国家、地区政策的制定与执行。为更快、更好地感知外部政治环境的变化，知识网络管理者应致力于扩大网络规模，并增加与外部环境接触点（彭双和余维新等，2013）[①]。随着知识网络规模的增加，网络主体多样性也将随之增加，分属于各个产业的主体不但可以向知识网络提供更为丰富的异质性知识，也能潜在构建更多的信息交换渠道，有利于政策、法规等信息在知识网络内外的传播，从

---

① 彭双，余维新，顾新等．知识网络风险及其防范机制研究——基于社会网络视角［J］．科技进步与对策，2013，30（20）：124－127.

而增强知识网络外部环境的敏感水平。第二，建立与政府之间的联系。对于许多政府主导型的知识网络而言，知识网络发展的政治导向性明显，因此，此类风险较小；而对于市场主导型的知识网络而言，就需主动与政府部门构建正式或非正式的沟通渠道，进行信息的动态交互，使知识网络掌握当下及未来一定时期内国家、地区的发展政策导向与产业政策的变更趋势。如果能同时集成有关社会关系的网络节点，如知识网络主体中包含一些与地区政府部门、研发机构及其他政策制定集团有密切联系的组织或个体，知识网络就能显著提升其政治敏感性，提前预知政府政策与市场环境的变化，并在一定程度上影响政策变化，以防范政治风险的发生。

（2）市场环境风险防范机制。市场是一只"看不见的手"，由这只无形的手所引发的风险，也难以捉摸。市场环境风险防范要注意辨识、度量、监测与前馈控制四个方面，风险防范目标是，将市场风险严格控制在知识网络可承受的范围内，同时实现经过风险调整后的收益率最大。第一，缩短与市场的距离。与防范政治风险类似的是，构建市场风险防范机制，也需着力提升知识网络的市场环境敏感度，在一定程度下影响市场的政策变化，因此，知识网络管理者可通过构建扁平化的知识网络组织结构，缩短知识网络核心主体与外部市场环境之间的距离。通过缩短与市场环境的距离，可以有效降低信息传递失真与时滞，有助于知识网络及时跟踪市场信息反馈，动态调整应对措施，规避市场风险，缩短与市场环境距离的有效手段是设立专门的市场监测部门，动态收集、整理、汇报市场需求情况以及与创新产品未来的市场价格（利率、汇率、股票价格与商品本身价格等）相关的情况。而扁平化的组织结构也能抵御复杂环境变化带来的不确定性的负效应，以降低市场风险。第二，做好预案。由于市场与金融变化与有关政策变更等造成的市场风险，在知识网络生命周期内的不同阶段都有可能发生，其性质也不随知识网络运行状况而发生改变，因此，在知识网络构建初期就进行机会识别及相关预先评估，率先拟订几个机遇备案方案、应变计划及应对方案，或是采用担保等风险转移措施（张青山和曹智安，2004)①，可有效防范潜在的市场风险。

5.5　本章小结

在知识网络的演化中，信任机制、冲突机制、风险机制的有效运行，是实现网络动态有序的前提保障，也是知识网络合作模式自组织运行过程的集中体现。

知识网络为知识主体交互学习提供了一个知识交易的平台与场所。相互信任是知识主体之间合作关系成功的关键因素，在知识网络发展的过程中，信任关系沿着"尝试性信任""维持性信任""延续性信任"和"敏捷性信任"的逻辑演化。知识主体交互学习行为伴随着跨组织知识流动，贯穿着知识网络演化的过程，在这个过程中，知识主体交互学习与相互信任呈现出"共演效应"，通过共生、共演，提升知识网络中的知识转移与扩散水平，从而提升网络绩效。

知识网络的风险形态随着潜在冲突、知觉冲突、意向冲突、行为冲突与结果冲突的路径发展变化。冲突具有二重性特点，既有建设性，又有破坏性，知识网络冲突管理的原则是基于冲突双方或多方的依赖关系为基础的，以关系状况转化为重点，激发冲突的正面效应，制约负面效应。知识主体之间的合作与冲突问题，实际上是一个创造收益与分配收益的问题，包括机会主义行为控制与利益协调、价值创造两个机制。在知识网络冲突机制演化中，知识主体适应行为采取契约、自实施与第三方冲突的协调方案，实现合作与冲突关系协调，并最终达到知识协同。

知识网络的风险来自外部环境的不确定性、主体之间的合作特性以及知识本身特性，主要呈现出包括政治环境风险、市场环境风险、利益分配风险、核心知识外溢风险、文化差异风险、知识编码性风险、知识传递性风险与知识接收性风险8类重要风险。通过调查研究发现，对于知识网络

---

① 张青山，曹智安. 企业动态联盟风险的防范与预控研究［J］. 管理科学，2004，17（3）：8－15.

而言，面临最严峻的风险类型第一是核心知识外溢风险，第二是政治环境风险和市场风险，第三是利益分配风险与编码性风险，相对风险等级较低的风险是文化差异风险和知识接收性风险，知识传递性风险是知识网络面临的风险等级最低的风险类型。知识主体对于知识网络风险的防范，分为内生体系与外生体系两部分，具体适应行为凝结在两类体系风险的防范策略中。

第6章

知识网络的功能演化及其
知识主体行为分析

知识网络这一跨组织的合作模式，为包括创新型企业、研究型大学、科研院所等在内的多个创新主体提高创新效率、实现协同创新，提供了一个知识密集，便于实施知识转移与扩散的互动平台。知识网络运行的核心客体是知识，运行表现则是针对知识这一客体的扩散、吸收、应用与创新等一系列职能的实施，以及包括共享现有知识、创造新知识与形成知识优势的功能的发挥过程。本章从知识流动的视角来研究知识网络的功能演化，认为知识网络功能演化的过程就是各创新主体之间知识共享（knowledge sharing）、知识创造（knowledge creation）到知识优势（knowledge advantage）形成的递进的演化过程，各创新主体根据这个逻辑过程实现知识资源的跨组织互动、扩散、集成与整合，实现知识创造，发挥知识的外部性与溢出效应，提升创新主体各自的知识存量优势与知识流量优势，从而进一步形成单一组织的核心能力与整体的知识联盟能力，最终形成知识网络系统的整体相对知识优势。在知识网络功能的演化过程中，协同创新目标导向下的知识主体实施一系列有利于达成知识共享、知识创造及形成知识优势的行为，来匹配知识网络功能的发挥，使之更好地具有适应性及知识资源的支配权，与此同时，在知识主体的适应行为的实施过程中，其知识能力得到了进一步提升并产生跃迁现象。

6.1 基于知识流动的知识网络功能演化概念模型

本节基于"知识共享—知识创造—知识优势形成"的知识流动过程，构建了知识网络的功能演化概念模型，并探讨功能演化的影响因素。

6.1.1 知识网络功能演化三阶段的构成

基于交易成本考虑，由于创新型企业通过知识网络合作所获得互补知识的成本要低于自行研发付出的成本，研究型大学与科研院所等知识主体也将获得比独立研发更多的额外科研及经济收益，知识主体之间通过契约与股权等手段联结形成优势互补、利益共享的合作创新关系。在合作对象的选择上，各主体按照知识互补原则，选择能从对方学习到异质性知识从而得以加强自身竞争优势的合作伙伴（Powell and Koput et al.，1996）[①]，这种合作关系的建立有助于弥补各自的知识差距，并消除"知识孤岛"现象，从而产生知识的跨组织流动趋势。实现知识在主体间的跨组织流动，是知识网络功能的集中表现，在该过程中，各知识主体通过协作与互动形成联动效应，将各主体的创新行为基于利益共生进行捆绑，从而加速知识扩散（涂振洲和顾新，2013）[②]，与此同时，不同网络主体所拥有的异质知识资源得到更优配置，创新则正是这些知识资源相互作用的结果（顾新，2008）[③]。在知识网络的实践中，跨组织知识流动的具体形式包括直接与间接两种，直接的知识流动是其中的主要方式，主要包括各主体之间的技术转移、人力流动、专利购买、转让与许可使用等；间接的知识流动则包括市场调查、各主体之间个体员工的非正式交流以及技术交易会等

---

① Powell W W，Koput K W，Smith – Doerr L. Interorganizational Collaboration and the Locus of Innovation：Networks of Learning in Biotechnology [J]. *Administrative Science Quarterly*，1996（41）：116 – 145.

② 涂振洲，顾新. 基于知识流动的产学研协同创新过程研究 [J]. 科学学研究，2013，31（9）：1381 – 1390.

③ 顾新. 知识链管理：基于生命周期的组织之间知识链管理框架模型研究 [M]. 成都：四川大学出版社，2008.

形式。对于跨组织知识流动的过程，可以根据各知识主体行为的协同程度，分为知识共享、知识创造与知识优势形成三个递进演化的阶段（魏奇锋和顾新，2013）①，如图 6.1 所示。

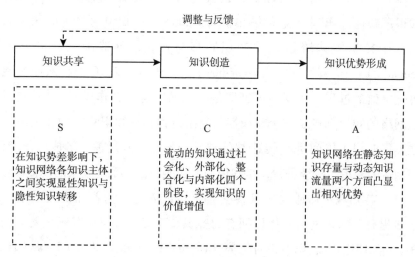

图 6.1　知识网络的知识流动理论模型

（1）知识共享被认为是知识主体之间一系列复杂的知识交换行为（Shin，2004）②，知识网络中的知识共享是指各知识主体的知识（包括隐性知识与显性知识）通过交互学习为其他成员主体所共同分享，继而转变为知识网络系统整体的核心资源与竞争力，是知识网络功能演化过程的第一阶段，也是知识网络的短期目标。知识网络中的知识共享主要表现为组织间的知识共享③。由于知识存在强外部特性，即表现出来的实用的非排他与产权的排他性特征，不会因为其传播和使用造成数量和内容上的减少，相反，还会因为交流和使用使集体智慧增加。有限理性下的知识主体

①　魏奇锋，顾新. 基于知识流动的产学研协同创新过程研究 ［J］. 科技进步与对策，2013，30（15）：133 – 137.

②　Shin M. A Framework for Evaluating Economics of Knowledge Management Systems ［J］. *Information & Management*，2004，42（1）：179 – 196.

③　魏奇锋，顾新. 产学研知识联盟的知识共享研究 ［J］. 科学管理研究，2011，29（3）：89 – 93.

将独有的知识在知识网络内进行公开，通过组织间的交互学习、交流与沟通，实现知识在网络主体之间的双向转移，知识共享的接收方则将获得的知识与其已有的知识资源实现重组与整合。

（2）知识创造指对新知识的研究与开发，是在原有知识的基础上，新知识革新性地出现（党兴华和李莉，2005）[①]。知识网络中的知识创造即指基于知识主体跨组织的知识转移与传递，创造出全新的思想性（thoughtful）的流程性知识（know-how）（晏双生，2010）[②]，从而实现知识价值增值的过程，实现知识创造是知识网络这一合作模式的中期目标。知识网络的知识创造是一个非线性的复杂过程，在知识势差的作用下，知识在不同知识主体间进行转移与传递，并不断得到反馈，形成价值增值。知识创造的实现与持续进行，是知识网络功能稳定、系统健康的前提保证。

（3）各知识主体通过知识共享促成知识创造，随着知识流动水平的进一步提升，知识网络整体所拥有的知识在静态存量与动态流量两方面相比于其他知识网络表现出相对优势（Gu and Li et al.，2005）[③]。从知识存量优势的角度看，知识网络复合系统之间拥有的知识存量存在异质性，表现为知识数量与知识结构的差异。知识存量优势由复合系统拥有的独特知识资源所决定，强调的是知识网络的整体优势，是一种静态优势；从知识流量优势的角度看，知识流量是在一定时间内网络主体间知识转移的数量变化幅度，由于这种数量变化受知识共享与知识创造的流量制约，因而知识流量优势具有动态性特征。知识优势是知识存量优势与知识流量优势的集成，来源于知识网络各知识主体在已有知识基础上从知识共享到知识创造的每一个知识流动环节，形成知识优势是知识网络的最终目标。

通过知识主体之间的知识共享、知识创造与知识优势形成三阶段知识

① 党兴华，李莉. 技术创新合作中基于知识位势的知识创造模型研究 [J]. 中国软科学，2005（11）：143 – 148.

② 晏双生. 知识创造与知识创新的涵义及其关系论 [J]. 科学学研究，2010，28（8）：1148 – 1152.

③ Gu X, Li J, Wang W. Knowledge Chain, Knowledge Chain Management and Knowledge Advantage [C]. Proceedings of ICSSSM'05, 2005 International Conference on Services Systems and Services Management, 2005. IEEE, 2005, 2：892 – 897.

网络功能的发挥，实现知识网络复合系统中知识的价值增值，提升网络整体与知识主体各方的竞争实力，从而实现合作价值。上述知识网络功能演化的知识流动三阶段并非孑然独立，而是彼此嵌接、紧密联系与动态发展的循环过程（涂振洲和顾新，2013)①，每一次循环知识的质、量得到积累和提升，较低层级的创新循环形成了更高层次的知识，从而实现知识层次的升级，使知识网络整体创新能力不断提升。

6.1.2 知识网络功能演化的影响因素

基于"知识共享—知识创造—知识优势形成"的知识网络功能演化过程分析，促成并维持这一过程的因素主要有四个方面，即知识流动的前提、维系纽带、协同目标与制度保障。其逻辑如图 6.2 所示。

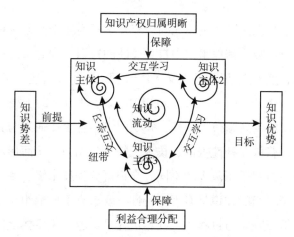

图 6.2 知识网络功能演化的影响因素示意图

6.1.2.1 以知识势差为前提

网络主体之间的知识势差是知识流动的前提。势差源于物理学中"由于物体所处位置而必然具有一定的势能"概念，物质与非物质的传导与扩散总是由势差所引起的，且总是从高势能向低势能扩散，知识本身也存在类似的

---

① 涂振洲，顾新. 基于知识流动的产学研协同创新过程研究 [J]. 科学学研究，2013，31 (9)：1381 – 1390.

性质，正是由于知识势差导致了知识扩散，并在知识创新动力机制的作用下，实现知识的推陈出新，从而使知识势差存在绝对化（晏双生，2010）[①]。

创新型企业、研究型大学与科研院所等知识主体的知识势差表现在知识存量、知识结构与知识嵌入性三个方面（宋保林和李兆友，2010）[②]，知识存量的差异在于各网络主体所拥有的理论形态的知识与经验形态的知识存在差异；知识结构差异则是指显性、隐性知识的比例差别，在一定范围内，知识的发送者与接收者之间的知识结构越相似，即网络主体之间的技术范式呈现同构性，则知识流动越有可能发生，知识流动阻力越小；知识嵌入性有两种表征形式，其内部表征为主体内部不同部门之间的交互协同，外部表征为主体之间的技术转移、人力流动、专利购买、转让与许可使用等，嵌入性越高则越有利于知识流动的维持与效率提升。

6.1.2.2 以交互学习为纽带

知识网络中知识流动以主体之间的交互学习为纽带，通过跨组织的有目的、主动地学习，吸收其他组织中自身或缺的知识，同时又向该组织提供其所缺乏的知识，实现知识的重构与整合，形成知识创造。已有研究表明（Simonin，1997[③]；Jiang and Li，2009[④]），交互学习有助于提升知识联盟中企业等创新主体的创新绩效，同样，知识网络中各主体通过与其他创新主体进行交互学习，获取互补性资源、技术、知识与能力，从而形成竞争优势。

根据性质与组织适用范围的不同，知识可分为技术级、系统级与战略级三个等级，不同等级的知识具有不同特性，要求有不同的组织学习过程与之相匹配。在组织交互学习过程中，互相信任是培养知识主体之间学习氛围的基本条件，应建立或培养各知识主体之间的契约型信任（contractual trust）、认同型信任（identification trust）与认知型信任（cognition-based trust）。为

① 晏双生. 知识创造与知识创新的涵义及其关系论 [J]. 科学学研究，2010，28（8）：1148–1152.

② 宋保林，李兆友. 技术创新过程中技术知识流动何以可能 [J]. 东北大学学报（社会科学版），2010，12（4）：289–293.

③ Simonin B. L. The Importance of Collaborative Know-how：An Empirical Test of The Learning Organization [J]. *Academy of Management Journal*，1997，40（5）：1150–1173.

④ Jiang X，Li Y. An Empirical Lnvestigation of Knowledge Management and Innovative Performance：The Case of Alliances [J]. *Research Policy*，2009，38（2）：358–368.

提高组织交互学习的有效性，网络主体之间还需要在知识基础、组织结构与补偿政策、主导逻辑（文化）等方面培养相似性（陈劲，2001）①。

6.1.2.3 以知识优势为目标

形成知识网络的整体知识优势，是各知识主体通过知识网络合作期待实现的最终目标。知识优势目标的达成使知识网络在静态知识存量与动态知识流量两方面表现出相对更高的水平，通过后续商品化行为转化成产品或服务的领先地位，更容易形成竞争优势；此外，知识优势的形成有助于提高各知识主体的学习能力，进而降低生产的边际成本，实现规模经济外溢，从而在一定程度上巩固知识网络的合作关系。

作为知识优势的表现形式，知识流量与知识存量密切相关。知识存量可以随着知识流速加快而增加，也可以由知识主体内部的知识形成创新知识，但知识存量的增长在很大程度上得益于知识流量。同时，知识存量的储备为知识流量的变化提供了基础。显然，创新型企业等知识主体拥有丰富的经验形态知识储备，才有可能流向研究型大学与科研院所等知识主体，同样，研究型大学与科研院所拥有丰富的理论形态知识，构成知识的"学研—产"流向的基础。

6.1.2.4 以知识产权归属明晰及利益合理分配为保障

网络主体的知识产权归属明晰，成果利益合理分配，是形成稳定的知识网络合作机制的根本，是知识网络中知识得以顺畅流动的保障。根据知识网络合作的经验，知识产权纠纷是影响合作成效的主要障碍之一。

创新型企业与研究型大学、科研院所等知识主体在知识合作的出发点方面存在差异，即企业主体希望通过合作获得新技术的突破，通过运用于产品生产形成超额利润；而学研主体依靠与企业主体进行知识合作，追求学术上的突破，从而追求或维持其学术地位（Ditzel，1983）②。这使得企业主体希望长期地排他性持有合作所得的知识产权成果，并追求研发与应用的短周期化，而学研主体的科研人员受学术激励的影响，倾向于公开发

---

① 陈劲. 永续发展——企业技术创新透析［M］. 北京：科学出版社，2001.

② Ditzel R. G. Patent Rights at the University/Industry Interface［J］. *Journal of the Society of Research Administrators*，1983，14（3）：13 – 20.

表最新研究成果。因而，产生了技术知识非排他性与专有性之间的失衡，造成知识产权纠纷。一旦出现纠纷，知识网络中的知识流动效率将下降、停滞乃至终止。为避免利益分配冲突的发生，需要有合理的契约来界定知识产权的权利归属，规定利益分配。基于契约的信任形成，为各网络主体的知识转移与传递提供了保障，有效促进了知识网络功能的发挥。

6.2 功能演化各阶段运行机制及知识主体行为特性

知识网络的跨组织知识流动过程，本质是一个复杂的自组织演化过程（涂振洲和顾新，2013）①。自组织理论认为，"自组织是不存在外部指令，系统按照某种相互默契的规则，各尽其职又彼此协调地自动形成有序结构，具有协同、自转换与自调节的特征。"在知识流动的过程中，各知识主体的行为表现出环境适应性，在一定条件下通过行为策略选择，影响环境，从而表现出新的、有序状态的各类适应行为，更好地促进知识网络功能的发挥。

6.2.1 知识共享阶段

知识共享意味着各知识主体的独有知识实现了跨组织的转移与传递，知识转移得以实现源于组织之间存在知识势差。如研究型大学与科研院所拥有一支稳定的科研人员队伍，具备较强的基础研究实力、新技术开发能力与研究经验，却缺乏技术市场化的资金与商业远见；创新型企业则拥有较强的技术知识商品化能力与相对充裕的技术产业化资本，并持有更接近终端客户的市场信息，却缺乏与市场需求相符的前沿技术以及科技人力资源，由此产生主体之间的知识势差。因此，企业主体向学研主体转移科学研究所需的市场化、工程化知识，学研主体则反向转移企业主体技术开发及应用所需的知识，实现知识的双向转移。

知识主体在完成知识转移后需要对接收的知识进行学习，此时知识主

---

① 涂振洲，顾新. 基于知识流动的产学研协同创新过程研究［J］. 科学学研究，2013，31（9）：1381－1390.

体需要一个协同学习的过程来消化知识（吴绍波和顾新，2008）①，此时知识主体必须具备匹配的知识学习能力，若知识学习能力不足，则知识共享无法完成从传递到接收的流程，即只有各知识主体学习、吸收了各自获得的知识，才算完成了一个循环过程的知识共享。从知识网络特性分析来看，知识共享本身就是跨组织层面的交流与互动行为，通过形成知识共享网络。首先，扩大知识网络共性知识容量，继而通过知识搜索、选择、吸收及运用，共享为知识主体个体所有，如图 6.3 所示。具体就知识网络而言②，网络主体在经过双向的知识转移后，会将接收的零散的隐性知识以及大部分显性知识传递转移到网络共享知识库中，以互联网存储、处理与传输技术为平台实现知识主体及时进行数据存取的过程。一方面，该知识库对知识网络内各主体的知识进行整合；另一方面，也吸收网络外部与研发相关的知识，经消化吸收转变为具有本地特色的知识和技能，供网络主体随时调取。其次，知识网络主体通过学习行为，从网络共享知识库获得所需知识，以增加主体自身知识存量，继而提升知识流速与流量。

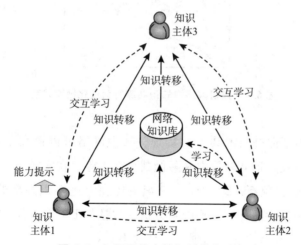

图 6.3　知识网络中的知识共享过程

①　吴绍波，顾新．知识链组织之间合作的知识协同研究［J］．科学学与科学技术管理，2008，29（8）：83 – 87．
②　涂振洲，顾新．基于知识流动的产学研协同创新过程研究［J］．科学学研究，2013，31（9）：1381 – 1390．

从实践来看，知识主体具有有限理性行为特征，遵循"试探、学习、适应、成长"的行为逻辑，使知识网络主体之间的知识共享符合演化博弈的逻辑（程敏和余艳，2011）[①]。知识共享行为最终收敛于（不共享，不共享）和（共享，共享）两种策略，收敛于哪种趋势结果取决于不同的支付矩阵及相关参数变化。其中，包括知识共享成本、协同收益值、主体额外收益值、知识共享能力、现有知识存量等几方面。程敏和余艳（2011）提出如下知识共享行为策略演化趋势（如图6.4所示），当知识共享成本系数越小、协同收益系数越大、主体额外收益系数越小、主体知识共享能力越大以及现有知识存量越高时，知识主体之间趋向于选择知识共享行为策略。

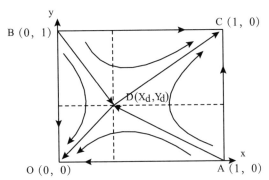

图6.4 知识网络中知识共享行为演化博弈趋势

因此，为了促进知识共享的实现，知识网络可以提高主体的协同收益、知识存量及知识共享能力并降低共享成本等。在实践中，与知识联盟类似（魏奇锋和顾新，2011）[②]，知识主体在促进知识共享的途径方面，结合知识网络功能演化的影响因素分析，包括如下五个方面。

6.2.1.1 通过文化协同创造良好的学习氛围

塑造学习型组织文化，构建文化协同机制，通过互相学习促进文化趋

————————————

① 程敏，余艳. 基于演化博弈论的知识链组织间知识共享研究 [J]. 科技管理研究，2011，31（4）：145－148.

② 魏奇锋，顾新. 产学研知识联盟的知识共享研究 [J]. 科学管理研究，2011，29（3）：89－93.

同，使得知识网络不同于知识主体之间产生互信，从而形成友好的知识共享氛围，有利于知识主体互相获取异质性知识。组织文化具有自我改造功能，可影响个体旧有保守的价值观念，树立新的价值观，适应知识共享需要；同时通过学习型文化的反馈激励，最终激发网络主体自发共享，形成完备、自由的知识"供—求"体系。此外，在网络宏观愿景的指引下，"深度汇谈"有益排除妨碍互相学习与交流的各种不利因素，实现知识的顺利共享，避免网络协同"有名无实"，故而网络主体自身可以加强对个体成员个性与期望的考察。

6.2.1.2　多角度变革知识网络的组织结构

首先，积极进行组织结构变革，调整职权关系，去除因知识网络形成引起的原组织结构不适用的因素，建立新型组织结构，将对网络中的知识共享产生积极影响。由于信息技术在现代跨组织合作中的广泛应用，使超扁平化的组织结构成为可能。网络通过组织整合，形成有机、权变的集团组织，加快知识流动速度，激发网络主体知识传递的积极性、主动性，形成柔性网络的组织结构。其次，促进团队建设。团队可以是自发形成的跨职能工作团体，也可以是虚拟的管理团队，即依靠信息技术打破时空限制，必要时可快速形成知识共享小团体。此外，通过促进非正式的组织沟通，也有效提高了知识网络合作的和谐氛围，提升知识共享效率，降低共享成本。通过减少管理层次，扩大下属职权，营造开放、积极的合作氛围。

6.2.1.3　规范契约制度与知识产权制度

契约给知识网络各主体之间带来契约型信任。用制度手段约束知识共享行为，能有效规避合作对象机会主义行为所致风险。契约中涉及利益分配的相关内容也让多方利益相关者明确利益分配的合理性。为提高知识共享水平，促进创新知识产出，需规范化联盟契约制度。如创新型企业、研究型大学以及科研院所等知识主体以政府机构为第三方平台，科技中介服务机构为支撑，通过商订细致的法规及合同、抵押担保、赔付等其他交易细则，规定网络知识创新成果的分配原则，从而约束组织与个体成员行为。除订立契约建立良好的信任机制外，建立完善的知识产权制度也可在很大程度上规避机会主义风险，通过切实保护自主知识产权，避免知识网络共有的创新成果流失，从而保障知识网络健康运行。

6.2.1.4 主体间互派专员驻扎学习、轮岗

通过各个知识主体之间互派专门人员驻扎学习，形成一条官方的知识传递通道，较之虚拟环境下的团队学习，学习进度和成效更具有可控性。专员定期向原网络主体汇报知识共享、合作开发的进度和情况，根据本主体领导的意志，促成计划进度的深入实施。另外，进行跨组织的轮岗轮训，交流知识与技术经验，通过这种知识网络内局部的交换委托培养行为，网络中合作技术攻关者得以深度学习新技能，从而更好地进行科学研究与技术开发。各主体也因此获得额外收益——即领域内专家人才的成功培养。

6.2.1.5 合理使用相关知识共享技术工具

合理使用技术工具，优化知识网络中的知识共享，能有效提高共享效率和水平。常规手段诸如通过非正式的跨组织互动，如举办定期技术座谈可有效增加沟通机会，促进知识网络内不同主体之间的相互身份认同，提升知识共享的可能性。较前沿的信息技术手段，包括开辟知识网络中加密局域网 WIKI，建设储存员工头脑中隐性知识的 IT 系统文档和数据库，通过利用 BLOG、IM、微信等技术平台与通信软件，及建设相应局域知识管理系统和丰富的共享知识信息库，使网络主体之间以及人际的知识传递效率更高、程度更深。

6.2.2 知识创造阶段

倘若各知识主体仅实现了知识的跨组织共享，却未产生任何价值增值，将形成较高的机会成本，从交易—成本理论角度而言，显然无益于实现知识网络的协同效应，甚至可能引起较大冲突而使合作失败，带来更大的损失。可见通过知识创造过程（如图 6.5 所示）实现知识价值的增值，是知识网络功能的核心体现。

知识网络中组织之间共享知识的类型包括隐性知识与显性知识，且以隐性知识为主导，随着知识主体之间知识扩散的不断深化，知识网络的知

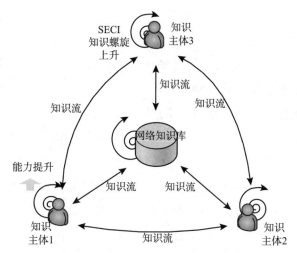

图 6.5　知识网络中的知识创造过程

识水平实现 SECI 螺旋式上升（Nonaka and Takeuchi，1995）①，继而促成知识创造。野中郁次郎提出的 SECI 模型原本描述的是企业知识创造的一般过程。其中，包括了社会化、外部化、整合化与内部化四个阶段。在协同机制的作用下，知识网络中多个知识主体之间通过物质、技术、信息、资金、人力等交换，形成一种网络协同与互动，因而，可用 SECI 模型表达知识网络中的知识创造。该模型认为随着知识主体之间的动态交互，在不同的训练场（Ba）中，知识的形态在创新活动中不断地进行着显性与隐性的转化。而且，知识螺旋上升不但发生在每个知识主体内部，更会在知识主体之间发生，通过在创始场、互动场、系统化场及练习场的四个知识转化过程中，知识主体对新转移的知识进行吸收与转化，前后衔接，形成持续不断的 SECI 循环和叠加，实现知识网络知识的不断扩展与螺旋上升。

　　基于 SECI 模型，来考察知识主体在知识创造过程中的微观适应行为，集中体现在四个训练场中。

　　在创始场中，知识主体之间通过共享经验构建隐性知识，获取隐性知

---

　　①　Nonaka I，Takeuchi H. *The Knowledge-creating Company*：*How Japanese Companies Create the Dynamics of Innovation*［M］. New York：Oxford University Press，1995：77 – 102.

识的关键在于观察、模仿与实践等交互学习行为，如企业通过与上游供应商及终端客户的直接沟通获得供需知识，这是一种组织之间隐性知识向显性知识转化的"潜移默化"的过程，但这一阶段的交互学习并没有增加知识网络的知识总量。在互动场中，在知识主体之间的交互学习过程中，通过类比、概念与模型等手段，实现隐性知识的显性化，如知识工作者将属于消费者的个人化知识或技术专家的专业化隐性知识，通过演绎手段或推论技巧，转化成可以理解与文字传播的形式，这一环节是知识创造过程的关键，许多无形的或缺乏逻辑的技术理念与产品设计思维通过人脑创造活动，变成了显性的概念与可用语言进行清晰表达的内容，使得显性知识总量增加，但整个知识系统仍处于无序状态。在系统化场中，不同类别的显性知识不断地进行跨组织融合与重组，使得零散的知识碎片不断得到整合与系统化，主要表现为知识主体之间通过技术与管理等资料的搜集，或者通过报告或会议等信息进行意见交换，通过信息整理与数据统计，使之整合成为新的组织发展参考文件的过程，并转移到网络共享知识库中，与原有知识进行融合重构产生新的显性知识，在这一过程中，知识从无序逐渐走向有序。在练习场中，知识实现了从显性向隐性的转化，在系统化场中形成的新的显性知识被各知识主体内部的个体员工消化、吸收，并得到应用，从而凝结成为知识主体新的固有知识，提升其知识存量优势，此时，知识主体将组织各类培训计划帮助内部员工了解与吸收新的理念与方法，使知识主体原有隐性知识系统得到拓展与延伸，实现知识主体之间的知识扩散。同时，经过四个训练场的"知识交互训练"，知识主体的知识能力得到了显著提升。

在知识创造的过程中，网络主体之间的知识传递具有"叠加"效应，即随着知识螺旋次数的递增，知识接收方获得的内容中包含了新创知识，在实践中以各类创新成果存在（涂振洲和顾新，2013）[①]，既包括有形资源的开发，如新产品、新设计、新服务及现有生产工艺的改善，也包括各异质性主体知识能力的发展，如项目协同开发能力、知识保护、重建与共

① 涂振洲，顾新. 基于知识流动的产学研协同创新过程研究［J］. 科学学研究，2013，31（9）：1381－1390.

享能力的提升。当新创知识通过若干个 SECI 知识螺旋循环到最初点的时候，已经富集了复杂的知识联系，即知识经由无数、反复的螺旋演化，最终实现知识的系统化、复杂化与全面化发展（杨德群和杨朝军，2004）①，从零散、无序的主体知识转化为知识网络知识共享与创新的整体飞跃。

6.2.3 知识优势的形成阶段

知识网络的知识优势由静态知识存量优势和动态知识流量优势集成（如图 6.6 所示），来源于前序知识共享与知识创造阶段。知识共享提升了知识网络储存、收集与转换知识资源的能力，促进知识流动效率，提升了知识流量优势；通过获得并分享主体最优合作经验及可重复利用的知识资产，实现创新知识的技术化与产业化，加速知识在数量上的积累，逐渐形成知识存量优势（涂振洲和顾新，2013）。通过知识共享阶段的知识积累，知识流动进入多循环螺旋式上升的转化，在该过程中，随着新创知识不断汇入知识流中，网络整体知识流量不断优化与扩大，同时知识存量也有着显著提升。在知识扩散与知识溢出的作用下，知识网络的知识优势不断形成。不过，由于网络的漏斗效应、知识外溢风险、竞争对手的模仿与超越等原因，知识网络的知识优势形成并不是一劳永逸，而是趋于衰减，最终将被其他组织超越。因此，维持已经形成的知识优势也至关重要。

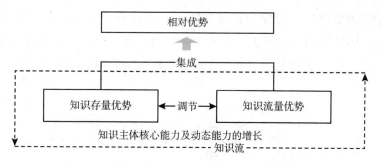

图 6.6 知识网络中的知识优势形成过程示意图

---

① 杨德群，杨朝军. 知识创造螺旋机理：认识论——本体论的观点 [J]. 情报科学，2004，22（11）：1327 - 1330.

在这一阶段中，知识主体的适应行为表现为促成并维持该知识优势。在促成知识优势方面，知识主体主要致力于核心能力的培育；在维持知识优势方面，知识主体则致力于动态能力的培育。核心能力也即主体的核心竞争力，强调了一个组织的静态技术优势、创新整合能力及协调能力（Gu and Li et al.，2005）①，动态能力被认为是组织整合、建立与重新配置内外部能力以应对快速变化的环境的能力（Teece and Pisano et al.，1997）②。

知识主体核心能力的本质是知识，是实现知识优势的基础，普拉哈拉德和哈默尔（1990）指出③，核心能力是"主体的积累性学识，特别是关于如何协调不同生产技能并有机结合多种技术流派的学识"，这一定义揭示了核心能力的"知识"本质。由于核心能力是知识生产、鉴别、学习、吸收、消化、应用和创新的长期累积结果，反映了主体的知识水平，而知识水平的差异与知识积累又决定了主体间知识存量的差异。因此，提升核心能力是知识主体在知识优势形成过程中的首要行为策略。提升核心能力的主要途径是加强组织知识管理。首先，知识主体通过设计有利于知识共享与创新的激励机制，提高员工不断创造新的知识与技能，并将其提供给主体内部的其他员工，依靠提升主体内部的知识共享水平来提高主体对外的知识获取能力（谢康和吴清津，2002）④。其次，在主体内部营造学习的氛围，构建学习型组织，将员工学习行为制度化，通过知识交流、分享和集体参与，提高组织员工的技能素质。最后，个人知识是主体知识形成的基础，因而也是核心能力形成的起点，通过将个人知识转化为团队知识，通过团队沟通与交流再转化为主体知识，而主体知识又反过来促进个人知识的扩展，从而形成一个良性循环，培育出知识主体的核心能力（李

① Gu X，Li J，Wang W. Knowledge Chain，Knowledge Chain Management and Knowledge Advantage [C]. Proceedings of ICSSSM'05，2005 International Conference on Services Systems and Services Management，2005. IEEE，2005，2：892 – 897.

② Teece D J，Pisano G，Shuen A. Dynamic Capabilities and Strategic Management [J]. *Strategic Management Journal*，1997，18（7）：509 – 533.

③ Hamel G，Prahalad C K. The Core Competence of the Corporation [J]. *Harvard Business Review*，1990，68（3）：79 – 91.

④ 谢康，吴清津. 企业知识分享学习曲线与国家知识优势 [J]. 管理科学学报，2002，5（2）：14 – 21.

久平和顾新，2008）①。

从知识管理的理论角度，知识主体的动态能力是主体适应实施知识网络环境变化而创造性地使用内外部知识资源的过程性运营与组织管理。动态能力来源于主体对新知识的获取、整合、创新以及应用，该能力的培育与知识创造过程存在密切的逻辑关联（辛晴和杨蕙馨，2012）②。知识主体动态能力水平决定了其主动从其他主体或网络外部搜索、识别有价值信息的积极性与可能性，在现有知识流动的基础上，通过对新知识进行筛选、整合与吸收，提升知识流量水平。此外，较高的动态能力也有助于主体可以涉及和使用的知识领域范围、规模及异质性程度的扩大，提升知识主体的网络资源利用水平。知识主体通过知识流程再造能显著提升其动态能力（张省，2014）③，知识流程再造的内容包括知识存量、知识流量和知识流向三个内容，三者分别与动态能力的位势、流程与路径相对应，而知识属性（知识宽度、知识深度、知识强度）则是知识流程再造的出发点，决定动态能力的层次，是动态能力形成的基础。知识属性通过影响资源与能力重构的实现，建立并维持知识优势。基于知识流程的知识获取、积累、转化、交流、应用等知识活动显著影响知识流量，知识流动能力的强化本质就是动态能力产生的过程，而动态能力反过来在知识管理过程中影响知识流量水平。知识流程再造的主要内容涉及：将静态知识存量改造成为主体知识资产，继而积淀成为知识资本；改造知识传递流程，使之更为系统化；控制知识流动的方向，使知识流向与动态能力演化路径保持一致；以及提升知识的深度、宽度以及广度。

6.2.4　功能演化过程中的知识主体行为特性

知识网络中的知识流动属于跨组织知识流动的范畴，跨组织知识流动

---

① 李久平，顾新，王维成. 知识链管理与知识优势的形成 [J]. 情报杂志，2008，27（3）：50－53.

② 辛晴，杨蕙馨. 知识网络如何影响企业创新——动态能力视角的实证研究 [J]. 研究与发展管理，2012，24（6）：12－22.

③ 张省. 基于动态能力观的知识链知识优势形成路径与维持机理研究 [D]. 成都：四川大学，2014：135.

的实质是促进不同组织所拥有知识资源的有效重组，创新便是该过程中知识资源相互作用的结果。合作各方之间的相互依赖关系是知识流动得以维持的基础，而合作各方内部的知识势差与来自合作外部的推动力则是形成这种相互依赖关系的源泉。在组织之间的知识流动过程中，知识沿着"编码—获取—更新—内化—外化"的一般形式在组织之间进行转移与传递，知识本身所具有的共享性、部分非排他性、累积性与非磨损性等特点在这一过程中得以充分体现。在知识网络功能演化的过程中，知识主体的适应行为大致呈现出协同竞争性、系统复杂性、互利共生性、信任制约性以及地域联结性等特性。

6.2.4.1 协同竞争性

伴随着创新要素之间的非线性交互作用，知识网络呈现出自我发展、自我适应、自我复制与自我进化等协同特征[①]，各知识主体之间的合作表现出系统的自组织特征，强调合作子系统（知识主体）之间通过物质、能量或信息交换等方式相互作用，从而形成一种整体效应或生成一种新型的有序结构，这一过程借助跨组织的知识流动得以完成。同时，在各知识主体协同创新的过程中，由于各知识主体对知识流动结果存在不同预期，作为相互独立的利益主体，基于个体理性的考虑将形成行为决策冲突，甚至可能产生一定的机会主义行为。因此，在合作行为中必然存在一定程度的竞争性，从本质上看，这一竞争性主要表现为知识主体知识共享的开放性程度。因而，在知识网络的知识流动过程中，协同与竞争相互融合，相互渗透，最终实现各知识主体的共同进步。

6.2.4.2 系统复杂性

知识主体之间的知识流动发生在知识网络复杂的自组织系统内，在该过程中，众多创新要素之间（包括各知识主体的战略要素、技术要素、组织要素、文化要素与制度要素等）存在着强烈的耦合作用。因而，各知识主体之间的知识流动过程在一定规则与秩序制约下同时存在一定程度的非线性、不稳定、不可预测与自适应性。知识的共享性与部分非排他性在这

---

① H. Haken. Synergetic: An Introduction [M]. Berlin: Spring-verlog, 1997.

一过程中得以充分体现——知识的扩散方向不易控制、知识的流量难以计量、非正式知识传输渠道管控困难等。知识网络复杂系统自身也不断进化，伴随着系统"酝酿—组建—运行—解体"的生命周期过程，系统内部的知识流动沿着"社会化、外部化、整合化与内部化"四阶段知识螺旋过程实现知识创造，逐渐提升系统的知识存量。

6.2.4.3 互利共生性

知识网络主体之间的合作是一种互利共生、利益共享的合作模式，通过共同开展技术创新，逐步实现从研发、产品、市场再到研发的良性循环。由于科技的飞速发展，单一组织内部储存、吸收知识的速度已经跟不上研发所需知识的更新速度。以创新型企业、研究型大学与科研院所等为主要构成的知识创新主体迫切地希望通过知识资源优势互补，推进跨组织的知识扩散，以弥补自身的知识落差，有效降低知识主体独立研发的人力、费用与时间成本，从而降低研发风险。随着知识网络系统的建立，各网络主体之间基于互惠互利的契约合同或股权关系，以实现复合系统的整体知识优势为目的进行知识共享，依靠知识的跨组织流动弥补各自的资源缺口与技术创新能力的不足，促成知识创造，从而实现互利共生的协同创新目标。

6.2.4.4 信任制约性

在跨组织的协同创新背景下，由于存在一定程度的信息不对称，作为独立利益主体的创新主体存在机会主义行为的可能性。另外，跨组织的知识共享可能导致组织核心知识（知识产权）的泄露，并由此导致该组织核心竞争力的丧失，从而引发知识主体之间的信任危机。萨贝尔（1992）认为[1]："相互信任是合作各方坚信没有一方会利用另一方的弱点去获取利益。"在知识网络中，各知识主体之间相互信任的形成受合作经历、沟通过程、组织背景等内部条件与法律制度、中介服务机构、社会信用体系等外部环境的影响，随着信任类别的深化，跨组织知识流动的阻力将逐渐减小，效率也将随之提高。协同创新作为一种高度合作的运作模式，通过在各个知识主体之间建立延续性信任，是实现知识高效流动，达成共同合作目标的关键途径。

---

① Sabel C. F. Studied Trust: Building New Forms of Cooperation in A Volatile Economy [J]. Human Relations, 1993, 46 (9): 1133-1170.

6.2.4.5 地域联结性

知识网络中知识流动的实现，主要以相互关联的组织与机构为创新主体，以地理靠近为特征，以设施配套、机构完善为支撑条件，以政府政策与财政引导、中介服务机构支持作为平台保障的、具有本地化特征的区域性合作网络，在此基础上实现各创新主体之间的知识互补，共同完成知识创造目标，这充分体现了知识网络中知识流动过程的区域性联结特征。其中，各创新主体之间的地理距离影响着跨组织知识流动的时间与成本，其原因在于较近的地理距离促进了隐性知识的流动。比如，同处一个城市内的各创新主体之间可充分进行面对面交流，解决技术难题；而跨市甚至跨省的合作，虽其显性知识的转移与传递可借助计算机网络而不受距离限制，但隐性知识存在于专家头脑之中，常表现为技能、技巧与经验，产生了较强的知识粘滞性（Von，1994）①，从而不利于隐性知识的转移，增加了合作的交易成本。根据阿布拉莫等（2011）对意大利产学研合作现状的研究表明②，企业选择与之地理位置较近的大学（科研院所）作为合作伙伴非常重要。知识网络中知识流动的这种地域联结特性，应作为合作对象选择时重点考虑的因素之一。

6.3 功能演化下的知识主体行为及其知识能力提升

在知识网络功能演化的背景下，知识主体如何才能获得并保持其竞争优势，使其占据优势网络位置不被知识网络及外部环境所淘汰，是网络演化中知识主体思考的核心问题。企业等创新主体在取得与维持竞争优势这一过程中，其能力的培养与各种能力的综合运用是关键因素，组织经营战略不过是其发挥智力资本的潜能并实施于特定开发领域中的行为。因而，

---

① Von Hippel E. "Sticky information" and the Locus of Problem Solving: Implications For Innovation [J]. *Management Science*，1994，40（4）：429 – 439.

② Abramo G，D'Angelo C A，Di Costa F，et al. The Role of Information Asymmetry in the Market for University-Industry Research Collaboration [J]. *The Journal of Technology Transfer*，2011，36（1）：84 – 100.

如何培育这样的能力，以适应知识网络动态复杂的环境变化，不断从组织外部吸收知识，并及时对组织内外知识、资源与能力进行协调、更新与重构，实现其可持续发展，是创新主体亟待解决的问题。

从经管领域中现有网络（知识）主体能力的相关研究来看，学者们对网络"能力"存在不同的定义，切入的视角也各不相同。如组织能力（organizational capability）（Floyd and Wooldridge, 1999）[①]，本地化能力（local capability）（Ernst and Kim, 2009）[②]，网络能力（network capability）（Baxter and Arch, 2011[③]; Park and Hong, 2012[④]; 陈学光, 2008[⑤]），知识能力（knowledge capabilities/capability）（Gold and Arvind, 2001[⑥]; 宁烨和樊治平, 2007[⑦]），知识创造能力（knowledge creation capability）（Smith and Collins et al., 2005）[⑧]，知识权力（knowledge power）研究（Trentin, 2011[⑨]; 党兴华等, 2012[⑩]、2014[⑪]）以及技术能力（technological capabili-

① Floyd S W, Wooldridge B. Knowledge Creation and Social Networks in Corporate Entrepreneurship: The Renewal of Organizational Capability [J]. *Entrepreneurship Theory and Practice*, 1999, 23: 123 – 144.

② Ernst D, Kim L. Global Production Networks, Knowledge Diffusion, and Local Capability Formation [J]. *Research Policy*, 2002, 31 (8): 1417 – 1429.

③ Baxter Roger, and Arch G. *Woodside, eds. Interfirm Networks: Theory, Strategy, and Behavior* [M]. Emerald Group Publishing, 2011.

④ Park Y W, Hong P. *Building Network Capabilities in Turbulent Competitive Environments: Practices of Global Firms from Korea and Japan* [M]. CRC Press, 2012.

⑤ 陈学光. 企业网络能力——网络能力创新网络及创新绩效关系研究 [M]. 北京：经济管理出版社, 2008.

⑥ Gold A H, Arvind Malhotra A H S. Knowledge Management: An Organizational Capabilities Perspective [J]. *Journal of Management Information Systems*, 2001, 18 (1): 185 – 214.

⑦ 宁烨, 樊治平. 知识能力——演化过程与提升路径研究 [M]. 北京：经济科学出版社, 2007.

⑧ Smith K G, Collins C J, Clark K D. Existing Knowledge, Knowledge Creation Capability, and the Rate of New Product Introduction in High-technology Firms [J]. *Academy of Management Journal*, 2005, 48 (2): 346 – 357.

⑨ Trentin, Guglielmo, ed. *Technology and Knowledge Flow: The Power of Networks* [M]. Oxford: Chandos Publishing, 2011.

⑩ 党兴华, 张巍. 网络嵌入性，企业知识能力与知识权力 [J]. 中国管理科学, 2012, 20 (S2): 615 – 620.

⑪ 党兴华, 刘立. 技术创新网络中企业知识权力测度研究 [J]. 管理评论, 2014, 26 (6): 67 – 73.

ty）（Yokakul and Zawdie，2010①；汤长安，2010②）等视角。尽管描述方式各不相同，但基本上都表达了网络环境中处于一定网络位置上的主体对于知识等创新资源的支配权力与能力，一般情况下，权力越大或能力越强，则主体的创新能力就越强，可以预期的创新绩效水平及利益分配比例就会越高。根据知识网络组织模式的运行特性，本书沿用相关学者的概念将该能力定义为知识能力，并在知识网络的功能演化中探讨知识主体的行为与知识能力提升的关系。

6.3.1 知识能力的概念、拓展及其构成

能力是指企业为实现组织目标，创造价值优化配置资源的方式（Dutta and Narasimhan et al.，2005）。演化经济学认为（Nelson and Winter，2002），在不确定的条件下，企业拥有不完全的知识，只是在特定时间内具有一定知识、能力及决策规划的生产，在环境选择机制的作用下，企业现有的管理或知识决定了企业组织之间竞争性行为的结果。

6.3.1.1 知识能力的概念与拓展意义

能力是指企业为实现组织目标，创造价值优化配置资源的方式（Dutta and Narasimhan et al.，2005）③。演化经济学认为（Nelson and Winter，2002）④，在不确定的条件下，企业拥有不完全的知识，只是在特定时间内具有一定知识、能力及决策规划的生产，在环境选择机制作用下，企业现有的管理或知识决定了企业组织之间竞争性行为的结果。知识理论认为，知识能力（knowledge capabilities）意味着一个组织能否有效利用知识

① Yokakul N, Zawdie G. Innovation Network and Technological Capability Development in the Thai SME Sector：The Case of the Thai Dessert Industry ［J］. *International Journal of Technology Management & Sustainable Development*，2010，9（1）：19 – 36.

② 汤长安. 高技术集群企业技术能力成长与演进——基于网络视角的研究 ［M］. 北京：经济科学出版社，2010.

③ Dutta S, Narasimhan O M, Rajiv S. Research Notes and Commentaries Conceptualizing and Measuring Capabilities：Methodology and Empirical Application ［J］. *Strategic Management Journal*，2005，26（3）：277 –285.

④ Nelson R R, Winter S G. Evolutionary Theorizing in Economics ［J］. *The Journal of Economic Perspectives*，2002，16（2）：23 – 46.

（包括产生、获取、共享及应用等过程）来助其获得成功的可能性（Daw-son，2000）①。在资源观的视角下，知识能力则是"决定企业吸收、创造新知识的能力的知识资产总和"（Parashar and Singh，2005）②。这个概念与知识管理能力（knowledge management capability）的概念基本一致，知识管理能力体现在组织整合、调动与合理配置知识资源的一系列知识管理活动当中，这些活动有助于获得组织绩效与竞争优势（Gold and Arvind，2001③；Chuang，2004④），宁烨和樊治平（2007）同样认为⑤，知识能力从本质上来看是一种知识整合与协调的能力，由一系列知识管理行为和过程所组成，该能力"源于对知识主体的知识、能力及资源在动态竞争环境中作用的理解，使主体长期竞争优势的维持及发展根植于对主体自身知识能力的培育当中。知识主体的内生成长具有知识性与动态性，主体内部的权力分配以知识为基础，有形的资源优势正朝着核心知识优势和能力优势转变。"可见，在知识网络合作的框架下，两者表达的含义相同。

知识能力是否得到有效发挥，是主体之间知识能否有效流动的前提，决定了知识共享效率、知识创造水平及知识在存量、流量等方面的相对优势。主体知识能力的拓展途径来自个人技术、组织技术、个人行为（技能）以及组织行为（技能）四个方面（如表 6.1 所示）。霍华德和萨默维尔（2008）⑥ 认为，交互学习是构建知识能力的主因，因而要提升知识能力就必须从优化组织交互学习入手。

---

① Dawson R. Knowledge Capabilities As the Focus of Organisational Development and Strategy [J]. *Journal of Knowledge Management*，2000，4（4）：320 – 327.

② Parashar M，Singh S K. Innovation Capability [J]. *IIMB Management Review*，2005，17（4）：115 – 123.

③ Gold A H，Arvind Malhotra A H S. Knowledge Management：An Organizational Capabilities Perspective [J]. *Journal of Management Information Systems*，2001，18（1）：185 – 214.

④ Chuang S H. A Resource-based Perspective on Knowledge Management Capability and Competitive Advantage：An Empirical Investigation [J]. *Expert Systems with Applications*，2004，27（3）：459 – 465.

⑤ 宁烨，樊治平. 知识能力——演化过程与提升路径研究 [M]. 北京：经济科学出版社，2007：8.

⑥ Howard Z，Somerville M. Building Knowledge Capabilities：An Organisational Learning Approach [C]. Proceedings of the 11th Annual Australian Conference on Knowledge Management and Intelligent Decision Support：Harnessing Knowledge to Build Communities. ACKMIDS，2008.

表6.1　　　　　　　　知识能力的四个拓展领域（方式）

层面	个人知识利用	组织知识流动
技术层面	搜索引擎 邮件过滤 智能代理 信息可视化	电子邮件 内部网和群组软件 知识黄页 视频会议
行为层面 （技能）	冗余信息过滤 分析 观念合成 决策制定	组织文化 团队建设与团队目标 群体处理 沟通技巧

　　资料来源：Dawson R. Knowledge Capabilities As the Focus of Organisational Development and Sstrategy［J］. *Journal of Knowledge Management*，2000，4（4）：320 – 327.

　　在社会经济发展复杂多变的背景下，知识能力的价值呈现"衰减"特征，类似于货币的购买力，会随着通货膨胀、货币贬值等而逐渐下降，知识能力的价值创造预期也会随着知识网络环境变化、竞争者能力变化等而不断下降，也即知识能力水平是相对的而不是绝对的，随着时间的流逝，知识主体原本的知识能力所能创造的绩效价值呈递减特性。这与知识的生命周期密切相关，伯金肖和希汉（2002）[①] 指出：创新知识具有"构建（creation）、转化（mobilisation）、扩散（diffusion）、应用（commoditisation）"的生命周期过程，而这更是直接影响了基于知识资源产生的能力的变化，决定了知识能力的动态特性。与企业核心竞争力的作用类似，知识能力有助于知识主体创造更多的价值，较难为竞争对手模仿与替代，但形成之后有一定刚性（Leonard，1992）[②]，意味着知识主体拥有的知识能力受到企业家行为、组织文化、行为惯例等具有明显路径依赖特征因素的影响。在网络主体的知识能力与网络环境交互影响与选择的背景下，使得知识网络主体知识能力的形成并非一劳永逸，而是"用进废退"，其价值呈

---

　　① Birkinshaw J, Sheehan T. Managing the Knowledge Life Cycle［J］. *MIT Sloan Management Review*，2002，44（1）：75 – 84.

　　② Leonard D. Core Capabilities and Core Rigidities：A Paradox in Managing New Product Development［J］. *Strategic Management Journal*，1992，13（2）：111 – 125.

现出"衰减"特征，正如宁烨和樊治平（2007）[①] 提出知识能力具有生命周期特性，包括"构建、发展、固化、危机、跃迁"等阶段。通过主体间的交互学习，知识能力得到提升，且呈现出一定的"能级跃迁"特征。

6.3.1.2 知识能力的构成

知识能力可以分为静态能力与动态能力两个方面（Dawson，2000）[②]。静态知识能力指主体现有的知识资源储备，如持有多项未充分利用的技术专利与知识产权，可以通过直接生产或专利授权获得收益；以及主体内部构建的专家系统建设等，以积累工作人员的有效经验与专门知识或捕捉网络知识溢出。这类知识能力相对静态的原因，是由于其具有稳定性特征，能力的发挥没有时间压力。动态能力则具有严格的时间约束，在动态环境下的生存"不进则退"，知识主体必须时刻调整行为以适应网络环境的新情况，在实践中，主要表现为新技术开发及产品营销等方面，复杂环境下的主体动态知识能力已经成为决定其持续竞争优势的源泉（Schilke，2014）[③]。戈尔德和阿文德（2001）认为[④]，知识能力从基础设施及知识活动过程的两方面共同决定了组织有效性（organizational effectiveness），从而将知识能力划分为知识基础设施能力（knowledge infrastructure capability）及知识过程能力（knowledge process capability）两类。其中，知识基础设施能力分为三个维度，包括技术、文化与结构知识能力；知识过程能力则包括知识获取、知识转换、知识应用及知识保护四个方面。基于上述研究，杨和陈（2007）[⑤] 进一步指出，主体知识能力与知识共享行为具有正向关系，知识能力是指调动与优化配置知识资源使之与其他资源和能力

① 宁烨，樊治平. 知识能力——演化过程与提升路径研究 [M]. 北京：经济科学出版社，2007：13.

② Dawson R. Knowledge Capabilities As the Focus of Organisational Development and Strategy [J]. *Journal of Knowledge Management*，2000，4（4）：320 – 327.

③ Schilke O. On the Contingent Value of Dynamic Capabilities for Competitive Advantage：The Nonlinear Moderating Effect of Environmental Dynamism [J]. *Strategic Management Journal*，2014，35（2）：179 – 203.

④ Gold A H，Arvind Malhotra A H S. Knowledge Management：An Organizational Capabilities Perspective [J]. *Journal of Management Information Systems*，2001，18（1）：185 – 214.

⑤ Yang C，Chen L C. Can Organizational Knowledge Capabilities Affect Knowledge Sharing Behavior? [J]. *Journal of Information Science*，2007，33（1）：95 – 109.

进行集成，从而使得知识流动更为顺畅的能力，并根据对文化资源、结构性资源、人才资源以及技术资源的利用能力将知识能力划分为组织文化能力、组织结构能力、人力管理能力、技术能力四个方面。此外，杨和陈（2009）[①] 还认为，具有学习嵌入特征的知识活动激发了创新的形成，而组织知识能力由其学习能力决定。并将知识能力划分为社会性知识能力与技术性知识能力两类。其中，社会性知识能力包括文化知识能力、结构知识能力与人力知识能力三类；技术性知识能力则包括技术基础设施、技术知识能力与技术运营能力三个方面。可见，知识与技术资源、组织结构及社会资本等资源是主体构建与维持知识能力的前提基础，直接影响组织核心能力的构建。由于知识网络中主体之间的合作具有较强的溢出效应（spillovers），导致知识的吸收能力（absorptive capacity）、重构能力及保护能力及等各类动态能力的培育也极为重要（Alexy and George et al.，2013）[②]。知识能力只有保持动态变化，才能适应环境变化及知识流动过程的需求（Dawson，2000）[③]，从而提升知识主体资源配置效率及有效利用知识的能力，获得持续竞争力。综上所述，本书将知识能力的构成分为静态资源与动态能力两个方面。其中，静态资源由知识资源、结构资本及组织文化构成，动态能力则由知识吸收能力、知识重构能力及知识保护能力构成，并总结如表 6.2 所示。

表6.2　　　　　　　　　　　　　　知识能力的构成

作者	分类及备注
道生（2000）	静态知识能力：现有知识资源储备及内部专家系统建设等
	动态知识能力：动态环境适应性能力

① Yang C, Chen L C. On Using Organizational Knowledge Capabilities to Assist Organizational Learning [A]. in：W R King. Knowledge Management and Organizational Learning [M]. Springer US，2009：303－319.

② Alexy O, George G, Salter A J. Cui Bono? The Selective Revealing of Knowledge and Its Implications for Innovative Activity [J]. *Academy of Management Review*，2013，38（2）：270－291.

③ Dawson R. Knowledge Capabilities As the Focus of Organisational Development and Strategy [J]. *Journal of Knowledge Management*，2000，4（4）：320－327.

续表

作者	分类及备注
戈尔德和 阿文德（2001）	基础设施能力：技术、文化与结构知识能力
	知识过程能力：知识获取、知识转换、知识应用及知识保护
杨和陈（2007）	组织文化能力：文化资源储备
	组织结构能力：结构性资源储备
	人力管理能力：人才资源储备及其管理效率
	技术能力：技术资源储备及其运用能力
杨和陈（2009）	社会性知识能力：文化知识能力、结构知识能力与人力知识能力
	技术性知识能力：技术基础设施、技术知识能力与技术运营能力
本书	静态资源：知识资源、结构资源、组织文化
	动态能力：知识吸收能力、知识重构能力、知识保护能力

资料来源：笔者整理。

6.3.2 研究假设提出

基于知识网络中复杂动态的合作环境，在更优目标与知识稀缺的条件下，知识主体行为策略的选择，表现为惯例、模仿与创新三种（宋胜洲，2008）[①]。惯例策略在个体独立行为中的预期为"至少可以和现在一样好"，模仿策略预期既可以实现"可以比现在好"也可以实现"至少可以和别人一样好"，创新策略的预期则可以实现"比现在好"，也可以实现"比别人好"。惯例行为，被认为是限于主体运行规则与习惯的很少变化与重复的组织行为模式（Fedman，2000）[②]，嵌入在各类现象中，涉及组织结构、文化、战略制定及其实施过程等方面，并逐渐得到强化（Levitt and March，1988）[③]。高展军和李垣（2007）认为[④]，在动态环境中，

① 宋胜洲. 基于知识的演化经济学——对基于理性的主流经济学的挑战［M］. 上海：上海人民出版社，2008：126.

② Feldman M S. Organizational Routines As A Source of Continuous Change ［J］. *Organization Science*，2000，11（6）：611－629.

③ Levitt B，March J G. Organizational Learning ［J］. *Annual Review of Sociology*，1988：319－340.

④ 高展军，李垣. 组织惯例及其演进研究［J］. 科研管理，2007，28（3）：142－147.

组织惯例形成了相对合理的行为规则，有助于降低组织运行成本并提升管理的有效性（Cohen and Burkhart et al.，1996）①，不过，由于惯例只是为了规避不确定性并减少组织之间冲突而产生的"行为上的妥协"（Giddens，1984）②，因此，并没有在知识主体的基础设施及其活动过程方面有所改进。随着时间的推进，惯例行为将产生负的累积效应或负反馈效应，随着其他知识主体的不断发展造成报酬递减，使得这类"消极"行为不仅难以促进知识能力的提升，长期反而削弱了其竞争优势，即所谓"不进则退"。知识主体的模仿行为，是一种"惯例变异"（宋胜洲，2008），由于主体缺乏创新动力及创新能力，从而选择模仿，通过选择合适的标杆对象进行学习，考察、研究、破译其优势特点与细节，掌握其内在秘诀；通过制定出模仿方案，实现在组织内部的推广与实施。知识主体的模仿行为实现了在较短时间内的优势追赶，节约了时间与成本，提高了组织有效性。但是，由于隐性知识的可模仿性较差、模仿对象的知识保护措施等，导致模仿策略的效果大打折扣，从长期发展来看，模仿行为导致了利润（利益）平均化，不利于知识网络竞争优势的获得。在竞争环境下，要提高知识能力，实现可持续发展，创新才是关键（Xu，2014）③。在创新行为实施过程中，需要大量的知识资源、能力及网络其他成员的配合（Baldwin and Gellatly，2009）④，知识主体通过组织之间的知识获取、吸收、传递、共享及组织内外部知识的综合运用，构建并提升了其动态能力，同时，主体的各类资源得到了有效部署、更新与优化配置，更好地适应网络环境的不确定性与动态变化（Brink and Holmén，2009）⑤。梅斯和

---

① Cohen M D，Burkhart R，Dosi G，et al. Routines and Other Recurring Action Patterns of Organizations：Contemporary Research Issues［J］. *Industrial and Corporate Change*，1996，5（3）：653 – 698.

② Giddens A. *The Constitution of Society：Outline of the Theory of Structuration*［M］. University of California Press，1984.

③ Xu S. Balancing the Two Knowledge Dimensions in Innovation Efforts：An Empirical Examination Among Pharmaceutical Firms［J］. *Journal of Product Innovation Management*，2014，32（4）：610 – 621.

④ Baldwin J R，Gellatly G. Innovation Capabilities：The Knowledge Capital Behind the Survival and Growth of Firms［J］. *The Canadian Economy in Transition Research Paper*，2009（013）：47.

⑤ Brink J，Holmén M. Capabilities and Radical Changes of the Business Models of New Bioscience Firms［J］. *Creativity and Innovation Management*，2009，18（2）：109 – 120.

塞尔斯（2014）研究指出①，创新导向下主体的知识共享行为与其知识能力的提升存在密切关联。可见，在复杂不确定的环境下，追求更优目标的知识主体，创新是其必然选择，创新策略才可以获得超过平均收益的报酬。从创新的角度看，有限理性假定也需要扩展至知识理性，对于知识主体来说，惯例是保持既有知识的行为方式，模仿与创新则都有新的知识产生。不同行为策略的选择对知识主体自身的知识能力变化产生了不同影响。基于上述分析，得出以下假设：

H1a：知识主体惯例行为对其知识能力具有显著负向作用；

H1b：知识主体模仿行为对其知识能力具有显著正向作用；

H1c：知识主体创新行为对其知识能力具有显著正向作用。

知识网络是知识主体之间相互作用的载体，网络中各知识主体能力的提升，有助于组织之间知识共享及知识创造效率的优化，从而使知识网络在知识存量与流量等方面突显出相对优势。同时，知识流动的阶段递进演化及效率变化又对知识主体之间相互作用及其能力的变化产生着影响，即知识流动对知识主体的交互作用及能力变化构成外生影响。总体而言，知识流动促进了网络主体之间知识资源的有效组合，由于主体之间相互依赖关系是维持知识流动的基础（Sorenson and Rivkin et al.，2006）②，在较低的知识流动水平下，知识主体之间的互动关系也呈现为较低水平，由于知识流动具有一定关系嵌入性（Andersson and Holm et al.，2007）③，导致较低知识流动水平不利于知识主体社会资本的形成，由此降低主体之间的沟通与互动，而低效率知识流动也不利于知识主体存量的增加。孙锐和赵坤（2008）④ 认为，只有在外界环境较大的冲击下，知识型企业的知识状态系统演变方向才会发生改变。当网络环境较为平稳，系统熵值较低时，知

---

① Maes J, Sels L. SMEs' Radical Product Innovation：The Role of Internally and Externally Oriented Knowledge Capabilities [J]. *Journal of Small Business Management*，2014，52（1）：141 – 163.

② Sorenson O，Rivkin J W，Fleming L. Complexity，Networks and Knowledge Flow [J]. *Research Policy*，2006，35（7）：994 – 1017.

③ Andersson U，Holm D B，Johanson M. Moving or Doing? Knowledge Flow，Problem Solving，and Change in Industrial Networks [J]. *Journal of Business Research*，2007，60（1）：32 – 40.

④ 孙锐，赵坤. 知识型企业知识状态系统的熵变研究 [J]. 科学学研究，2008，26（2）：339 – 343.

识主体的环境适应能力处于较高水平，知识主体提升自身知识水平主要依靠内部知识挖掘与知识创新，即此时主体之间的知识共享与知识创造处于较低水平，其能力提升也会受到限制。李金华（2009）[①] 也认为知识流动缩小了网络主体之间的知识差异度，造成知识同化现象。知识同化属于系统熵增，如果知识主体内没有创造出新的知识，同时也没有引入外部新知识的情况下，随着知识的跨组织流动，知识主体之间的差异度将逐渐缩小直至完全同化，此时，只有通过实施自主创新或引进外部新知识才可以产生负熵流，逆转演进方向。显然，此时强调知识与信息交换的知识共享功能发挥，不利于知识主体通过模仿行为提高其知识能力，而对于实施模仿行为的知识主体而言，对于其知识能力的负向影响也将进一步减弱。但是，知识尤其是异质性、互补性知识的交换，却为知识创新活动提供了资源基础，即知识共享功能的发挥促进了知识网络中知识主体之间创新资源的优化配置，为知识主体实施创新行为提高其知识能力提供了前提条件。从知识流动的结构嵌入性角度看，知识流动的变化与知识主体之间的强、弱联结关系及知识网络的"结构洞"存在密切联系（Ahuja，2000）[②]。范群林和邵云飞等（2010）认为[③]，知识主体的创新行为不可避免地受到网络中其他主体及其社会文化因素的影响（Hagedoorn，2006）[④]，表现出一种正反馈特征，形成于长期互动合作过程中，即嵌入在知识网络整体社会、经济关系中的知识主体行为，受到整个知识网络结构及网络主体间知识互动关系的影响。而这种互动关系又实现了知识、技术、信息等各类资源的共享，实现创新扩散。李金华（2009）[⑤] 指出，知识流动促进了各类

① 李金华. 创新网络的结构及其与知识流动的关系［M］. 北京：经济科学出版社，2009：203.

② Ahuja G. Collaboration Networks, Structural Holes, and Innovation: A Longitudinal Study ［J］. Administrative Science Quarterly, 2000, 45（3）: 425–455.

③ 范群林，邵云飞，唐小我等. 结构嵌入性对集群企业创新绩效影响的实证研究［J］. 科学学研究，2010，28（12）: 1891–1900.

④ Hagedoorn J. Understanding the Cross-level Embeddedness of Interfirm Partnership Formation ［J］. *Academy of Management Review*, 2006, 31（3）: 670–680.

⑤ 李金华. 创新网络的结构及其与知识流动的关系［M］. 北京：经济科学出版社，2009：207.

创新资源的汇集，不仅提高了各参与主体的创新能力，也形成了一种网络优势，从而提升网络的创新势能。知识网络中较高的知识创造水平提升了网络主体之间的知识差异化与合作程度，知识网络整体创新能力将会变得越强。基于这样的背景，知识主体实施惯例行为，将扩大与其他知识主体之间的知识存量差距，导致"不进则退"现象。但是，对于模仿行为而言，由知识创造活动产生的创新知识提供了更多可模仿的机会与知识增值预期，更有利于实现模仿预期。对于实施创新行为的知识主体而言，却不见得有益，原因在于过度注重差异化与动态性，忽略了对现有成果的吸收及创新知识的消化，从而浪费了大量创新资源，造成"物极必反"并形成范围不经济。但在知识网络形成整体知识优势后（Adams and Lamont, 2003）[1]，由于知识扩散实现了知识溢出的经济效应，知识主体将在一段时间内保持相对竞争优势，其行为对能力的作用也将受到优势杠杆作用而逐渐增强，使知识能力类似于能级产生跃迁现象。可见，在知识网络功能演化的过程中，知识流动效率的变化及不同阶段功能的发挥，对知识主体之间的交互作用及自身知识能力变化产生"借力"或"约束"，使两者之间的作用增强或减弱。基于上述分析可知，知识主体行为对其知识能力作用受知识流动各阶段的调节，从而得出以下假设：

H2a：知识主体惯例行为对其知识能力的作用受知识共享调节，知识共享水平越高，主体行为对知识能力的作用减弱；

H2b：知识主体模仿行为对其知识能力的作用受知识共享调节，知识共享水平越高，主体行为对知识能力的作用减弱；

H2c：知识主体创新行为对其知识能力的作用受知识共享调节，知识共享水平越高，主体行为对知识能力的作用增强；

H3a：知识主体惯例行为对其知识能力的作用受知识创造调节，知识创造水平越高，主体行为对知识能力的作用增强；

H3b：知识主体模仿行为对其知识能力的作用受知识创造调节，知识创造水平越高，主体行为对知识能力的作用增强；

---

① Adams G L, Lamont B T. Knowledge Management Systems and Developing Sustainable Competitive Advantage [J]. *Journal of Knowledge Management*, 2003, 7 (2): 142 – 154.

H3c：知识主体创新行为对其知识能力的作用受知识创造调节，知识创造水平越高，主体行为对知识能力的作用减弱；

H4a：知识主体惯例行为对其知识能力的作用受知识优势形成调节，知识优势形成效率越高，主体行为对知识能力的作用增强；

H4b：知识主体模仿行为对其知识能力的作用受知识优势形成调节，知识优势形成效率越高，主体行为对知识能力的作用增强；

H4c：知识主体创新行为对其知识能力的作用受知识优势形成调节，知识优势形成效率越高，主体行为对知识能力的作用增强。

综合以上分析，得出图 6.7 的研究框架。

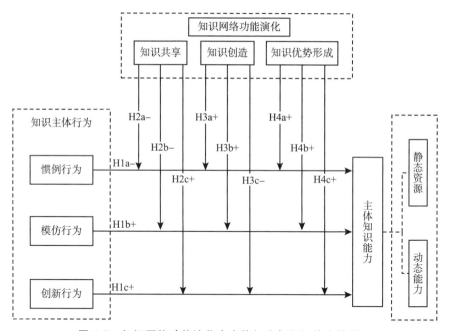

图 6.7　知识网络功能演化中主体行为与知识能力的关系

6.3.3　研究方法

本章主要利用调查问卷来收集实证数据。本节介绍了在问卷设计过程中采取的优化措施及研究变量来源，并对样本选择及数据来源进行描述性统计分析。

6.3.3.1　问卷设计及研究变量

本书设计了相关调查问卷，来验证提出的假设。问卷中除调研对象基本信息外，对于主体部分相关指标的测量均采用五级量表形式，评价等级1~5分别代表对问题陈述事实的认同程度，包括"完全不符合""比较不符合""一般""比较符合""完全符合"。为尽可能获得较高信度及真实的数据，针对费曼（Freeman，2002）① 提出的导致调研问卷产生偏差的几个问题，本书在设计与填写调研问卷中采取以下优化措施。

（1）对于测试者难以回答问卷题项的情况，笔者在选择填写对象时主要选择在相应单位工作时间一年以上的管理人员与科研人员。

（2）对于测试者有意隐藏信息导致测试结果不完整的情况，笔者在问卷首页详细交代此次调研的目的与意义，并郑重承诺调研结果只用于学术研究，而不用于任何其他商业活动，在现场发放问卷时也进行了再次重申。

（3）对于问卷填写过程中由于测试者因语义理解问题而导致错填的现象，笔者在问卷设计的过程中，首先邀请导师及研究团队的其他博士生对本调研问卷的变量设置及测量题项进行了讨论，对部分题项进行了局部性修改调整，以保证从直观上看各个潜变量下的测度题项设置合理并具有代表性。此外，也根据小规模预测试中的反馈意见，对调研问卷进行了补充修改，删除了问卷中产生歧义与较难回答的题项，从而保证题项措辞的表达恰当。

（4）对于测试者因时间太久无法回忆出题项答案的情况，笔者在题项设置上尽量选择贴近现阶段运营特点的问题，针对企业而言，则主要是近两年的工作运行情况。

对于知识主体的静态资源衡量方面，本书主要参考、借鉴了宁烨和樊治平（2007）② 与戈尔德和阿文德（2001）③ 对知识主体基础资源与基础

---

① Freeman D，Garety P A，Bebbington P E，et al. Psychological Investigation of the Structure of Paranoia in A Non-clinical Population ［J］. *The British Journal of Psychiatry*，2005，186（5）：427 – 435.

② 宁烨，樊治平. 知识能力——演化过程与提升路径研究 ［M］. 北京：经济科学出版社，2007：75 – 77.

③ Gold A H，Arvind Malhotra A H S. Knowledge Management：An Organizational Capabilities Perspective ［J］. *Journal of Management Information Systems*，2001，18（1）：185 – 214.

设施能力的相关研究，从而设计了包括知识资源、结构资本及组织文化在内的 3 个测量指标及 10 个调研问题；对于动态能力测量方面，则主要根据普列托（2009）[①②] 及宁烨和樊治平（2007）[③] 的相关研究与评价指标选择，结合知识网络的实践特性，设计了知识吸收能力（按照知识获取、知识消化与知识应用的逻辑)[④]、知识重构能力与知识保护能力 3 个二级指标及 17 个调研问题。对于知识主体行为的衡量方面，由于行为具有复杂性，无法进行完全性考察，本章主要参考了宋胜洲（2008）[⑤] 对基于知识的演化理论中知识主体行为的描述，从而设定了惯例行为、模仿行为与创新行为 3 个测量指标及 9 个调研问题。对于知识网络知识的流动水平衡量，本书主要根据顾新（2008）[⑥] 及前文所述对知识流动的活动与阶段描述，设计了知识共享、知识创造与知识优势形成 3 个测量指标及 9 个调研问题。具体变量及其相关表述如表 6.3 所示。

表 6.3 变量指标及描述

研究变量	测量指标	指标描述
主体行为 BHV	惯例行为 RUB	形成了一套固定的决策规则与标准化的操作程序，很难发生改变 RUB1
		发展稳定，总是"以不变应万变" RUB2
		往往按照"习惯"与"经验"行事，来适应环境变化 RUB3

① Prieto I M, Revilla E, Rodríguez – Prado B. Building Dynamic Capabilities in Product Development: How Do Contextual Antecedents Matter? [J]. *Scandinavian Journal of Management*, 2009, 25 (3): 313 – 326.

② 冯军政，魏江. 国外动态能力维度划分及测量研究综述与展望 [J]. 外国经济与管理，2011, 33 (7): 26 – 33.

③ 宁烨，樊治平. 知识能力——演化过程与提升路径研究 [M]. 北京：经济科学出版社，2007: 75 – 77.

④ Baskerville R, Dulipovici A. The Theoretical Foundations of Knowledge Management [J]. *Knowledge Management Research & Practice*, 2006, 4 (2): 83 – 105.

⑤ 宋胜洲. 基于知识的演化经济学——对基于理性的主流经济学的挑战 [M]. 上海：上海人民出版社，2008: 126.

⑥ 顾新. 知识链管理：基于生命周期的组织之间知识链管理框架模型研究 [M]. 成都：四川大学出版社，2008.

续表

研究变量	测量指标	指标描述
主体行为 BHV	模仿行为 IMB	通过模仿同类单位的优秀技术来适应环境变化 IMB1
		通过模仿同类单位的优秀管理经营方式来适应环境变化 IMB2
		通过模仿实现发展，是本单位获得成功的秘诀 IMB3
	创新行为 INB	实施变革式管理 INB1
		依靠开发出新技术、推出新产品来占领市场优势 INB2
		通过采用新的组织形式来适应环境变化 INB3
知识流动 FLO	知识共享 KS	知识网络为各单位提供了较好的知识共享环境 KS1
		知识网络中各单位都愿意与其他单位共享优秀的知识、技术和经验 KS2
		知识网络中各单位根据自身优势进行着深入的知识和经验分享 KS3
	知识创造 KC	知识网络各单位合作研究与开发的项目成功率很高 KC1
		知识网络各单位通力合作，使得生产工艺或技术得到了极大的改进 KC2
		通过参与知识网络合作，各单位降低了生产成本，提高了绩效水平 KC3
	知识优势形成 KA	知识网络相对竞争对手，在技术水平上处于领先地位 KA1
		知识网络相对竞争对手，在新技术新产品研发效率上处于领先地位 KA2
		知识网络在业界拥有良好的声誉，是业界的合作典范 KA3
知识能力 CAP	知识资源 KR	具备优秀的管理人员与技术人员 KR1
		具备优秀的生产工艺与生产设备 KR2
		具有通畅的知识与技术来源渠道 KR3
		拥有一批具有自主知识产权的专利技术 KR4
	结构资本 SC	组织结构有利于新知识的发现与创造 SC1
		与许多其他单位具有知识与技术联系 SC2
		与其他机构或单位能进行有效交流和沟通 SC3
	组织文化 OC	员工懂得知识对获得成功具有重要价值 OC1
		员工被积极鼓励与他人进行合作 OC2
		愿景和组织目标有着明确的表达 OC3

研究变量	测量指标	指标描述
知识能力 CAP	知识吸收 能力 KAC	迅速辨别知识的有用性 KAC1
		引进外部知识的速度较快 KAC2
		获得外部知识的能力较强 KAC3
		很好地分析和理解外部知识 KAC4
		很好地将新旧知识进行融合 KAC5
		快速有效地将新知识运用于重要工作中 KAC6
		快速将新知识提供给需要的员工 KAC7
		快速有效将新知识应用到相关产品或服务上 KAC8
	知识重构 能力 KRC	引入现有产品和服务以外的明显有所改进的知识与技术类型 KRC1
		及时补充所需的知识、技术与人才 KRC2
		将知识较好地扩散到了整个组织当中 KRC3
		及时使用新知识更换、取代过时的知识 KRC4
	知识保护 能力 KPC	各级员工对本单位的关键知识很明确 KPC1
		各级员工对保护本单位关键知识达成共识 KPC2
		有比较完善的知识保护制度 KPC3
		在与战略伙伴合作时能采取多种知识保护形式 KPC4
		当被侵权时本单位能及时做出反应 KPC5

6.3.3.2 样本选择及数据来源

本书通过问卷调研，旨在研究在知识网络功能演化的过程中，知识主体行为对知识主体能力存在何种作用，以考察知识网络功能演化中知识主体的适应行为规律。根据知识网络的基本定义，凡是参与过或处于知识密集型的产业集群、产学研合作创新、技术创新战略联盟等各类合作联盟形式，进行过知识合作的创新型企业、大学、科研院所、金融机构、咨询机构、政府机构等，都可作为调研对象。本着调研工作的便利性与合理性，本书的调研对象主要为四川大学商学院 EMBA、MBA 等研究生，及成都市高新区知识密集型机构的各类研发人员和管理人员，并辅以全国范围内的互联网定向调查。本次调研时间为 2015 年 5 月 1 日~7 月 31 日，共发放问卷 600 份。其中，纸质发放 400 份，互联网问卷 200 份，剔除无效问卷后（大量题项未填完或全部选填一个选项等原因），纸质有效问卷收回 182 份，互联网有效问卷收回 46 份，共计 228 份，有效回收率为 38%。根据回收问卷数据统计来看，调研对象集中在企业与大专院校，分别占 44.7% 和 34.2%，在其余机构中，金融机构占 0.08%，科研机构占 0.04%，政府机构占 0.03%，咨询机构占 0.02%，其他机构占 0.05%。针对企业来源，调研对象所在单位的主导业务所在行业分布在制造（占企业数的 7.8%）、计算机与软件（占 23.5%）、电子与通讯（占 11.8%）、生物制药（占 7.8%）、新材料新能源（占 13.7%）、化工与纺织（占 2.0%）及其他等多个行业。约有 38.6% 的调研对象其所在单位从事研发工作的员工数达到 100 名以上，13.2% 的调研对象其单位研发人员数为 51~100 名。通过对调研对象网络合作关系情况进行抽样调查发现，近两年内，调研对象所在单位具有知识联系或合作的企业数量为 8~10 家，比例为 14.04%，在 30 家以上的这一比例则占到了 18.42%，与大学和科研院所形成知识合作的数量为 1~3 家，比例分别为 21.93% 和 22.81%，总体来看，样本单位的网络度较理想，符合本书对调研对象的基本预期。

6.3.4　实证分析

本节首先使用 SPSS 与 AMOS 软件对收集的数据进行信度与效度分析，在此基础上，对所选变量进行多元回归分析。

6.3.4.1　信度分析

本书首先使用 SPSS 软件对收集的数据进行信度与效度分析，信度结果反映测量数据的一致、稳定及可靠程度，由于本书采用的是态度式问卷（李克特五级量表），因而更宜采用 Cronbach's α 信度系数作为检验数据信度的指标。一般来说，Cronbach's α 值介于 0~1，值越大则表明数据可信度越高，一般在 0.6 以下需要考虑重新编制问卷，0.6~0.7 表明可以接受，0.7~0.8 表明信度较高，0.8 以上表明信度很高。从表 6.4 可见，本书 45 项变量的 Cronbach's α 值为 0.953，表明从样本总体看信度很高，可见样本数据总体而言具有很高的内部一致性，测量结果较为可靠。

表6.4 总体信度检验结果

Cronbach's Alpha	基于标准化项的 Cronbach's α	项数
0.953	0.950	45

具体从各个二级潜变量的信度检验结果（如表 6.5 所示）来看，除了模仿行为潜变量的 Cronbach's α 系数介于 $0.5 \sim 0.7$，尚可接受，其余所有二级潜变量的 Cronbach's α 系数都大于 0.7，甚至有些二级潜变量如知识优势形成、知识吸收能力等其系数在 0.9 以上，因而，具有较高内部一致性，予以保留。

表6.5 各二级潜变量的信度检验结果

二级潜变量	Cronbach's α	基于标准化项的 Cronbach's α	项数
知识共享	0.709	0.713	3
知识创造	0.886	0.886	3
知识优势形成	0.907	0.908	3
惯例行为	0.773	0.776	3
模仿行为	0.616	0.616	3
创新行为	0.839	0.842	3
知识资源	0.816	0.821	4
结构资本	0.823	0.829	3
组织文化	0.857	0.861	3
知识吸收能力	0.951	0.951	8
知识重构能力	0.876	0.876	4
知识保护能力	0.870	0.871	5

6.3.4.2 效度分析

本书主要使用因子分析对样本数据进行效度检验，数据是否适合用因子分析主要使用 KMO 检验与 Bartlett 球形度检验。根据凯瑟（Kaiser）的

KMO 度量标准，当 KMO 值在 0.9 以上时表示极佳；KMO 值介于 0.8 ~ 0.9 时表示较佳；KMO 值介于 0.7 ~ 0.8 时表示良好；KMO 值介于 0.6 ~ 0.7 时表示一般；KMO 值介于 0.5 ~ 0.6 时表示可以接受；当 KMO 值小于 0.5 时则不宜进行因子分析。本书首先使用 SPSS21.0 软件对各潜变量数据进行探索性因子分析，之后使用 AMOS17.0 软件根据本书关系假设对样本进行验证性因子分析，以测试样本数据的效度。

（1）知识能力的效度检验。

一是结构效度。知识能力潜变量由知识资源、结构资本、组织文化、知识吸收能力、知识重构能力、知识保护能力共 6 个二级潜变量度量，对于知识能力潜变量的分析基于各二级潜变量的调研数据分析进行。由表 6.6 可见，KMO 值为 0.948，大于 0.9，且 Bartlett 的球形度检验值为 2654.760，自由度为 351，检验显著性水平 Sig. 为 0.000，说明该组数据适合进行探索性因子分析。继而使用主成分分析与最大方差正交旋转法实现，结果如表 6.7 和表 6.8 所示，从知识能力对应的 6 个二级潜变量中提取出 3 个主成分因子，共解释了总体方差的 67.801%。采用方差最大正交旋转后，有部分题项载荷系数都小于 0.6，因而需要对测量的题项进行进一步调整。

表 6.6　　　　　　知识能力结构因子的 KMO 和 Bartlett 的检验

取样足够度的 Kaiser – Meyer – Olkin 度量		0.948
Bartlett 的球形度检验	近似卡方	2654.760
	Df	351
Sig.		0.000

表 6.7　　　　　　知识能力结构因子解释的变异总量（1）

成分	初始特征值			提取平方和载入			旋转平方和载入		
	合计	方差的%	累积%	合计	方差的%	累积%	合计	方差的%	累积%
1	16.021	59.336	59.336	16.021	59.336	59.336	8.944	33.127	33.127
2	1.242	4.602	63.937	1.242	4.602	63.937	4.967	18.395	51.523

续表

成分	初始特征值			提取平方和载入			旋转平方和载入		
	合计	方差的%	累积%	合计	方差的%	累积%	合计	方差的%	累积%
3	1.043	3.864	67.801	1.043	3.864	67.801	4.395	16.278	67.801
4	0.853	3.159	70.960						
5	0.720	2.665	73.625						
6	0.681	2.521	76.146						
7	0.662	2.452	78.598						
8	0.560	2.076	80.673						
9	0.529	1.960	82.633						
10	0.508	1.882	84.515						
11	0.422	1.561	86.076						
12	0.419	1.553	87.628						
13	0.364	1.350	88.978						
14	0.335	1.240	90.218						
15	0.330	1.223	91.441						
16	0.303	1.122	92.563						
17	0.280	1.037	93.600						
18	0.261	0.965	94.565						
19	0.236	0.875	95.440						
20	0.231	0.854	96.294						
21	0.211	0.783	97.077						
22	0.172	0.637	97.715						
23	0.161	0.595	98.310						
24	0.148	0.549	98.859						
25	0.127	0.470	99.329						
26	0.095	0.354	99.682						
27	0.086	0.318	100.000						

注：提取方法——主成分分析。

表 6.8 知识能力结构的旋转成分矩阵（1）

二级潜变量	操作变量	成分		
		1	2	3
知识资源	KR1	0.364	0.502	0.433
	KR2	0.125	0.691	0.376
	KR3	0.520	0.600	0.146
	KR4	0.322	0.530	0.449
结构资本	SC1	0.407	0.659	0.324
	SC2	0.261	0.791	0.081
	SC3	0.495	0.623	0.127
组织文化	OC1	0.575	0.479	0.268
	OC2	0.704	0.347	0.267
	OC3	0.553	0.451	0.336
知识吸收能力	KAC1	0.679	0.393	0.272
	KAC2	0.701	0.293	0.239
	KAC3	0.720	0.343	0.265
	KAC4	0.683	0.430	0.278
	KAC5	0.790	0.250	0.285
	KAC6	0.757	0.289	0.318
	KAC7	0.776	0.197	0.358
	KAC8	0.735	0.349	0.363
知识重构能力	KRC1	0.592	0.336	0.378
	KRC2	0.664	0.284	0.359
	KRC3	0.642	0.284	0.406
	KRC4	0.737	0.268	0.379
知识保护能力	KPC1	0.470	0.152	0.621
	KPC2	0.479	0.095	0.709
	KPC3	0.301	0.229	0.709
	KPC4	0.228	0.390	0.724
	KPC5	0.439	0.405	0.493

注：提取方法——主成分分析；
旋转法——具有 Kaiser 标准化的正交旋转法；
旋转在 7 次迭代后收敛。

在删除 KR1、KR4、OC1、OC2、OC3、KRC1、KPC5 操作变量之后，再进行因子分析；根据分析结果，继续删除小系数项 KPC4，再进行一次因子分析，最终得到如下表 6.9 和表 6.10 的结果，从知识能力对应的 6 个二级潜变量中提取出 2 个主成分因子，共解释了总体方差的 67.245%。采用方差最大正交旋转后，所有题项的载荷系数都大于 0.6，说明此时经过修正后的量表具有较为理想的区分效度。

表 6.9　　　　　　　　知识能力结构因子解释的变异总量（2）

成分	初始特征值			提取平方和载入			旋转平方和载入		
	合计	方差的%	累积%	合计	方差的%	累积%	合计	方差的%	累积%
1	11.597	61.039	61.039	11.597	61.039	61.039	8.080	42.525	42.525
2	1.179	6.206	67.245	1.179	6.206	67.245	4.697	24.720	67.245
3	0.794	4.177	71.422						
4	0.678	3.569	74.991						
5	0.598	3.150	78.140						
6	0.535	2.817	80.957						
7	0.487	2.564	83.522						
8	0.443	2.331	85.853						
9	0.379	1.994	87.847						
10	0.348	1.831	89.678						
11	0.324	1.707	91.385						
12	0.305	1.603	92.988						
13	0.285	1.499	94.487						
14	0.230	1.210	95.697						
15	0.215	1.133	96.830						
16	0.204	1.072	97.901						
17	0.159	0.835	98.736						
18	0.131	0.691	99.428						
19	0.109	0.572	100.000						

注：提取方法——主成分分析。

表 6.10 知识能力结构的旋转成分矩阵（2）

二级潜变量	操作变量	成分	
		1	2
知识资源	KR2	0.255	0.693
	KR3	0.446	0.674
结构资本	SC1	0.429	0.710
	SC2	0.163	0.843
	SC3	0.387	0.707
知识吸收能力	KAC1	0.666	0.463
	KAC2	0.684	0.394
	KAC3	0.706	0.441
	KAC4	0.662	0.548
	KAC5	0.772	0.371
	KAC6	0.763	0.407
	KAC7	0.804	0.335
	KAC8	0.763	0.456
知识重构能力	KRC2	0.722	0.365
	KRC3	0.720	0.388
	KRC4	0.784	0.378
知识保护能力	KPC1	0.731	0.214
	KPC2	0.786	0.139
	KPC3	0.628	0.256

注：提取方法——主成分分析；
旋转法——具有 Kaiser 标准化的正交旋转法；
旋转在 3 次迭代后收敛。

二是验证性因子分析。根据探索性因子分析，构建如下知识能力测量模型图 6.8，并对构成知识能力的 5 个维度进行二阶验证性因子分析，模型适配度分析结果如表 6.11 所示。

表 6.11 知识能力二阶验证性因子模型适配度

指标	CMN(χ^2)/df	P	RMSEA	GFI	AGFI	NFI	IFI	TLI	CFI
值	1.515	0.000	0.067	0.835	0.780	0.888	0.959	0.950	0.958

由表 6.11 可知，CMN(χ^2)/df 值小于 3，RMSEA 值小于 0.08，GFI

与 AGFI 值未超过 0.9 但处于 0.8 左右，NFI 大于 0.85，IFI、TLI、GFI 值大于 0.9，各项指标拟合程度处于中度拟合程度，验证目前知识能力模型基本合理。

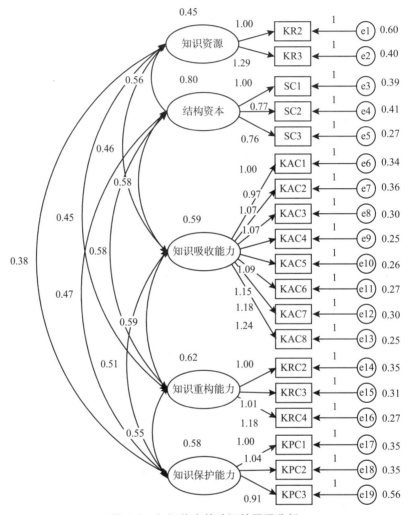

图 6.8　知识能力的验证性因子分析

（2）主体行为的效度检验。

一是结构效度。知识主体行为潜变量由惯例行为、模仿行为创新行为与 3 个二级潜变量度量。根据表 6.12 可见，KMO 值为 0.789，数值良好，且 Bartlett 的球形度检验值为 335.282，自由度为 36，检验显著性水平

Sig. 为 0.000，说明该组数据适合进行探索性因子分析。继而使用主成分分析与最大方差正交旋转法实现，结果如表 6.13 和表 6.14 所示，从知识主体行为对应的 3 个二级潜变量中提取出 2 个主成分因子，共解释了总体方差的 58.194%。采用方差最大正交旋转后，各题项载荷系数都大于 0.6（其中操作变量 RUB2 和 IMB2 系数略小于 0.6，但根据本书的研究合理性需要而予以保留），说明所设计量表区分效度可以接受。

表 6.12　　　　知识主体行为结构因子的 KMO 和 Bartlett 的检验

取样足够度的 Kaiser – Meyer – Olkin 度量		0.789
Bartlett 的球形度检验	近似卡方	335.282
	Df	36
	Sig.	0.000

表 6.13　　　　　　知识主体行为结构因子解释的变异总量

成分	初始特征值			提取平方和载入			旋转平方和载入		
	合计	方差的%	累积%	合计	方差的%	累积%	合计	方差的%	累积%
1	3.409	37.876	37.876	3.409	37.876	37.876	3.408	37.868	37.868
2	1.829	20.318	58.194	1.829	20.318	58.194	1.829	20.326	58.194
3	0.888	9.864	68.058						
4	0.819	9.096	77.154						
5	0.540	5.999	83.153						
6	0.453	5.038	88.191						
7	0.438	4.871	93.063						
8	0.358	3.979	97.042						
9	0.266	2.958	100.000						

注：提取方法——主成分分析。

表 6.14　　　　　　知识主体行为结构的旋转成分矩阵

二级潜变量	操作变量	成分	
		1	2
惯例行为	RUB1	-0.767	0.129
	RUB2	-0.594	0.338
	RUB3	-0.783	0.175

续表

二级潜变量	操作变量	成分	
		1	2
模仿行为	IMB1	− 0.074	0.799
	IMB2	0.131	0.598
	IMB3	− 0.027	0.738
创新行为	INB1	0.823	0.161
	INB2	0.735	0.238
	INB3	0.783	0.211

注：提取方法——主成分分析；

旋转法——具有 Kaiser 标准化的正交旋转法；

旋转在 3 次迭代后收敛。

二是验证性因子分析。根据探索性因子分析，构建如下知识主体行为测量模型图 6.9，并对构成知识能力的 5 个维度进行二阶验证性因子分析，模型适配度分析结果如表 6.15 所示。

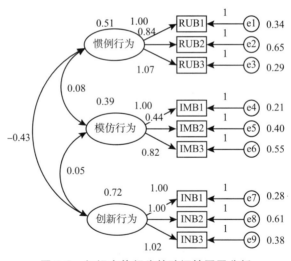

图 6.9　知识主体行为的验证性因子分析

表 6.15　　　　　　　　知识主体行为二阶验证性因子模型适配度

指标	CMN(χ^2)/df	P	RMSEA	GFI	AGFI	NFI	IFI	TLI	CFI
值	1.535	0.045	0.049	0.967	0.939	0.947	0.981	0.971	0.981

由表 6.15 可知，CMN(χ^2)/df 值小于 3，RMSEA 值小于 0.05，GFI、AGFI、NFI、IFI、TLI、CFI 值均大于 0.9，各项指标拟合程度较理想，验证目前知识主体行为模型基本合理。

（3）知识流动的效度检验。

一是结构效度。知识流动由知识共享、知识创造与知识优势形成 3 个二级潜变量度量。根据表 6.16 可见，KMO 值为 0.870，且 Bartlett 的球形度检验值为 618.033，自由度为 36，检验显著性水平 Sig. 为 0.000，说明该组数据适合进行探索性因子分析。继而使用主成分分析与最大方差正交旋转法实现，结果如表 6.17 和表 6.18 所示，从知识流动对应的 3 个二级潜变量指标中提取出 2 个主成分因子，共解释了总体方差的 70.612%。采用方差最大正交旋转后，各题项载荷系数都大于 0.6，说明所设计量表具有较为理想的区分效度。

表 6.16　　　　　知识流动结构因子的 KMO 和 Bartlett 的检验

取样足够度的 Kaiser – Meyer – Olkin 度量		0.870
Bartlett 的球形度检验	近似卡方	618.033
	Df	36
	Sig.	0.000

表 6.17　　　　　　知识流动结构因子解释的变异总量

成分	初始特征值			提取平方和载入			旋转平方和载入		
	合计	方差的%	累积%	合计	方差的%	累积%	合计	方差的%	累积%
1	4.939	54.878	54.878	4.939	54.878	54.878	4.316	47.951	47.951
2	1.416	15.733	70.612	1.416	15.733	70.612	2.039	22.661	70.612
3	0.636	7.072	77.683						
4	0.590	6.559	84.242						
5	0.464	5.158	89.400						
6	0.329	3.659	93.059						
7	0.251	2.791	95.850						
8	0.207	2.298	98.148						
9	0.167	1.852	100.000						

注：提取方法——主成分分析。

表 6.18　　　　　　　　　　知识流动结构的旋转成分矩阵

二级潜变量	操作变量	成分	
		1	2
知识共享	KS1	− 0.267	0.732
	KS2	− 0.340	0.748
	KS3	0.034	0.826
知识创造	KC1	0.772	− 0.266
	KC2	0.782	− 0.325
	KC3	0.824	− 0.215
知识优势形成	KA1	0.863	− 0.145
	KA2	0.853	− 0.073
	KA3	0.877	− 0.112

注：提取方法——主成分分析；
旋转法——具有 Kaiser 标准化的正交旋转法；
旋转在 3 次迭代后收敛。

二是验证性因子分析。根据探索性因子分析，构建如下知识流动的测量模型图 6.10，并对构成知识流动的 3 个维度进行二阶验证性因子分析，模型适配度分析结果如表 6.19 所示。

由表 6.19 可知，CMN(χ^2)/df 值小于 3，RMSEA 值小于 0.1 可以接受，GFI、AGFI、NFI、IFI、TLI、CFI 值均大于 0.9，各项指标拟合程度较为理想，验证目前知识流动模型基本合理。

6.3.4.3　回归分析

在知识网络演化的视角下，研究知识主体行为对知识能力提升的影响，继而通过加入知识流动调节变量来研究知识主体行为对知识能力的作用变化，以考察知识流动的调节作用。由于知识网络演化过程中知识主体可能同时存在多种行为，各调节作用之间也存在混合影响，因此，本章采用标准多元线性回归考察调节效应。根据本书假设，知识主体行为对知识能力存在显著影响，而知识网络的知识流动则对该作用起到调节效应，据此构建调节效应的评价模型为：

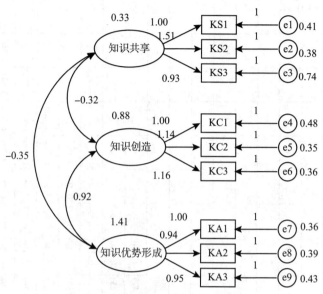

图6.10 知识流动的验证性因子分析

表6.19 知识流动二阶验证性因子模型适配度

指标	CMN(χ^2)/df	P	RMSEA	GFI	AGFI	NFI	IFI	TLI	CFI
值	2.753	0.000	0.088	0.947	0.901	0.949	0.967	0.949	0.966

$$CAP = \alpha + \beta_1 RUB + \beta_2 IMB + \beta_3 INB + \beta_4 KS + \beta_5 KC + \beta_6 KA$$
$$+ \beta_7 KS \times RUB + \beta_8 KS \times IMB + \beta_9 KS \times INB$$
$$+ \beta_{10} KC \times RUB + \beta_{11} KC \times IMB$$
$$+ \beta_{12} KC \times INB + \beta_{13} KA \times RUB$$
$$+ \beta_{14} KA \times IMB + \beta_{15} KS \times INB + \varepsilon \qquad (6.1)$$

式（6.1）中，带有×号的和项为所有调节效应的交互项，β为系数，其取值表示调节效应大小。使用SPSS21.0软件首先对收集样本进行总体描述性统计，结果如表6.20所示，在研究过程中，各个变量之间的共线性统计量VIF值都小于10。

表 6.20　样本总体描述性统计（Pearson 相关系数）

样本	均值	标准偏差	N	CAP	KS	KC	KA	RUB	IMB	INB	KS×RUB	KS×IMB	KS×INB	KC×RUB	KC×IMB	KC×INB	KA×RUB	KA×IMB	KA×INB
CAP	3.4271	0.78127	228	1.000															
KS	3.9386	0.78354	228	-0.506	1.000														
KC	3.6023	1.09364	228	0.820	-0.457	1.000													
KA	3.3860	1.19926	228	0.853	-0.368	0.748	1.000												
RUB	3.2661	0.79546	228	-0.565	-0.139	-0.431	-0.580	1.000											
IMB	3.2865	0.59345	228	0.126	-0.133	0.044	-0.350	0.122	1.000										
INB	3.1988	0.93626	228	0.769	-0.354	0.382	0.641	-0.539	0.123	1.000									
KS×RUB	12.7778	3.68210	228	-0.831	0.553	-0.701	-0.764	0.731	0.032	-0.689	1.000								
KS×IMB	12.8830	3.28441	228	-0.333	0.700	-0.337	-0.549	-0.005	0.601	-0.224	0.479	1.000							
KS×INB	12.3402	3.79528	228	0.369	0.393	0.041	0.371	-0.597	-0.014	0.700	-0.253	0.286	1.000						
KC×RUB	11.3918	3.73484	228	0.340	-0.565	0.630	0.270	0.403	0.128	-0.076	-0.099	-0.350	-0.457	1.000					
KC×IMB	11.8674	4.20911	228	0.771	-0.468	0.863	0.464	-0.312	0.520	0.414	-0.593	-0.019	0.043	0.593	1.000				
KC×INB	11.9123	5.79701	228	0.942	-0.508	0.821	0.800	-0.595	0.127	0.821	-0.851	-0.334	0.407	0.300	0.772	1.000			
KA×RUB	10.5078	3.56753	228	0.531	-0.532	0.496	0.691	0.148	-0.297	0.316	-0.294	-0.626	-0.038	0.665	0.280	0.426	1.000		
KA×IMB	10.8801	3.74452	228	0.973	-0.473	0.814	0.838	-0.548	0.195	0.751	-0.798	-0.254	0.379	0.355	0.796	0.922	0.541	1.000	
KA×INB	11.5478	6.10871	228	0.892	-0.423	0.643	0.901	-0.631	-0.146	0.886	-0.821	-0.458	0.545	0.105	0.488	0.911	0.516	0.861	1.000

进而通过回归分析，得到如下多元线性回归结果：

表 6.21　　　　　　　　　　　　多元线性回归分析结果

变量	Model			Model *		
	Unstandardized Coefficients B	t	Sig.	Unstandardized Coefficients B	t	Sig.
（Constant）	2.152	7.760	0.000	0.509	0.754	0.451
惯例行为（RUB）	−0.229***	−4.693	0.000	0.140	1.241	0.216
模仿行为（IMB）	0.101*	1.813	0.071	0.264*	1.965	0.051
创新行为（INB）	0.529***	12.772	0.000	−0.102	−0.865	0.388
知识共享（KS）				0.053	0.384	0.701
知识创造（KC）				0.288	1.603	0.110
知识优势形成（KA）				0.000	−0.001	0.999
KS × RUB				−0.004	−0.183	0.855
KS × IMB				−0.065**	−2.032	0.043
KS × INB				0.006	0.268	0.789
KC × RUB				−0.056**	−2.483	0.014
KC × IMB				0.039*	1.715	0.088
KC × INB				−0.035*	−1.730	0.085
KA × RUB				0.036*	1.740	0.083
KA × IMB				0.093***	4.490	0.000
KA × INB				0.058***	3.228	0.001
调整 R^2	0.624			0.967		
F	126.375 (0.000)			438.197 (0.000)		

注：*** 表示 $p < 0.01$，** 表示 $p < 0.05$，* 表示 $p < 0.1$。

6.3.5　研究结果与讨论

从表 6.21 可以看出，在引入调节变量之前，知识主体的创新行为与知识能力显著正相关，r = 0.529，表明知识主体创新行为的实施，有助于提升其知识能力；知识主体模仿行为与知识能力显著正相关，r = 0.101，表明知识主体实施模仿行为有助于提升其知识能力；知识主体惯例行为与知识能力显著负相关，r = - 0.229，表明知识主体惯例行为的实施，不利于提升其知识能力。由此证实了本书的主效应研究假设。即假设1a、1b和1c都得到了实证支持。

加入知识流动调节变量后，发现知识共享与模仿行为的交互项对知识能力的负向影响显著，调节系数为 - 0.065，表明模仿行为对知识能力的正向促进作用，会随着知识网络知识共享功能的发挥而减弱，因此，假设2b得到了实证支持。可见知识共享促进了知识主体之间的知识同化，致使模仿行为"搭便车"式的范围经济得不到发挥，降低了其知识能力的正向促进作用。但是从回归结果来看，知识共享与惯例行为及创新行为的交互项，对知识能力的影响都不显著，即假设2a和2c都未得到实证支持。即知识共享功能的发挥，并没有对知识主体惯例行为对知识能力的负向影响起显著的调节作用。

知识创造与惯例行为的交互项对知识能力的负向影响显著，调节系数为 - 0.056，表明惯例行为对知识能力的负向影响作用会随着知识网络知识创造功能的发挥而减弱，因此，假设3a未得到实证支持。实证结果与假设3a所持的正向调节效应观点相悖，反映出知识网络知识创造产生的知识溢出对惯例行为负效应的"稀释"性。另一个可能的解释是，由于知识网络知识创造功能的发挥，使网络中产生大量创新知识，由于知识创造到知识优势涌现具有一定时滞性，通常还需经历一个技术创新过程，以从市场价值角度来检验新知识的实际"优势"水平。在新知识存在不确定性及技术创新成本风险的条件下，知识主体实施惯例行为，从某种程度上来说是一种"避险"，从而减弱了路径依赖的惯例行为对知识能力的负向影响。知识创造与模仿行为的交互项对知识能力的正向影响显著，调节系数为0.039，表明模仿行为对知识能力的正向影响作用会随着知识网络知识创造功能的发挥而增强，因此，假设3b得到了实证支持。知识创造阶段，通过 R&D 活动不断形成新知识与新技术，有助于知识势能较低的知识主体通过模仿行为达到快速提升知识存量及创新能力的目的，从而增强了模仿行为的能力提升。知识创造与创新行为的交互项对知识能力的负向影响显著，调节系数为 -0.035，表明创新行为对知识能力的正向影响作用会随着知识网络知识创造功能的发挥而减弱，因此，假设 3c 也得到了实证支持。可见，在知识创造阶段通过知识主体之间合作创新产生了大量的新科学知识与技术，此时相比于注重惯例变异、实施创新行为，通过甄别匹配市场需求的创新知识，对具有市场前景与开发潜力的新知识进行技术创新与产业化，对知识主体而言更为经济。

知识网络知识优势形成对知识主体惯例行为、模仿行为及创新行为的交互项，对知识能力的正向影响效应都显著，调节系数分别为 0.036、0.093 和 0.058，表明随着知识网络在静态知识存量及动态知识流量两方面存在相对优势时，网络中的知识主体各类行为策略对知识能力的影响作用显著增强，可见假设 4a、4b、4c 都得到了实证支持。在知识网络功能递进演化至知识优势涌现状态，整个知识网络在知识静态存量与动态流量方面存在相对竞争优势，使知识网络系统呈现出集合效应，优势环境放大了知识主体行为对其知识能力的影响，形成了一种杠杆促进作用。由于知识主体惯例行为与其知识能力负相关，行为路径依赖不利于其静态资源及动态能力等知识能力的提升，从而与网络中其他知识主体的竞争力差距进一步拉大。在知识模仿行为对知识能力的作用方面，由于知识网络存在大量优秀知识管理经验、技巧及优势科学知识、生产技术与方法等，可以通过主体之间的交互学习，而被模仿行为习得，从而实现知识优势形成的范围经济，使得原本模仿行为对知识能力的正向作用更为显著。另外，由于知识能力与创新行为高度正相关，也即知识能力的提升凝结于创新行为的实施过程中，知识网络知识优势的形成，对主体创新行为的知识能力促进作用构成了杠杆效应，放大了主体创新行为对知识能力提升的正效应。

由此，将本书的假设检验结果汇总如表 6.22 所示。

表 6.22 假设检验结果汇总

序号	假设	验证结果
H1a	知识主体惯例行为对其知识能力呈显著负向影响	通过
H1b	知识主体模仿行为对其知识能力呈显著正向影响	通过
H1c	知识主体创新行为对其知识能力呈显著正向影响	通过
H2a	知识共享对主体惯例行为对知识能力的影响有负向调节作用	未通过
H2b	知识共享对主体模仿行为对知识能力的影响有负向调节作用	通过
H2c	知识共享对主体创新行为对知识能力的影响有正向调节作用	未通过
H3a	知识创造对主体惯例行为对知识能力的影响有正向调节作用	未通过
H3b	知识创造对主体模仿行为对知识能力的影响有正向调节作用	通过
H3c	知识创造对主体创新行为对知识能力的影响有负向调节作用	通过
H4a	知识优势形成对主体惯例行为对知识能力的影响有正向调节作用	通过
H4b	知识优势形成对主体模仿行为对知识能力的影响有正向调节作用	通过
H4c	知识优势形成对主体创新行为对知识能力的影响有正向调节作用	通过

　　总体来看，在复杂动态的网络环境下，随着通信技术迅猛发展与沟通手段的不断丰富，使得信息不对称程度有所下降，知识主体实施惯例行为在短时间内有助于主体逃避竞争风险，但长期范围内看不利于其知识能力的提升；模仿行为也有助于主体在短时间内获得后发追赶优势，节约了研发成本，提高了组织有效性，虽然从长期看导致了利润平均化，不利于网络整体竞争优势的培育，但对于培育知识主体自身能力而言，仍然是有益的；为了形成知识优势，或对于追求更优目标的知识主体，创新是其必然选择，创新策略才可以获得超过平均收益的报酬，从长远看实施创新行为显著提升了其知识能力。知识网络功能的知识流动三阶段演化，对知识主体行为选择对其知识能力的影响起到了调节作用，不同阶段知识网络功能的发挥，对于主效应具有不同的调节影响。

6.4 本章小结

　　知识网络功能演化过程就是各知识主体之间知识共享、知识创造到知识优势形成的递进的演化过程，各知识主体根据这个逻辑过程实现知识资源转移、扩散、集成与整合，实现知识创造，发挥知识的外部性与溢出效应，提升知识主体各自的知识存量优势与知识流量优势，从而进一步形成核心能力与整体的知识联盟能力，最终形成知识网络系统的整体相对知识优势。在知识网络功能演化过程中，协同创新目标导向下的知识主体实施一系列有利于达成知识共享、知识创造及形成知识优势的行为，来匹配知识网络功能的发挥，使之更好地具有环境适应性及知识资源的支配权，与此同时，在知识主体的适应行为的实施过程中，其知识能力得到逐步提升并产生跃迁。本章基于演化理论对知识主体的适应行为进行分类，即惯例行为、模仿行为与创新行为，三类适应行为的实施对其自身知识能力的提升存在不同影响。

本章通过实证研究，根据调研样本数据，通过统计分析软件对概念模型及研究假设进行检验。首先，对问卷调研设计、变量测度及数据收集情况进行阐述；继而使用 SPSS21.0 软件与 AMOS17.0 软件对 228 份有效问卷进行描述性统计分析，对各变量的数据信度、效度进行检验。在此基础上，分析了知识主体行为的选择对知识能力的影响，并引入知识流动概念及其构成的三个阶段变量作为调节变量，就与知识主体行为选择的交互作用对知识能力的影响进行实证分析，明晰了知识网络功能演化下，知识主体适应行为对知识能力影响的作用机制。实证结果显示，知识主体实施惯例行为对其知识能力提升负向影响显著，而实施模仿行为及创新行为则对知识能力提升存在显著的正向影响。知识流动三个阶段对主效应的影响存在差别，在知识主体惯例行为对其知识能力的影响方面，知识创造对其的负向影响显著，而知识优势形成对其的正向影响显著；在知识主体模仿行为对其知识能力的影响方面，知识共享与知识优势形成对其的负向影响作用，知识创造则对其产生显著的正向影响；在知识主体创新行为对其知识能力的影响方面，知识流动对主效应存在普遍的显著正向影响。可见，在知识网络功能演化的过程中，根据不同的功能阶段，知识主体不同适应行为表现，对知识能力产生着促进或制约作用。基于知识能力成长预期，知识主体可以采取不同的行为策略以实现动态环境适应。

————————— 第 7 章 —————————

总结与展望

7.1 主要研究结论

本书基于演化理论、创新理论及复杂网络理论等，从知识链耦合视角探讨知识网络的形成及其演化发展，构建了知识网络演化的内涵框架，并从不同演化层面分析了网络中知识主体适应行为的表现规律。

（1）知识网络基于"知识节点—知识链—知识网络"的耦合逻辑形成，提出了知识网络的耦合结构框架。知识节点之间通过交互学习、相互信任及合作博弈等关系耦合形成知识链，知识链之间依据知识相似性主导原则在知识势差作用下形成知识网络，链间耦合关系具有多元性及类型多样化等特点。不同知识链中知识节点之间耦合的条件为耦合平均成本最小的路径搜寻和匹配。

（2）基于系统视角，知识网络演化包含知识网络结构演化、机制演化与功能演化。知识网络结构演化主要表现为知识网络拓扑结构变化，根据顶点度分布、平均最短路径长度、平均集聚系数等参数曲线变化进行表征；机制演化遵循自组织规律，根据知识网络跨组织合作特点可分为信任机制、冲突机制与风险机制三方面的演化发展；基于跨组织知识流动过程及各知识主体行为的协同程度，将知识网络功能演化分成知识共享、知识创造与知识优势的三个递进演化阶段。从以上三个层面构建了知识网络演化框架，对现有研究只注重结构层面的演化进行了拓展。

（3）通过计算机仿真，在知识网络结构演化中，知识主体之间平均最短路径长度始终保持在一个较短水平，且在演化期间稍有缩短并稳定到一个特定水平，均衡态时知识主体之间的知识流动效率较高。在集聚系数变化方面，知识网络的块状结构趋势没有产生较大变化并稍有下降，整体仍处于具有较短平均路径长度与较高集聚系数特征的小世界网络结构状态。网络连接度水平得到了较大提升，即知识主体之间建立知识合作关系的数量显著增加，表明均衡状态时知识网络的主体间协同程度较高。从整体来看，知识网络的结构演化是一个鲁棒过程，与初始状态相比，知识网络整体的知识存量及主体平均知识存量得到了显著提升。在演化初态，由于知识主体的平均知识水平较低，彼此存在较大差距，在网络均衡机制影响下，知识主体之间的知识交互行为呈现为激烈状态，主体之间的知识流动速度达到较高水平，随着网络知识扩散的不断深入，知识主体自身价值得到显著增长，主体之间的知识交互行为逐渐趋于适应性稳定。通过比较四类典型网络结构演化中的主体知识水平变化，发现网络环境对知识主体价值水平存在重要的外生影响。知识资源分配公平并不有利于知识水平的增长，只有在保证网络结构具有较大集聚系数及较小最短路径长度时，公平性才与知识水平构成正向联系。在四类典型网络演化中，小世界网络结构是相对理想的网络环境，有利于维持一定竞争性及较高知识扩散水平。

（4）在知识网络机制演化中，知识主体之间相互信任关系沿着"尝试性信任""维持性信任""延续性信任"和"敏捷性信任"逻辑演化。知识主体交互学习行为贯穿着知识网络的演化发展，与相互信任呈现出"共演效应"，通过共生共演，提升知识网络中的知识转移与扩散水平，从而提升网络绩效。知识网络的风险形态沿着潜在冲突、知觉冲突、意向冲突、行为冲突与结果冲突的路径发展变化。知识主体之间的合作与冲突问题，包括机会主义行为控制与利益协调、价值创造两个机制。在知识网络冲突机制演化中，知识主体适应行为采取契约、自实施与第三方冲突协调方案，实现合作与冲突关系协调，并最终达到知识协同。知识网络的风险来自外部环境的不确定性、主体之间合作特性以及知识本身特性等方面，主要呈现出包括政治环境风险、市场环境风险、利益分配风险、核心知识外溢风险、文化差异风险、知识编码性风险、知识传递性风险与知识接收性风险八类重要风险。基于调研数据，利用风险矩阵及 Borda 排序法对各类风险进行排序，发现知识网络面临最严峻的风险类型是核心知识外溢风险，第二是政治环境风险和市场风险，第三是利益分配风险与编码性风险，相对风险等级较低的风险是文化差异风险和知识接收性风险，知识传递性风险是知识网络面临的风险等级最低的风险类型。知识主体对于知识网络风险的防范，分为内生体系与外生体系两部分，具体适应行为凝结在两类体系风险的防范策略中。

（5）知识网络的功能基于"知识共享—知识创造—知识优势形成"跨组织知识流动过程进行演化，促成并维持这一过程的因素主要涉及知识流动前提、维系纽带、协同目标与制度保障等。知识主体适应行为呈现出协同竞争性、系统复杂性、互利共生性、信任制约性以及地域联结性等特性。基于演化理论将知识主体适应行为分为惯例行为、模仿行为与创新行为三类，三类适应行为的实施对其自身知识能力的提升存在不同影响。知识主体实施惯例行为对其知识能力提升负向影响显著，而实施模仿行为及创新行为则对知识能力提升存在显著的正向影响。知识流动三个阶段对主效应的影响存在差别，在知识主体惯例行为对其知识能力的影响方面，知识创造对其知识能力的负向影响显著，而知识优势形成对其知识能力的正向影响显著；在知识主体模仿行为对其知识能力的影响方面，知识共享与知识优势形成对其知识能力的负向影响作用，知识创造则对其知识能力产生显著的正向影响；在知识主体创新行为对其知识能力的影响方面，知识流动对主效应存在普遍的显著正向影响。可见，在知识网络功能的演化过程中，根据不同的功能阶段，知识主体不同适应行为表现，对知识能力产生着促进或制约作用。基于知识能力成长预期，知识主体可以采取不同的行为策略以实现动态环境适应。

7.2　研究的创新点

本书的特色或创新点主要体现在以下方面。

（1）从组织之间知识流动所形成的知识链入手，研究基于知识链耦合的知识网络形成及后续演化发展，提出了知识网络的耦合结构框架，构建了耦合机理的数理模型并从理论上进行了论证，具有一定新颖性，属于知识管理的新领域，有利于丰富跨组织知识管理的相关研究。此外，针对知识网络演化及知识主体适应行为这一主题，本书应用了多种研究方法及工具手段，具有研究方法多样性。

（2）与当前多数知识网络相关研究只重视结构演化不同，本书从结构演化、机制演化和功能演化三个方面拓展了知识网络演化的内涵。其中，知识网络结构演化主要基于小世界复杂网络的拓扑参数变化进行考察，并通过改变随机重连概率 p 值，探讨更多复杂网络结构类型下的知识水平及其分布规律。机制演化包括信任机制、冲突机制和风险机制三个方面变化，分别基于社会网络理论、冲突理论及风险理论等相关理论观点来展开探讨。过程演化则涉及知识共享、知识创造以及知识优势形成三个跨组织知识流动阶段，除了研究视角较为新颖之外，同时也是对知识链相关研究的继承，实现在知识网络理论研究上的拓展。

（3）由于特定的网络主体适应行为与知识网络体系结构的交互影响是导致目前跨组织联合体（如产业集群等）演化呈现不同阶段的内在动力。通过比较现有知识网络演化的相关研究，尚未有学者对微观构成主体的适应行为展开过系统性地探讨，且有部分综述文献显示该课题悬而未决，是"未来研究重点"。本书试图在这个理论缺口展开探索，尽管缺乏完整性，仍有许多值得改进的地方，但本书从知识网络不同层面演化下对知识主体适应行为进行了系统分析，构建出了知识网络演化过程中的知识主体适应行为的一般框架，充实了相关理论研究。

7.3　研究不足与未来展望

本书的不足与局限性以及对未来研究的展望主要包括。

（1）本书基于复杂网络、演化理论、创新扩散等相关理论，提出了知识网络的结构、机制与功能演化框架，并在各层面演化下探讨了知识主体适应行为规律，对知识网络理论进行了有益探索。但本书只考虑到知识网络演化中的知识主体适应行为规律，而忽视了适应行为对网络演化的驱动性，即知识主体适应行为对知识网络演化的反馈作用。目前，已有研究表明网络规模、知识异质性、知识流动速度等多方面因素对知识网络演化存在影响（如黄训江，2011），本书在该方面存在不足。未来研究的一个重要方向就是知识主体行为与知识网络演化的交互与匹配，及其在特定网络类型（如集群网络、知识联盟等）阶段演化中所起的动力作用。

（2）知识主体的适应行为根据网络动态环境变化，通过选择、实施不同行为策略实现适应，从而获得更好的发展。在现实知识网络实践中，由于知识网络复杂性与不确定性，导致了适应行为也同样具有复杂及权变特征，本书虽然尝试从解释度较高的理论视角探讨适应行为的规律及其特点，但所用理论视角并不统一，导致难以对适应行为进行"统一""模式"化认知。具体来说，本书使用知识主体之间的知识存量价值差异、连接度差异、距离等变量规定"耦合成本"，结合比较知识网络的平均价值水平，来判断知识主体"合作"或"不合作"行为；根据利益及成本优化判断不同机制演化下的具体行为策略适应；基于演化理论对适应行为的分类，探讨了"惯例行为""模仿行为""适应行为"等不同适应行为在功能演化中的意义及后者对其的调节影响。尽管已经对现有静态研究框架有了一定改进，但对适应行为规律性的认知仍然比较零散，需进一步改善。

（3）本书构建了基于小世界复杂网络的知识网络结构演化模型。根据研究惯例，本书演化模型使用无权网络解析计算节点的增长动态性和节点的度分布，给出节点的集聚系数与度的关系表达式，解析计算网络平均路径长度的增长趋势，并对网络演化过程进行仿真模拟。但无权网络只反映了节点之间的连接方式或网络的拓扑特性，不能描述节点之间相互作用的方向和强度。越来越多的实证研究表明，仅仅将实际系统抽象成布尔网络是远远不够的。加权网络不仅更好地体现真实网络的特点，而且反映了网络中节点之间的相互作用细节，有利于把握网络系统的复杂特性。由于知识网络组织之间相互影响的程度不一样，因此，使用加权网络研究知识网络将是一个更好的选择。这是本书的一个局限性，也是可以进一步改善的地方。

（4）同样在知识网络结构演化部分，本书考虑到知识主体基于自身知识存量、连接度及与知识网络其他主体之间的最短距离等指标方面的差异，选择适应行为策略，具有现实合理性，但尚未考虑知识主体间的异质程度以及来源于不同知识链间的差异性，如行为偏好、认知差别、学习能力等的差异对知识主体行为策略的影响，是本书的不足之处。已有部分研究结果表明，知识主体间的异质程度越高，会导致知识扩散速度越慢（Rogers，2003；Young，2007），因而，在后续研究中，还需要对知识主体适应行为的影响因素进行进一步探讨，以修正网络演化过程中的知识主体适应行为规律。

（5）在知识网络功能演化部分的实证研究中，回归分析未引入控制变量。前期运算结果显示，单位性质、所属行业、规模、年龄、研发人员数量5个背景变量对部分测量变量存在显著影响。从更加严谨和科学的角度，应该引入相关控制变量，讨论在不同行业或单位年龄下知识主体行为对其知识能力的影响及知识流动的调节作用。本书出于对整体模型构建以及各个维度影响程度的考虑，并没有对背景变量的影响作用加以考虑。因此，未来研究应针对上述背景变量对于主效应的影响作用进行进一步分析，设为控制变量进行分类研究，探讨这些变量的调节作用对结论的影响程度，以增强研究的实践指导意义。

（6）对于知识网络演化下的知识主体适应行为研究，未来应重点关注案例研究及其在实践应用方面的拓展，而这也是本书所缺乏的。如基于特定集群背景下，知识网络是由蕴含丰富知识资源的各类主体或网络节点构建起来的各种相对稳定并能促进知识转移的正式和非正式关系的总和，一般具备知识溢出、柔性聚集、集群拓展和信任增强等基本功能（Cappellin and Wink，2009）。探讨基于实际案例背景的适应行为规律，有助于明晰具体适应行为的实践意义，以增强研究的科学性与应用价值。

参 考 文 献

[1] Abramo G, D'Angelo C A, Di Costa F, et al. The Role of Information Asymmetry in the Market for University-industry Research Collaboration [J]. *The Journal of Technology Transfer*, 2011, 36 (1): 84 – 100.

[2] Adams G L, Lamont B T. Knowledge Management Systems and Developing Sustainable Competitive Advantage [J]. *Journal of Knowledge Management*, 2003, 7 (2): 142 – 154.

[3] Aguirre J L, Brena R, Cantu F J. Multiagent-based Knowledge Networks [J]. *Expert Systems with Applications*, 2001, 20 (1): 65 – 75.

[4] Ahuja G. Collaboration Networks, Structural Holes, and Innovation: A longitudinal Study [J]. *Administrative Science Quarterly*, 2000, 45 (3): 425 – 455.

[5] Alavi M, Leidner D E. Review: Knowledge Management and Knowledge Management Systems: Conceptual Foundations and Research Issues [J]. *MIS Quarterly*, 2001: 107 – 136.

[6] Albino V, Carbonara N, Giannoccaro I. Innovation in Industrial Districts: An Agent-based Simulation Model [J]. *International Journal of Production Economics*, 2006, 104 (1): 30 – 45.

[7] Alexy O, George G, Salter A J. Cui bono? The Selective Revealing of Knowledge and Its Implications for Innovative Activity [J]. *Academy of Management Review*, 2013, 38 (2): 270 – 291.

[8] Amaral N L A, Uzzi B. Complex Systems: A New Paradigm for the

Integrative Study of Management, Physical, and Technological Systems [J]. *Management Science*, 2007, 53 (7): 1033 – 1035

[9] Anderson P. Perspective: Complexity Theory and Organization Science [J]. *Organization Science*, 1999, 10 (3): 216 – 232.

[10] Andersson U, Holm D B, Johanson M. Moving or Doing? Knowledge Flow, Problem Solving, and Change in Industrial Networks [J]. *Journal of Business Research*, 2007, 60 (1): 32 – 40.

[11] Anklam P. Knowledge Management: The Collaboration Thread [J]. *Bulletin of the American Society for Information Science and Technology*, 2002, 28 (6): 8 – 11.

[12] Ansoff H I. Synergy and Capabilities [A]. in: A. Campbell, K. S. Luchs (eds). Strategic Synergy [M]. London: International Thompson Business Press, 1988.

[13] Baker G, Gibbons R, Murphy K J. Informal Authority in Organizations [J]. *Journal of Law, Economics, and Organization*, 1999, 15 (1): 56 – 73.

[14] Baldwin J R, Gellatly G. Innovation Capabilities: The Knowledge Capital Behind the Survival and Growth of Firms [J]. *The Canadian Economy in Transition Research Paper*, 2009 (13): 47.

[15] Barney J B, Hansen M H. Trustworthiness As A Source of Competitive Advantage [J]. *Strategic Management Journal*, 1994, 15 (S1): 175 – 190.

[16] Baskerville R, Dulipovici A. The Theoretical Foundations of Knowledge Management [J]. *Knowledge Management Research & Practice*, 2006, 4 (2): 83 – 105.

[17] Baum J M C, Mezias S J. Localized Competition and Organizational Failure in the Manhattan Hotel Industry: 1898 – 1990 [J]. *Administrative Science Quarterly*, 1992, 37 (4): 580 – 604.

[18] Baxter Roger, and Arch G. Woodside, eds. Interfirm Networks:

Theory, Strategy, and Behavior [M]. Emerald Group Publishing, 2011.

[19] Becheikh N, Landry R, Amara N. Lessons from Innovation Empirical Studies in the Manufacturing Sector: A Systematic Review of the Literature from 1993 – 2003 [J]. *Technovation*, 2006, 26 (5 – 6): 644 – 664.

[20] Beckmann M J. *Economic Models of Knowledge Networks, in Networks in Action* [M]. Springer – Verlag, 1995: 159 – 174.

[21] Birkinshaw J, Sheehan T. Managing the Knowledge Life Cycle [J]. MIT Sloan Management Review, 2002, 44 (1): 75 – 84.

[22] Blecker T, Neumann R. Interorganizational Knowledge Management: Some Perspectives for Knowledge Oriented Strategic Management [A]. in: Yogesh Malhotra. Knowledge Management and Virtual Organizations [M]. Idea Group Publishing, 2000: 63 – 83.

[23] Boerner C S, Macher J T, Teece D J. A Review and Assessment of Organizational Learning in Economic Theories [J]. Handbook of Organizational Learning and Knowledge, 2001: 89 – 117.

[24] Boschma R, Balland P A, de Vaan M. The Formation of Economic Networks: A Proximity Approach [A]. in: Andr Torre, Fr d ric Wallet. Regional Development and Proximity Relations [M]. Edward Elgar Publishing, 2014: 243 – 266.

[25] Boschma R. Proximity and Innovation: A Critical Assessment [J]. Regional Studies, 2005, 39 (1): 61 – 74.

[26] Brink J, Holmén M. Capabilities and Radical Cchanges of the Business Models of New Bioscience Firms [J]. *Creativity and Innovation Management*, 2009, 18 (2): 109 – 120.

[27] Broekel T, Boschma R. Knowledge Networks in the Dutch Aviation Industry: the Proximity Paradox [J]. *Journal of Economic Geography*, 2012, 12 (2): 409 – 433.

[28] Broekel T. The Co-evolution of Proximities-a Network Level Study [J]. *Regional Studies*, 2015, 49 (6): 921 – 935.

［29］ Bukowitz W R, Williams R L. *The Knowledge Management Fieldbook* ［M］. Financial Times/Prentice Hall, 2000.

［30］ Burt, R S. *Structural Holes: The Social Structure of Competition* ［M］. Cambridge, MA: Harvard University Press, 1992.

［31］ Cappellin R, Wink R. International Knowledge and Innovation Networks ［A］. New Horizons in Regional Science ［M］. Edward Elgar, Cheltenham, UK, 2009.

［32］ Carayanni L, Alexander J. Winning by Co-opeting in Strategic Government-university-industry R&D Partnerships: The Power of Complies Dynamic Knowledge Networks ［J］. *Journal of Technology Transfer*, 1999, 24 (2): 197 – 210.

［33］ Chuang S H. A Resource-based Perspective on Knowledge Management Capability and Competitive Advantage: An Empirical Investigation ［J］. *Expert Systems with Applications*, 2004, 27 (3): 459 – 465.

［34］ Cohen M D, Burkhart R, Dosi G, et al. Routines and Other Recurring Action Patterns of Organizations: Contemporary Research Issues ［J］. *Industrial and Corporate Change*, 1996, 5 (3): 653 – 698.

［35］ Cohen W M, Levinthal D A. Absorptive Capacity: A New Perspective on Learning and Innovation ［J］. *Administrative Science Quarterly*, 1990: 128 – 152.

［36］ Coleman J S, Coleman J S. *Foundations of Social Theory* ［M］. Harvard University Press, 1994.

［37］ Collins H M. The Structure of Knowledge ［J］. *Social Research*, 1993: 95 – 116.

［38］ Cowan R, Jonard N, Ozman M. Knowledge Dynamics in A Network Industry ［J］. *Technological Forecasting & Social Change*, 2004, 71 (5): 469 – 484.

［39］ Cowan R, Jonard N, Zimmermann J B. Bilateral Collaboration and the Emergence of Innovation Networks ［J］. *Management Science*, 2007, 53

（7）：1051 – 1067.

[40] Cowan R, Jonard N. Network Structure and the Diffusion of Knowledge [J]. *Journal of Economic Dynamics and Control*, 2004, 28 (8)：1557 – 1575.

[41] Cowan R, Jonard N. The Dynamics of Collective Invention [J]. *Journal of Economic Behavior & Organization*, 2003, 52 (4)：513 – 532.

[42] Danneels E. Organizational Antecedents of Second-order Competences [J]. *Strategic Management Journal*, 2008, 29 (5)：519 – 543.

[43] Das T K, Teng B S. Instabilities of Strategic Alliances：An Internal Tensions Perspective [J]. *Organization Science*, 2000, 11 (1)：77 – 101.

[44] Davenport T H, Prusak L. *Working Knowledge：How Organizations Manage What They Know* [M]. Harvard Business Press, 1998.

[45] Dawson R. Knowledge Capabilities As the Focus of Organisational Development and Strategy [J]. *Journal of Knowledge Management*, 2000, 4 (4)：320 – 327.

[46] Deroïan F. Formation of Social Networks and Diffusion of Innovations [J]. *Research Policy*, 2002, 31 (5)：835 – 846.

[47] DiBella A J, Nevis E C, Gould J M. Understanding Organizational Learning Capability [J]. *Journal of Management Studies*, 1996, 33 (3)：361 – 379.

[48] Dirks K T, Ferrin D L. The Role of Trust in Organizational Settings [J]. *Organization Science*, 2001, 12 (4)：450 – 467.

[49] Dirks K T, Kim P H, Ferrin D L, et al. Understanding the Effects of Substantive Responses on Trust Following A Transgression [J]. *Organizational Behavior and Human Decision Processes*, 2011, 114 (2)：87 – 103.

[50] Ditzel R. G. Patent Rights at the University/Industry Interface [J]. *Journal of the Society of Research Administrators*, 1983, 14 (3)：13 – 20.

[51] Dutta S, Narasimhan O M, Rajiv S. Research Notes and Commentaries Conceptualizing and Measuring Capabilities：Methodology and Empirical

Application [J]. *Strategic Management Journal*, 2005, 26 (3): 277 –285.

[52] Dyer J H, Nobeoka K. Creating and Managing A High-performance Knowledge-sharing Network: the Toyota case [J]. *Strategic Management Journal*, 2000, 21 (3): 345 –367.

[53] Dyer J H, Singh H. The Relational View: Cooperative Strategy and Sources of Interorganizational Competitive Advantage [J]. *Academy of Management Review*, 1998, 23 (4): 660 –679.

[54] Dyer J H. Specialized Supplier Networks As A Source of Competitive Advantage: Evidence From the Auto Industry [J]. *Strategic Management Journal*, 1996, 17 (4): 271 –291.

[55] Elangovan A R. Managerial third-party Dispute Intervention: A Prescriptive Model of Strategy Selection [J]. *Academy of Management Review*, 1995, 20 (4): 800 –830.

[56] Ernst D, Kim L. Global Production Networks, Knowledge Diffusion, and Local Capability Formation [J]. *Research Policy*, 2002, 31 (8): 1417 – 1429.

[57] Feldman M S. Organizational Routines As A Source of Continuous Change [J]. *Organization Science*, 2000, 11 (6): 611 –629.

[58] Floyd S W, Wooldridge B. Knowledge Creation and Social Networks in Corporate Entrepreneurship: The Renewal of Organizational Capability [J]. *Entrepreneurship Theory and Practice*, 1999, 23: 123 –144.

[59] Freeman C. Networks of Innovators: A Synthesis of Research Issues [J]. *Research Policy*, 1991, 20 (5): 499 –514.

[60] Freeman D, Garety P A, Bebbington P E, et al. Psychological Investigation of the Structure of Paranoia in A Non-clinical Population [J]. *The British Journal of Psychiatry*, 2005, 186 (5): 427 –435.

[61] Frenken K. Technological Innovation and Complexity Theory [J]. *Economics of Innovation and New Technology*, 2006, 15 (2): 137 –155.

[62] Fulmer R M, Keys J B. A Conversation with Chris Argyris: The Fa-

ther of Organizational Learning [J]. *Organizational Dynamics*, 1998, 27（2）: 21 – 32.

［63］ Gerry George. The（Adaptive）Innovation Organisation [Z]. A Public Lecture, Melbourne University, 2015 – 7 – 9.

［64］ Giddens A. *The Constitution of Society: Outline of the Theory of Structuration* [M]. University of California Press, 1984.

［65］ Gilad B. Early Warning: Using Competitive Intelligence to Anticipate Market Shifts, Control Risk, and Create Powerful Strategies [M]. AMACOM Div American Mgmt Assn, 2003.

［66］ Gilbert N, Ahrweiler P, Pyka A. Learning in Innovation Networks: Some Simulation Experiments [J]. *Physica A: Statistical Mechanics and its Applications*, 2007, 378（1）: 100 – 109.

［67］ Gold A H, Arvind Malhotra A H S. Knowledge Management: An Organizational Capabilities Perspective [J]. *Journal of Management Information Systems*, 2001, 18（1）: 185 – 214.

［68］ Granovetter M. Economic Action and Social Structure: The Problem of Embeddedness [J]. *American Journal of Sociology*, 1985: 481 – 510.

［69］ Grant R M. Prospering in Dynamically-competitive Environments: Organizational Capability As Knowledge Integration [J]. *Organization Science*, 1996, 7（4）: 375 – 387.

［70］ Grinyer P, McKiernan P. Generating Major Change in Stagnating Companies [J]. *Strategic Management Journal*, 1990, 11: 131.

［71］ Gu X, Li J, Wang W. Knowledge Chain, Knowledge Chain Management and Knowledge Advantage [C]. Proceedings of ICSSSM'05, 2005 International Conference on Services Systems and Services Management, 2005. IEEE, 2005, 2: 892 – 897.

［72］ Gu X, Wei Q, Yu C. Inter-organizational Similarity As A Driver of Knowledge Sharing Within Supply Chains [C]. Proceedings of the Eighth International Conference on Management Science and Engineering Management.

Springer Berlin Heidelberg, 2014: 665 – 676.

[73] Gulati R. Alliances and Networks [J]. *Strategic Management Journal*, 1998, 19 (4): 293 – 317.

[74] Guler I, Guillen M F, Macpherson J M. Global Competition, Institutions, and the Diffusion of Organizational Practices: The International Spread of ISO 9000 Quality Certificates [J]. *Administrative Science Quarterly*, 2002, 47 (2): 207 – 232.

[75] Gupta A K, Govindarajan V. Knowledge Flows Wwithin Multinational Corporations [J]. *Strategic Management Journal*, 2000, 21 (4): 473 – 496.

[76] Gupta A K, Govindarajan V. Knowledge Management's Social Dimension: Lessons from Nucor Steel [A]. in: Laurence Prusak & Eric Matson (eds.), Knowledge Management and Organizational Learning: A Reader [M]. Oxford: Oxford University Press, 2006.

[77] H. Haken. Synergetic: An Introduction [M]. Berlin: Spring-verlog, 1997.

[78] Hagedoorn J. Understanding the Cross-level Embeddedness of Inter-firm Partnership Formation [J]. *Academy of Management Review*, 2006, 31 (3): 670 – 680.

[79] Haken H. Advanced Synergetics [M]. Berlin: Springer, 1983.

[80] Hamel G, Prahalad C K. The Core Competence of the Corporation [J]. *Harvard Business Review*, 1990, 68 (3): 79 – 91.

[81] Hansen M T. Knowledge Networks: Explaining Effective Knowledge Sharing in Multiunit Companies [J]. *Organization Science*, 2002, 13 (3): 232 – 248.

[82] Henderson R M, Clark K B. Architectural Innovation: The Reconfiguration of Existing Product Technologies and the Failure of Established Firms [J]. *Administrative Science Quarterly*, 1990: 9 – 30.

[83] Hitt M A, Tyler B B, Hardee C, et al. Understanding Strategic In-

tent in the Global Marketplace [J]. The Academy of Management Executive, 1995, 9 (2): 12 - 19.

[84] Holland P W, Leinhardt S. A dynamic Model for Social Networks [J]. Journal of Mathematical Sociology, 1977, 5 (1): 5 - 20.

[85] Holmstrom B, Milgrom P. Multitask Principal-agent Analyses: Incentive Contracts, Asset Ownership, and Job Design [J]. *Journal of Law, Economics, & Organization*, 1991: 24 - 52.

[86] Horn H, Wolinsky A. Worker Substitutability and Patterns of Unionisation [J]. *The Economic Journal*, 1988: 484 - 497.

[87] Howard Z, Somerville M. Building Knowledge Capabilities: An Organisational Learning Approach [C]. Proceedings of the 11th Annual Australian Conference on Knowledge Management and Intelligent Decision Support: Harnessing Knowledge to Build Communities. ACKMIDS, 2008.

[88] Huang C, Moraga C. A Fuzzy Risk Model and Its Matrix Algorithm [J]. *International Journal of Uncertainty, Fuzziness and Knowledge - Based Systems*, 2002, 10 (04): 347 - 362.

[89] Iansiti M, Clark K B. Integration and Dynamic Capability: Evidence from Product Development in Automobiles and Mainframe Computers [J]. *Industrial and Corporate Change*, 1994, 3 (3): 557 - 605.

[90] Ikujiro Nonaka. The Knowledge - Creating Company [J]. *Harvard Business Review*, 2007, 85 (7/8): 162 - 171.

[91] Inkpen A C, Tsang E W K. Social Capital, Metworks, and Knowledge Transfer [J]. *Academy of Management Review*, 2005, 30 (1): 146 - 165.

[92] Jackson M O, Watts A. The Evolution of Social and Economic Networks [J]. *Journal of Economic Theory*, 2002, 106 (2): 265 - 295.

[93] Jackson M O, Wolinsky A. A Strategic Model of Social and Economic Networks [J]. *Journal of Economic Theory*, 1996, 71 (1): 44 - 74.

[94] Jackson M O. A Survey of Network Formation Models: Stability and

Efficiency [A]. in: Gabrielle Demange. , Myrna Wooders. Group Formation in Economics: Networks, Clubs, and Coalitions [M]. Cambridge University Press: Cambridge, 2005: 11 –49.

[95] Jashapara A. *Knowledge Management: An Integrated Approach* [M]. Pearson Education, 2004.

[96] Jiang G, Ma F, Shang J, et al. Evolution of Knowledge Sharing Behavior in Social Commerce: An Agent-based Computational Approach [J]. *Information Sciences*, 2014, 278: 250 –266.

[97] Jiang X, Li Y. An Empirical Investigation of Knowledge Management and Innovative Performance: The Case of Alliances [J]. *Research Policy*, 2009, 38 (2): 358 –368.

[98] Jones C, Hesterly W S, Borgatti S P. A General Theory of Network Governance: Exchange Conditions and Social Mechanisms [J]. *Academy of Management Review*, 1997, 22 (4): 911 –945.

[99] Kale P, Singh H, Perlmutter H. Learning and Protection of Proprietary Assets in Strategic Alliances: Building Relational Capital [J]. *Strategic Management Journal*, 2000, 21 (3): 217 –237.

[100] Kim H, Park Y. Structural Effects of R&D Collaboration Network on Knowledge Diffusion Performance [J]. *Expert Systems with Applications*, 2009, 36 (5): 8986 –8992.

[101] Kim P H, Dirks K T, Cooper C D. The Repair of Trust: A Dynamic Bilateral Perspective and Multilevel Conceptualization [J]. *Academy of Management Review*, 2009, 34 (3): 401 –422.

[102] Knyazeva H. Synergetics and the Images of Future [J]. *Futures*, 1999, 31 (3): 281 –290.

[103] Kobayashi K. Knowledge Network and Market Structure: An Analytical Perspective, in Networks in Action [M]. *Springer – Verlag*, 1995: 159 – 174.

[104] König M D, Battiston S, Napoletano M, et al. Recombinant

Knowledge and the Evolution of Innovation Networks [J]. *Journal of Economic Behavior & Organization*, 2011, 79 (3): 145 – 164.

[105] Kuenne R E. Conflict Management in Mature Rivalry [J]. *Journal of Conflict Resolution*, 1989, 33 (3): 554 – 566.

[106] Lakshmanan T R, Okumura M. The Nature and Evolution of Knowledge Networks in Japanese Manufacturing [J]. *Regional Science*, 1995, 74 (1): 63 – 86.

[107] Lane P J, Lubatkin M. Relative Absorptive Capacity and Interorganizational Learning [J]. *Strategic Man] agement Journal*, 1998, 19 (5): 461 – 477.

[108] Latora V, Marchiori M. Economic Small-world Behavior in Weighted Networks [J]. *The European Physical Journal B – Condensed Matter and Complex Systems*, 2003, 32 (2): 249 – 263.

[109] Lengel R H. Managerial Information Processing and Communication-media Source Selection Behavior [D]. Unpublished PhD Dissertation, Texas A&M University, 1983.

[110] Leonard D. Core Capabilities and Core Rigidities: A Paradox in Managing New Product Development [J]. *Strategic Management Journal*, 1992, 13 (2): 111 – 125.

[111] Levitt B, March J G. Organizational Learning [J]. *Annual Review of Sociology*, 1988: 319 – 340.

[112] Luhmann N. Trust; and, Power: Two Works by Niklas Luhmann [M]. Chichester: Wiley, 1979.

[113] Macneil I R. The Many Futures of Contracts [J]. *Southern California Law Review*, 1974, 47: 691 – 816.

[114] Maes J, Sels L. SMEs' Radical Product Innovation: The Role of Internally and Externally Oriented Knowledge Capabilities [J]. *Journal of Small Business Management*, 2014, 52 (1): 141 – 163.

[115] Marabelli M, Newell S. Knowledge Risks in Organizational Net-

works: the Practice Perspective [J]. *The Journal of Strategic Information Systems*, 2012, 21 (1): 18 – 30.

[116] Matin Nowak. Five Rules for the Evolution of Cooperation [J]. *Science*, 2006, 12 (314): 1560 – 1563.

[117] Mayer R C, Davis J H, Schoorman F D. An Integrative Model of Organizational Trust [J]. *Academy of Management Review*, 1995, 20 (3): 709 – 734.

[118] McAllister D J. Affect-and Cognition-based Trust As Foundations for Interpersonal Cooperation in Organizations [J]. *Academy of Management Journal*, 1995, 38 (1): 24 – 59.

[119] McKelvey M, Alm H, Riccaboni M. Does Co-location Matter for Formal Knowledge Collaboration in the Swedish Biotechnology-pharmaceutical Sector? [J]. *Research Policy*, 2003, 32 (3): 483 – 501.

[120] Mertins K, Heisig P, Vorbeck J. *Knowledge Management: Concepts and Best Practices* [M]. Springer Science & Business Media, 2003.

[121] Miller K D, Pentland B T, Choi S. Dynamics of Performing and Remembering Organizational Routines [J]. *Journal of Management Studies*, 2012, 49 (8): 1536 – 1558.

[122] Moeller R R. COSO Enterprise Risk Management: Understanding the New Integrated ERM Framework [M]. John Wiley & Sons, 2007.

[123] Monge P R, Contractor N S. *Theories of Communication Networks* [M]. Oxford University Press, 2003.

[124] Nahapiet J, Ghoshal S. Social Capital, Intellectual Capital and the Organizational Advantage [J]. *Academy of Management Review*, 1998, 23 (2): 242 – 266.

[125] Nelson R R, Winter S G. *An Evolutionary Theory of Economic Change* [M]. Cambridge: Harvard University Press, 1982.

[126] Nelson R R, Winter S G. Evolutionary Theorizing in Economics [J]. *The Journal of Economic Perspectives*, 2002, 16 (2): 23 – 46.

[127] Nelson R, Winter S G. An Evolutionary Theory of Economic Change [A]. in: Nicolai J. Foss. Resources, Firms, and Strategies. A Reader in the Resource – Based Perspective. Oxford University Press, 1997: 82 – 99.

[128] Newell S, Robertson M, Scarbrough H, et al. Managing Knowledge Work and Innovation [M]. Palgrave Macmillan, 2009.

[129] Newman M E J. The Structure and Function of Complex Networks [J]. *SIAM review*, 2003, 45 (2): 167 – 256.

[130] Nicotra M, Romano M, Del Giudice M. The Evolution Dynamic of A Cluster Knowledge Network: The Role of Firms' Absorptive Capacity [J]. *Journal of the Knowledge Economy*, 2014, 5 (2): 240 – 264.

[131] Nonaka I, Konno N, Toyama R. Leading Knowledge Creation: A New Framework for Dynamic Knowledge Management [C]. Second Annual Knowledge Management Conference, Haas School of Business, University of California, Berkeley, CA. 1998.

[132] Nonaka I, Takeuchi H. *The Knowledge-creating Company: How Japanese Companies Create the Dynamics of Innovation* [M]. New York: Oxford university press, 1995.

[133] Nonaka I, Toyama R, Konno N. SECI, Ba and Leadership: A Unified Model of Dynamic Knowledge Creation [J]. *Long Range Planning*, 2000, 33 (1): 5 – 34.

[134] Nonaka I. A Dynamic Theory of Organizational Knowledge Creation [J]. *Organization Science*, 1994, 5 (1): 14 – 37.

[135] Nunamaker Jr J F, Romano N C, Briggs R O. A Framework for Collaboration and Knowledge Management [C]. System Sciences, 2001. Proceedings of the 34th Annual Hawaii International Conference on. IEEE, 2001: pp. 12.

[136] Owen – Smith J, Powell W W. Knowledge Networks As Channels and Conduits: The Effects of Spillovers in the Boston Biotechnology Community [J]. *Organization Science*, 2004, 15 (1): 5 – 21.

[137] Ozman M. Knowledge Integration and Network Formation [J]. *Technological Forecasting &Social Change*, 2006, 73 (9): 1121 – 1143.

[138] Parashar M, Singh S K. Innovation Capability [J]. *IIMB Management Review*, 2005, 17 (4): 115 – 123.

[139] Park Y W, Hong P. *Building Network Capabilities in Turbulent Competitive Environments: Practices of Global Firms from Korea and Japan* [M]. CRC Press, 2012.

[140] Phelps C, Heidl R, Wadhwa A. Knowledge, Networks, and Knowledge Networks A Review and Research Agenda [J]. *Journal of Management*, 2012, 38 (4): 1115 – 1166.

[141] Pondy L R. Organizational Conflict: Concepts and Models [J]. Administrative Science Quarterly, 1967: 296 – 320.

[142] Powell W W, Koput K W, Smith – Doerr L. Interorganizational Collaboration and the Locus of Innovation: Networks of Learning in Biotechnology [J]. *Administrative Science Quarterly*, 1996: 116 – 145.

[143] Prieto I M, Revilla E, Rodríguez – Prado B. Building Dynamic Capabilities in Product Development: How Do Contextual Antecedents Matter? [J]. *Scandinavian Journal of Management*, 2009, 25 (3): 313 – 326.

[144] Quintas P, Lefrere P, Jones G. Knowledge Management: A Strategic Agenda [J]. *Long Range Planning*, 1997, 30 (3): 385 – 391.

[145] Reagans R, McEvily B. Network Structure and Knowledge Transfer: The Effects of Cohesion and Range [J]. Administrative Science Quarterly, 2003, 48 (2): 240 – 267.

[146] Renzulli L A, Aldrich H, Moody J. Family Matters: Gender, Networks, and Entrepreneurial Outcomes [J]. *Social Forces*, 2000, 79 (2): 523 – 546.

[147] Richardson G B. The Organisation of Industry [J]. *The Economic Journal*, 1972, 82 (327): 883 – 896.

[148] Ring P S, Van de Ven A H. Developmental Processes of Coopera-

tive Interorganizational Relationships [J]. *Academy of Management Review*, 1994, 19 (1): 90 – 118.

[149] Ritzberger K, Weibull J W. Evolutionary Selection in Normal-form Games [J]. *Econometrica: Journal of the Econometric Society*, 1995: 1371 – 1399.

[150] Rothwell R. Successful In Industrial Innovation: Critical Success Factors for the 1990s [J]. *R&D Management*, 1992, 22 (3): 221 – 239.

[151] Rowley T J, Baum J A C. Introduction: Evolving Webs in Network Economics [J]. *Advances in Strategic Management*, 2008, 25: 1 – 20.

[152] Ruefli T W, Collins J M, Lacugna J R. Risk Measures in Strategic Management Research: Auld Lang Syne? [J]. *Strategic Management Journal*, 1999, 20 (2): 167 – 194.

[153] Sabel C. F. Studied Trust: Building New Forms of Cooperation in A Volatile Economy [J]. *Human Relations*, 1993, 46 (9): 1133 – 1170.

[154] Schilke O. On the Contingent Value of Dynamic Capabilities for Competitive Advantage: The Nonlinear Moderating Effect of Environmental Dynamism [J]. *Strategic Management Journal*, 2014, 35 (2): 179 – 203.

[155] Schweitzer M E, Hershey J C, Bradlow E T. Promises and Lies: Restoring Violated Trust [J]. *Organizational Behavior and Human Decision Processes*, 2006, 101 (1): 1 – 19.

[156] Seufert A, Von Krogh G, Bach A. Towards Knowledge Networking [J]. *Journal of Knowledge Management*, 1999, 3 (3): 180 – 190.

[157] Shaobo Wu, Xin Gu, Shuang Peng. Research on the Spillover's Influence on the Stability of Inter-organizational Cooperation in Knowledge Chains. The 6th International Conference on Fuzzy Systems and Knowledge Discovery (FSKD, 2009), Tianjin, 2009.

[158] Sharda R, Frankwick G L, Turetken O. Group Knowledge Networks: A Framework and an Implementation [J]. *Information Systems Frontiers*, 1999, 1 (3): 221 – 239.

［159］ Shin J, Park Y. Evolutionary Optimization of A Technological Knowledge Network ［J］. *Technovation*, 2010, 30 (11 – 12): 612 – 626.

［160］ Shin M. A Framework for Evaluating Economics of Knowledge Management Systems ［J］. *Information & Management*, 2004, 42 (1): 179 – 196.

［161］ Simonin B L. Ambiguity and the Process of Knowledge Transfer in Strategic Alliances ［J］. *Strategic Management Journal*, 1999, 20 (7): 595 – 623.

［162］ Simonin B L. Transfer of Marketing Know-how in International Strategic Alliances: An Empirical Investigation of the Role and Antecedents of Knowledge Ambiguity ［J］. *Journal of International Business Studies*, 1999: 463 – 490.

［163］ Simonin B. L. The Importance of Collaborative Know-how: An Empirical Test of the Learning Organization ［J］. *Academy of Management Journal*, 1997, 40 (5): 1150 – 1173.

［164］ Sitkin S B, Roth N L. Explaining the Limited Effectiveness of Legalistic " Remedies" for Trust/Distrust ［J］. *Organization Science*, 1993, 4 (3): 367 – 392.

［165］ Sligo F X, Massey C. Risk, Trust and Knowledge Networks in Farmers' Learning ［J］. *Journal of Rural Studies*, 2007, 23 (2): 170 – 182.

［166］ Smith J M. *Evolution and the Theory of Games* ［M］. Cambridge University Press, 1982.

［167］ Smith K G, Collins C J, Clark K D. Existing Knowledge, Knowledge Creation Capability, and the Rate of New Product Introduction in High-technology Firms ［J］. *Academy of Management Journal*, 2005, 48 (2): 346 – 357.

［168］ Sorenson O, Rivkin J W, Fleming L. Complexity, Networks and Knowledge Flow ［J］. *Research Policy*, 2006, 35 (7): 994 – 1017.

［169］ Spinelli S, Birley S. Toward A Theory of Conflict in the Franchise

System [J]. *Journal of Business Venturing*, 1996, 11 (5): 329 – 342.

[170] Swan J, Newell S, Scarbrough H, et al. Knowledge Management and Innovation: Networks and Networking [J]. *Journal of Knowledge Management*, 1999, 3 (4): 262 – 275.

[171] Teece D J, Pisano G, Shuen A. Dynamic Capabilities and Strategic Management [J]. *Strategic Management Journal*, 1997, 18 (7): 509 – 533.

[172] Tödtling F, Kaufmann A. SMEs in Regional Innovation Systems and the Role of Innovation Support – The Case of Upper Austria [J]. *The Journal of Technology Transfer*, 2002, 27 (1): 15 – 26.

[173] Tomlinson E C, Mryer R C. The Role of Causal Attribution Dimensions in Ttrust Repair [J]. *Academy of Management Review*, 2009, 34 (1): 85 – 104.

[174] Trentin, Guglielmo, ed. *Technology and Knowledge Flow: The Power of Networks* [M]. Oxford: Chandos Publishing, 2011.

[175] Trkman P, Desouza K C. Knowledge Risks in Organizational Networks: An Exploratory Framework [J]. *The Journal of Strategic Information Systems*, 2012, 21 (1): 1 – 17.

[176] Uit Beijerse R P. Knowledge Management in Small and Medium-sized Companies: Knowledge Management for Entrepreneurs [J]. *Journal of Knowledge Management*, 2000, 4 (2): 162 – 179.

[177] Von Hippel E. "Sticky Information" and the Locus of Problem Solving: Implications for Innovation [J]. *Management Science*, 1994, 40 (4): 429 – 439.

[178] Wang C, Rodan S, Fruin M, et al. Knowledge Networks, Collaboration Networks, and Exploratory Innovation [J]. *Academy of Management Journal*, 2014, 57 (2): 484 – 514.

[179] Wang S, Huang L, Hsu C H, et al. Collaboration Reputation for Trustworthy Wweb Service Selection in Social Networks [J]. *Journal of Computer and System Sciences*, 2015 (in press).

［180］ Watts D J, Strogatz S H. Collective Dynamics of 'Small-world' Networks ［J］. *Nature*, 1998, 393 (6684): 440 –442.

［181］ Wei Q, Gu X. Knowledge Networks Formation and Interchain Coupling of Knowledge Chains ［J］. Journal of Applied Sciences, 2013, 13 (20): 4181 –4187.

［182］ Welch C, Wilkinson I. Network Perspectives on Interfirm Conflict: Reassessing A Critical Case in International Business ［J］. *Journal of Business Research*, 2005, 58 (2): 205 –213.

［183］ Williamson O E. Credible Commitments: Using Hostages to Support Exchange ［J］. *The American Economic Review*, 1983: 519 –540.

［184］ Williamson O E. *The Economic Institutions of Capitalism: Firms, Markets, Relational Contracting* ［M］. New York: Free Press, 1985.

［185］ Wooldridge B, Floyd S W. Research Note and Communications Strategic Process Effect on Consensus ［J］. *Strategic Management Journal*, 1989, 10 (3): 295 –302.

［186］ Xu S. Balancing the Two Knowledge Dimensions in Innovation Efforts: An Empirical Examination among Pharmaceutical Firms ［J］. *Journal of Product Innovation Management*, 2014, 32 (4): 610 –621.

［187］ Yang C, Chen L C. Can Organizational Knowledge Capabilities Affect Knowledge Sharing Behavior? ［J］. *Journal of Information Science*, 2007, 33 (1): 95 –109.

［188］ Yang C, Chen L C. On Using Organizational Knowledge Capabilities to Assist Organizational Learning ［A］. in: W R King. Knowledge Management and Organizational Learning ［M］. Springer US, 2009: 303 –319.

［189］ Yokakul N, Zawdie G. Innovation Network and Technological Capability Development in the Thai SME Sector: The Case of the Thai Dessert Industry ［J］. *International Journal of Technology Management & Sustainable Development*, 2010, 9 (1): 19 –36.

［190］ Zaheer A, Bell G G. Benefiting from Network Position: Firm Capabilities, Structural Holes, and Performance [J]. *Strategic Management Journal*, 2005, 26 (9): 809 – 825.

[191] Zollo M, Reuer J J, Singh H. Interorganizational Routines and Performance in Strategic Alliances [J]. *Organization Science*, 2002, 13 (6): 701 – 713.

[192] [美] 本杰明, 克莱因. 垂直一体化, 可剥削租金和竞争性合同订立过程 [A]. 路易斯·普特曼, 兰德尔·克罗茨纳. 孙经纬译, 企业的经济性质 [M]. 上海: 上海财经大学出版社, 2000: 100 – 134.

[193] 陈金丹, 胡汉辉, 吉敏. 动态外部环境下的集群企业知识网络演化研究 [J]. 中国科技论坛, 2013, 1 (2): 95 – 102.

[194] 陈劲. 永续发展——企业技术创新透析 [M]. 北京: 科学出版社, 2001.

[195] 陈学光, 徐金发. 网络组织及其惯例的形成—基于演化论的视角 [J]. 中国工业经济, 2006 (4): 52 – 58.

[196] 陈学光. 企业网络能力——网络能力创新网络及创新绩效关系研究 [M]. 北京: 经济管理出版社, 2008.

[197] 程敏, 余艳. 基于演化博弈论的知识链组织间知识共享研究 [J]. 科技管理研究, 2011, 31 (4): 145 – 148.

[198] 单海燕, 王文平, 王娇俐. 知识网络演化模型的仿真研究 [J]. 系统仿真学报, 2011, 23 (1): 80 – 84.

[199] 党兴华, 刘立. 技术创新网络中企业知识权力测度研究 [J]. 管理评论, 2014, 26 (6): 67 – 73.

[200] 党兴华, 张巍. 网络嵌入性, 企业知识能力与知识权力 [J]. 中国管理科学, 2012, 20 (S2): 615 – 620.

[201] 党兴华, 李莉. 技术创新合作中基于知识位势的知识创造模型研究 [J]. 中国软科学, 2005 (11): 143 – 148.

[202] 邓卫华, 易明, 蔡根女. 基于知识网络的集群知识演化研究 [J]. 情报杂志, 2009, 28 (6): 106 – 113.

[203] 樊治平, 冯博, 俞竹超. 知识协同的发展及研究展望 [J]. 科

学学与科学技术管理，2007，28（11）：85－91.

［204］范群林，邵云飞，唐小我等. 结构嵌入性对集群企业创新绩效影响的实证研究［J］. 科学学研究，2010，28（12）：1891－1900.

［205］冯锋，王凯. 产业集群内知识转移的小世界网络模型分析［J］. 科学学与科学技术管理，2007，28（7）：88－91.

［206］冯军政，魏江. 国外动态能力维度划分及测量研究综述与展望［J］. 外国经济与管理，2011，33（7）：26－33.

［207］傅荣，裴丽，张喜征等. 产业集群参与者交互偏好与知识网络演化：模型与仿真［J］. 中国管理科学，2006，14（4）：128－133.

［208］高展军，李垣. 组织惯例及其演进研究［J］. 科研管理，2007，28（3）：142－147.

［209］顾新，李久平，王维成. 知识流动，知识链与知识链管理［J］. 软科学，2006，20（2）：10－12.

［210］顾新，李久平. 知识链成员之间利益分配的 n 人合作博弈研究［A］. 管理科学与系统科学研究新进展——第 8 届全国青年管理科学与系统科学学术会议论文集［C］. 南京：河海大学出版社，2005：55－62.

［211］顾新，郭耀煌，李久平. 社会资本及其在知识链中的作用［J］. 科研管理，2003，24（5）：44－48.

［212］顾新，吴绍波，全力. 知识链组织之间的冲突与冲突管理研究［M］. 成都：四川大学出版社，2011.

［213］顾新. 知识链管理：基于生命周期的组织之间知识链管理框架模型研究［M］. 成都：四川大学出版社，2008.

［214］郭跃华，尹柳营. 创新网络组织学习研究［J］. 管理学报，2004，1（3）：345－349.

［215］韩新伟，陈良猷. 知识管理的编码化策略［J］. 北京航空航天大学学报：社会科学版，2004，17（3）：57－61.

［216］郝云宏，李文博. 基于耗散结构理论视角的企业知识网络演化机制探析［J］. 商业经济与管理，2009，210（4）：23－28.

［217］何铮，顾新. 知识网络中组织之间交互式学习研究［J］. 情报

理论与实践，2014，37（3）：95 – 100.

［218］胡晓峰，罗批，司光亚等．战争复杂系统建模与仿真［M］．北京：国防大学出版社，2005：121 – 122.

［219］黄凯南．演化博弈与演化经济学［J］．经济研究，2009（2）：132 – 145.

［220］黄玮强，庄新田，姚爽．企业创新网络的自组织演化模型［J］．科学学研究，2009，27（5）：793 – 800.

［221］黄玮强，庄新田．复杂社会网络视角下的创新合作与创新扩散［M］．北京：中国经济出版社，2012.

［222］黄训江．集群知识网络结构演化特征［J］．系统工程，2011，29（12）：77 – 83.

［223］戢守峰．企业战略联盟风险防范体系的架构研究［J］．管理学报，2006，3（1）：19 – 23.

［224］纪慧生，陆强，杨健康．基于知识网络演化的企业知识网络建设策略［J］．华中农业大学学报（社会科学版），2010（5）：94 – 98.

［225］姜照华，隆连堂，张米尔．产业集群条件下知识供应链与知识网络的动力学模型探讨［J］．科学学与科学技术管理，2004，25（7）：55 – 60.

［226］匡辉．内隐知识的编码［J］．自然辩证法研究，2005，21（1）：21 – 23.

［227］邝宁华，胡奇英，杜荣．知识特征与知识传递媒体的选择［J］．软科学，2003，17（6）：2 – 5.

［228］兰天，徐剑．企业动态联盟利益分配的机制与方法［J］．东北大学学报：自然科学版，2008 29（2）：301 – 304.

［229］雷宁．动态小世界网络模型及稳定性分析［D］．长春：吉林大学，2014.

［230］雷志柱．知识网络组织构建与管理研究［M］．北京：北京理工大学出版社，2012.

［231］李丹．基于产业集群的知识协同行为及管理机制研究［M］．

北京：法律出版社，2009.

[232] 李丹. 知识型网络组织的构建问题研究 [D]. 沈阳：东北大学，2003.

[233] 李金华. 创新网络的结构及其与知识流动的关系 [M]. 北京：经济科学出版社，2009.

[234] 李久平，顾新，王维成. 知识链管理与知识优势的形成 [J]. 情报杂志，2008，27（3）：50 - 53.

[235] 李维安，邱昭良. 网络组织的学习特性辨析 [J]. 科研管理，2007，28（6）：175 - 181.

[236] 李文博，林云，张永胜. 集群情景下企业知识网络演化的关键影响因素——基于扎根理论的一项探索性研究 [J]. 研究与发展管理，2011，23（6）：17 - 24.

[237] 李文博，张永胜，李纪明. 集群背景下的知识网络演化研究现状评介与未来展望 [J]. 外国经济与管理，2010，32（10）：10 - 19.

[238] 李文博，郑文哲，刘爽. 产业集群中知识网络结构的测量研究 [J]. 科学学研究，2008，26（4）：787 - 792.

[239] 李文博，张永胜，李纪明. 集群背景下的知识网络演化研究现状评介与未来展望 [J]. 外国经济与管理，2010，32（10）：10 - 19.

[240] 李文博. 集群情景下的企业知识网络结构与演化研究 [M]. 北京：中国社会科学出版社，2013.

[241] 李颖，林聪颖. 知识资本的企业知识管理风险预警机制研究 [J]. 科学学与科学技术管理，2009，30（9）：97 - 102.

[242] 李贞，张体勤. 基于技术创新的企业外部知识网络演化研究 [J]. 山东社会科学，2010（6）：140 - 143.

[243] 廖杰，顾新. 知识链组织之间的文化冲突分析 [J]. 科学管理研究，2009（5）：54 - 57.

[244] 刘敦虎，陈谦明，高燕妮等. 知识联盟组织之间的文化冲突及其协同管理研究 [J]. 科技进步与对策，2010，27（7）：136 - 139.

[245] 刘敦虎，高燕妮，吴绍波. 基于第三方管理的知识链组织之间

的冲突协调研究 [J]. 情报杂志, 2010, 29 (8): 65 - 68.

[246] 刘仁军. 关系契约与企业网络转型 [J]. 中国工业经济, 2006 (6): 91 - 98.

[247] 刘向, 马费成, 陈潇俊等. 知识网络的结构与演化——概念与理论进展 [J]. 情报科学, 2011, 29 (6): 801 - 809.

[248] 刘星, 高嘉勇. 国外最新组织信任修复模型评介 [J]. 外国经济与管理, 2010 (4): 25 - 30.

[249] 陆瑾. 基于演化博弈论的知识联盟动态复杂性分析 [J]. 财经科学, 2006 (3): 54 - 61.

[250] 罗纳德·伯特. 任敏等译. 结构洞——竞争的社会结构 [M]. 上海: 上海人民出版社, 2008.

[251] 马新建. 冲突管理: 基本理念与思维方法的研究 [J]. 大连理工大学学报: 社会科学版, 2005, 23 (3): 19 - 25.

[252] 马亚男. 大学 - 企业基于知识共享的合作创新激励机制设计研究 [J]. 管理工程学报, 2008, 22 (4): 36 - 39.

[253] 宁烨, 樊治平. 知识能力——演化过程与提升路径研究 [M]. 北京: 经济科学出版社, 2007.

[254] 牛松. 组织设计对隐性知识传递影响的实证研究 [D]. 厦门: 厦门大学, 2009.

[255] 彭双, 余维新, 顾新, 等. 知识网络风险及其防范机制研究——基于社会网络视角 [J]. 科技进步与对策, 2013, 30 (20): 124 - 127.

[256] 秦海. 制度、演化与路径依赖——制度分析综合的理论常识 [M]. 北京: 中国财政经济出版社, 2004.

[257] 青木昌彦, 奥野正宽. 魏加宁译. 经济体制的比较制度分析 [M]. 北京: 中国发展出版社, 2005.

[258] 全力, 顾新. 知识链组织之间冲突的三维动因模型 [J]. 科学学与科学技术管理, 2008, 29 (12): 92 - 96.

[259] 施琴芬, 郭强. 隐性知识主体风险态度的经济学分析 [J]. 科学学研究, 2003, 21 (1): 80 - 82.

［260］施琴芬，梁凯．隐性知识主体价值最大化的博弈分析［J］．科学学与科学技术管理，2003，24（3）：11－13．

［261］石琳娜，石娟，顾新．知识网络的风险及其防范机制研究［J］．科技进步与对策，2011，28（16）：118－121．

［262］斯蒂芬．P．罗宾斯．组织行为学［M］．北京：中国人民大学出版社，1997．

［263］宋保林，李兆友．技术创新过程中技术知识流动何以可能［J］．东北大学学报（社会科学版），2010，12（4）：289－293．

［264］宋华．权力，信任对冲突解决机制及其伙伴关系持续影响研究［J］．管理学报，2009（11）：1437－1443．

［265］宋胜洲．基于知识的演化经济学——对基于理性的主流经济学的挑战［M］．上海：上海人民出版社，2008．

［266］苏卉．知识接收方特性对知识转移效率影响的实证研究［J］．情报杂志，2009，5：138－142．

［267］孙锐，赵坤．知识型企业知识状态系统的熵变研究［J］．科学学研究，2008，26（2）：339－343．

［268］汤长安．高技术集群企业技术能力成长与演进——基于网络视角的研究［M］．北京：经济科学出版社，2010．

［269］唐登莉，李力，罗超亮．知识联盟及其合作中的关系性风险研究［J］．情报杂志，2014，33（2）：183－188．

［270］陶海青．知识、认知网络与企业组织结构演化——基于企业组织和企业家个体的分析［M］．北京：中国社会科学出版社，2010．

［271］田钢，张永安．集群创新网络演化的动力模型及其仿真研究［J］．科研管理，2010，31（1）：104－115．

［272］佟泽华．知识协同及其与相关概念的关系探讨［J］．图书情报工作，2012，56（8）：107－112．

［273］涂振洲，顾新．基于知识流动的产学研协同创新过程研究［J］．科学学研究，2013，31（9）：1381－1390．

［274］万君，顾新．构建知识网络的必要性及其特性探析［J］．经济

研究导刊，2013（24）：223 - 226.

［275］万君，顾新. 基于超循环理论的知识网络演化机理研究［J］. 情报科学，2010，28（6）：1229 - 1232，1257.

［276］万君，顾新. 知识网络的生命周期及其阶段判定模型研究［J］. 管理学报，2012，9（6）：880 - 883.

［277］汪小帆，李翔，陈关荣. 复杂网络理论及其应用［M］. 北京：清华大学出版社，2006.

［278］王斌. 基于网络结构的集群知识网络共生演化模型的实证研究［J］. 管理评论，2014，26（9）：128 - 138.

［279］王涛，顾新. 知识网络组织之间相互信任的建立过程分析［J］. 情报杂志，2011，30（4）：102 - 106.

［280］王文平. 产业集群中的知识型企业社会网络：结构演化与复杂性分析［M］. 北京：科学出版社，2009.

［281］维基百科：knowledge［EB/OL］. http：//en. wikipedia. org/wiki/Knowledge. 2014 - 4 - 24.

［282］魏奇锋，顾新. 产学研知识联盟的知识共享研究［J］. 科学管理研究，2011，29（3）：89 - 93.

［283］魏奇锋，顾新. 基于知识流动的产学研协同创新过程研究［J］. 科技进步与对策，2013，30（15）：133 - 137.

［284］魏奇锋，顾新. 知识链组织之间知识共享的风险防范研究［J］. 情报杂志，2011，30（11）：120 - 124.

［285］魏奇锋，张晓青，顾新. 基于模糊集与风险矩阵的知识链组织之间知识共享风险评估［J］. 情报理论与实践，2012，35（3）：75 - 78.

［286］魏奇锋，顾新，张宁静. 知识网络形成的耦合分析［J］. 情报理论与实践，2013，36（12）：39 - 43.

［287］吴结兵，郭斌. 企业适应性行为，网络化与产业集群的共同演化——绍兴县纺织业集群发展的纵向案例研究［J］. 管理世界，2010（2）：141 - 155.

［288］吴绍波，顾新，彭双. 知识链组织之间合作契约的功能［J］.

情报杂志，2009（5）：107－110.

［289］吴绍波，顾新. 知识链组织之间合作的关系合约研究［J］. 科技进步与对策，2009，26（15）：138－141.

［290］吴绍波，顾新. 知识链组织之间合作的知识协同研究［J］. 科学学与科学技术管理，2008，29（8）：83－87.

［291］吴绍波，顾新. 知识链组织之间合作与冲突的稳定性结构研究［J］. 南开管理评论，2009（3）：54－58.

［292］吴绍波，顾新. 知识网络节点组织之间的知识冲突研究［J］. 情报杂志，2011，30（12）：125－128.

［293］吴绍波. 知识链组织的技术学习：基于社会网络及社会资本分析［J］. 图书情报工作，2010，54（14）：92－96.

［294］吴悦，顾新，王涛. 信任演化视角下知识网络中组织间知识转移机理研究［J］. 科技进步与对策，2014，31（20）：132－136.

［295］吴悦，顾新. 产学研协同创新的知识协同过程研究［J］. 中国科技论坛，2012（10）：17－23.

［296］席运江，党延忠，廖开际. 组织知识系统的知识超网络模型及应用［J］. 管理科学学报，2009（3）：12－21.

［297］肖冬平，顾新. 基于自组织理论的知识网络结构演化研究［J］. 科技进步与对策，2009，26（19）：168－172.

［298］肖冬平，顾新. 知识网络的形成动因及多视角分析［J］. 科学学与科学技术管理，2009，30（1）：84－91.

［299］肖冬平. 知识网络导论［M］. 北京：人民出版社，2013.

［300］肖小勇. 组织间知识转移研究——基于企业网络的视角［M］. 成都：电子科技大学出版社，2009.

［301］谢康，吴清津. 企业知识分享学习曲线与国家知识优势［J］. 管理科学学报，2002，5（2）：14－21.

［302］辛晴，杨蕙馨. 知识网络如何影响企业创新——动态能力视角的实证研究［J］. 研究与发展管理，2012，24（6）：12－22.

［303］徐升华，杨波. 基于小世界网络模型的知识转移网络特性分析

[J]．情报学报，2010（5）：915 – 919.

[304] 晏双生．知识创造与知识创新的涵义及其关系论 [J]．科学学研究，2010，28（8）：1148 – 1152.

[305] 杨波，陈忠，段文奇．基于个体选择的小世界网络结构演化 [J]．系统工程，2005，22（12）：1 – 5.

[306] 杨德群，杨朝军．知识创造螺旋机理：认识论——本体论的观点 [J]．情报科学，2004，22（11）：1327 – 1330.

[307] 杨雪，顾新，张省．基于知识网络的集群创新演化研究——以成都高新技术产业开发区为例 [J]．软科学，2014，28（4）：83 – 87.

[308] 姚红霞，傅荣，吴莎．互联网群体协作的知识网络演化：基于SECI 模型的扩展 [J]．情报杂志，2009（1）：59 – 62.

[309] 姚琦．组织行为学中的信任违背和修复研究 [J]．南开学报：哲学社会科学版，2011（5）：133 – 140.

[310] 喻卫斌．不确定性和网络组织研究 [M]．北京：中国社会科学出版社，2007.

[311] 喻卫斌．网络组织的契约关系与机会主义行为的防范 [J]．山东社会科学，2007（7）：81 – 84.

[312] 张宝生，张庆普，王晓红．知识网络成员合作行为策略选择研究 [J]．科研管理，2012，33（11）：144 – 151.

[313] 张兵，王文平．非正式知识网络关系强度分布与知识流动小世界 [J]．中国管理科学，2011，19（4）：159 – 166.

[314] 张兵，王文平．基于策略的非正式知识网络知识流动效率仿真研究 [J]．管理学报，2010，7（5）：706 – 713.

[315] 张兵，王文平．知识流动的小世界——基于关系强度的观点 [J]．科学学研究，2009（9）：1312 – 1321.

[316] 张昆，汪涛．知识网络演化的驱动力研究评述 [J]．中国科技论坛，2010（12）：87 – 92.

[317] 张青山，曹智安．企业动态联盟风险的防范与预控研究 [J]．管理科学，2004，17（3）：8 – 15.

［318］张省. 基于动态能力观的知识链知识优势形成路径与维持机理研究［D］. 成都：四川大学，2014.

［319］张薇，徐迪. 动态知识网络上的知识积累过程模型［J］. 管理科学学报，2014，17（11）：122－128.

［320］张延禄，杨乃定. R&D 网络风险相继传播模型构建及仿真［J］. 系统工程理论实践，2014，34（3）：723－731.

［321］张喆，贾明，万迪昉. 不完全契约及关系契约视角下的 PPP 最优控制权配置探讨［J］. 外国经济与管理，2007，29（8）：24－29.

［322］赵健宇，袭希，苏屹. 知识流动网络演化中小世界效应的仿真研究［J］. 管理评论，2015，27（5）：70－81.

［323］赵晓庆，许庆瑞. 知识网络与企业竞争能力［J］. 科学学研究，2002，20（3）：281－285.

［324］周浩元，陈晓荣，路琳. 复杂产业知识网络演化［J］. 上海交通大学学报，2009，43（4）：596－601.

［325］周浩元. 基于多主体的复杂产业知识网络动态演化研究［D］. 上海：上海交通大学，2009.

［326］周密，赵西萍，司训练. 团队成员网络中心性，网络信任对知识转移成效的影响研究［J］. 科学学研究，2009，27（9）：1384－1392.

［327］朱海燕，魏江. 集群网络结构演化分析——基于知识密集型服务机构嵌入的视角［J］. 中国工业经济，2009（10）：58－66.

后　记

　　本书是基于笔者的博士论文研究（部分）而著成，本书内容得以顺利完成，首先，要感谢我的导师四川大学商学院顾新教授。顾老师带我明理、写作、学识、行知，是我学业的导师，更是我的人生导师。顾老师开阔的视野，豁达的人生态度，深深感染着我，督促我砥砺奋进、追求卓越！而该书内容的最初思想即是源自顾老师主持的国家自然科学基金项目（70771069）。

　　同时，感谢国家自然科学基金青年项目（71602012）的资助以及成都理工大学商学院领导的关心与支持，从物质、精神等方面给予我保障。

　　在本书的出版过程中，经济科学出版社王娟老师不厌其烦地为我审校，并提出了许多中肯而宝贵的建议，在此表示深深感谢！

　　总体而言，本书针对知识网络演化问题以及演化过程中知识主体的行为适应问题进行了一定的探讨，但是经个人认真反复审视，其结果还远未达到"预期"，更不必说"理想"水平。诸如以下疑问均未在本书中得到解决：第一，被观察到的行为是演化约束下的选择，其中，涉及的因果关系、选择行为性质的分解较为困难；第二，或许结构、机制与功能三维度演化分而治之的逻辑，有更为系统与内在关联性的表达？等等。想着这些问题也为后续研究提供了必要理由，所以，内心稍有宽慰。但我知，学术研究需脚踏实地，不求甚解、浅尝辄止不是应有的作风，为此，我将不遗余力地与自己"斗争"下去。

感谢本书所引用文献作者们的真知灼见。

谨以此书献给所有关心、支持和帮助我的人！

魏奇锋

2018 年 5 月于成都